阿Hing 著

りんご老師的特教人生

有愛就無礙
只為特別的你

推薦序　特教老師不為人知的點點滴滴

官育文

「你是老師喔？難怪氣質很好……」
「在哪一個學校教書？……蛤？特殊學校？」
「哦～你一定很有愛心齁！」

相信很多特教老師對這樣的對話都不陌生，好像身為一位特教老師，非要有三心（愛心、耐心、用心）二意（善意、誠意）不可！可是事實真是如此嗎？就如一句廣告詞「我是當了爸爸之後，才開始學習怎麼當爸爸」，很多特教老師也是不小心、不注意的當了特教老師，然後才從做中學，學習如何當個稱職（或打混）的特教老師。這不是件容易的事，因為上述的三心二意只是基本，重點是我如何看待我的學生，以及我的工作。

阿Hing的文章，讀來輕鬆有趣，平實的文字中，娓娓道出特教老師不為人知的點點滴滴。

沒有歌功頌德的使命感，卻看到一位非科班出身，經過一番努力取得正式教師資格的年輕女孩，與各式各樣特殊需求學生共度了人生最精華的青春歲月，這絕對不是只靠滿滿的愛心就能做到的！阿Hing筆下一個個活靈活現的寶貝學生，若不是因為有一位認真看待他們的老師，這些「活寶」又怎能過著充實有趣的學校生活，而嚷著「我不要畢業！」呢？

服務於特殊學校，對從未接觸過身心障礙者的人來說，或許是難以想像的。在二十一世紀的現在，仍有人會為了怕房子跌價而拒絕讓身障機構或特教學校進駐同一社區。相較之下，我的服務學校在三十多年前棲身於六米巷弄之間，鮮少受到外界打擾，儼然是個「不知有漢，無論魏晉」的桃花源！在這裏，有仙女（如阿Hing）、有天使（慢飛）、也有若干觀世音（家長眼中）……，偶爾有誤闖而來的志工，少數一次陣亡（因為太難過），部分從此留駐（因為孩子好可愛），部分隨傳隨到（因為老師好辛苦）。同樣的環境，同樣的師生，因為個人看待的角度不同，便有了一百八十度迥異的態度。因此，曉蘋好不容易遇見了Mr.Right，卻因為對方母親無法接受她是特教老師，甜蜜的戀情終究無法結果；而因為關心男友的身障手足而轉任特教老師的宜庭，即使自己生的孩子被診斷為自閉症，也能在哭過之後積極面對。天堂地獄，不就是一念之間嗎？

我在學校從事語言訓練工作時，因為服務阿Hing班上的學生而與她結緣。對這位外型甜美，說話坦率又帶著一點無厘頭的日系美女，我們一直維持著比君子之交再多一點點的同事情誼，談起學生，談起教學理念，都有種契合的感覺。而特別令我稱奇的是，當我和幾位夥伴努力在學校推廣一直以來備受爭議的打字溝通時，阿Hing是一開始就接受且成功與學生溝通的少數老師。她在文章中輕描淡寫地介紹，老師透過打字溝通，瞭解了低口語學生有口難言之苦。因為被理解，學生願意跟老師交流「搏感情」；看似棘手的情緒障礙、溝通困難，原來可能是學生卡在某個點上，只要有人懂，很快就雨過天青。阿Hing將打字溝通運用得如此自然且恰如其分，真的佩服！佩服！

十七歲時曾經立志當作家的我，只寫過生硬的論文及參考書，未遂的心願，倒是看到好友先達標了！希望這本書，不只是讓身處同溫層的我們回味安之若素的甘與苦，更願原本不熟悉身心障礙領域的朋友們，能從阿Hing詼諧生動的筆觸中，感受到身心障礙者的美好心靈。

人生的聚散無法索求，退休後特別有感。祝福阿Hing，祝福每一位有緣閱讀此書的朋友：

你一定要幸~福~快~樂~喔！

婦聯聽覺健康社福基金會高雄至德中心主任
官育文　於高雄
一〇九年三月二十四日

推薦序　三頭六臂擎班級，以一當十顧特生

陸奕身

同是為特教老師出身的我閱讀本書時，心有戚戚焉，倏地想起過往教導自閉症學生演練如何與同學有良好及適當對話的社交技巧課程；與學務處夥伴一同緊急出動協助班級導師攔下，因限制其午餐食量而爆衝到教室外，作勢欲跳樓的小胖威利……；放學時來一抹唐寶寶無邪微笑道再見，一天高壓、緊繃的工作氛圍，忽地宣洩，甘之如飴……教導特殊生箇中酸甜苦辣百種滋味，在本書中靈活靈現，點滴心頭，深沁我心，很是中的！

書中田老師大抵於家人照護，使用台語，人物之口吻逼真，教學則兼用之，穿插其間，有時襯以常用英語、日文或台語，語法靈活傳神，人物刻繪也生動靈現，如見其人。文之篇幅或長一些的如〈開啟生命中「特教」的緣份〉、〈她特教圈內的頭號鐵粉〉、〈Blue Blue Work，第一次好想逃！〉、〈他是「星星兒」？〉、〈又見那道鐵門——母親的治療之路〉、〈發現生命中的「未爆彈」〉……；比較短的如〈Un Sospiro（嘆息）——昔日舊情已枉然〉、〈玩

到掛的畢旅（二）〉、〈和學生「搏感情」〉、〈大哥將三度動刀？〉、〈來不及綻放的青春——特教生的殞落〉……，文雖分成多篇，穿插著教導特教生及自己的人生，實以一仁心貫穿串成，讀來甚能符合亞里斯多德於其《詩學》所說的開頭、結尾、中腰，而前後連貫，一氣呵成，可見作者敘事之功力，心靈修養之化境。

當特教老師是很難得的，愛心要比別人深廣外，還要有特教專業知識支撐。有時包山包海，入泥入水，或餵食，或扶持，或把尿，或訓練喝水，或追暴衝的學生，或介紹工作，幫忙處理日常生活，其慈心悲願，是無可比擬。書中另外述及田老師父親，勇伯二度開腦，母親的子宮頸癌，其兄嘉興的二度開刀，也表現無比親情深意，細心呵護，卻沒有半句怨言。而當敘寫她和宇成之情感，則輕描淡寫，自然自在帶過，採用對比法，真的是夙夜在公，師生敬崇了。

田老師的「神奇打字溝通」，是她教職生涯難得的教學經驗，有如啞者不能說話之手語，作為彼此溝通，輔助教學，針對個別學生需求，適性給予適合的教學方法，因材施教無論師生皆獲得成功經驗。另在作者阿Hing的自序中提及：「看起來天真無邪的唐寶寶」也好，「以及蒙古症的怪叔叔」也好，其實他們也都是社會中的一份子，也都該擁有受教權，也是庶民，都需要人們的照顧與愛護，這是作者於道的提昇，莊子《齊物論》，以道觀之，厲與西施，哪有美醜，及〈山木篇〉大材小材之用呢！當心靈以禪的方式提升，則待人接物，平等一如，天地人合一了。

《有愛就無礙，只為特別的你：りんご老師的特教人生》以日常敘事的方式，深入淺出地讓讀者能快速並容易理解特殊生及特教班級師生的日常，其中更穿插りんご老師二十五年的特教人生，親歷耳聞之事，求真求善的敘述，均井然有序，如見其人，親聞其事。佛陀把無量世人，看為獨子，證嚴法師也說：「普天之下沒有一個我不愛之人」，孟子的「老吾老以及人之老，幼吾幼以及人之幼」，亦是田老師之謂也，故她笑以凡塵的仙女自比，誰曰不然；又人物是敘事的靈魂，今見其人物刻繪栩栩如生，情節宛然，觀點正確，意義非凡，有其永恆性，孔子所謂文之教也，有足多者矣。今索序於余，自揣樗材學淺，謹掇數語，忝為同事，忝為序也。最後，本書精彩可期，非常推薦！

高雄市立高雄特殊學校校長
陸奕身 於高特
民國一〇九年三月十六日

推薦序　賞識每位孩子的赤子之心

陳靜江

本書作者以五十多篇短文生動描繪一位原沒有特殊教育專業背景，還在探索自己職涯的年輕人，如何在懵懂中從特教學校的代課老師到正式成為正職，沈浸其中直到自己身體健康亮出警訊，這跨過四分之一世紀的特教生涯中的歡笑與淚水。

書中多數篇幅均是環繞著主角人物田曉蘋老師與學生的日常，每個故事中常有令人哭笑不得的場景與生動的對話。你會發現作者筆下這群所謂智力低於常人的學生，在芸芸眾生中，他們也許很不起眼，甚至常被遺忘，但只要在足夠的專業支持下，給他們機會，他們往往可以展現令人驚喜的樣貌，尤其他們所呈現的隨緣無求、知足常樂，還有那麼豐富且意想不到的喜感與幽默，不正是我們這些ＩＱ一百以上的人常缺乏的嗎？不管他們製造多少麻煩，闖多少禍，當他們以毫不矯情的行為、笨拙的言詞表達一句句自然的讚美與欣賞時，就足以撫慰精疲力竭的老師，也震撼讀者的心。原來溝通可以如此直接，思考可以如此單純。從這些篇幅中，讓我看到一位特教老師能長年和學生與家長建立深厚的情誼，使得他們師生間可以透過單純、真誠、直接的溝通與對待，迸出許多美麗的火花，這不正是我們所嚮往的反璞歸真嗎？從作者所描述的這群學生身上，我感受到他們身上所散發的「生命智慧」是值得我們學習的，相信讀完本書，你會同意我的說法。

在篇篇動人的故事背後，其實作者也在反映幾個智能障礙者在生涯中要面對的嚴肅課題，包括：邁入成年後的就業、婚姻、社會適應等等挑戰。因此，如何為學生邁入成人生活做好準備就是特教老師教學生涯中要不斷面臨的挑戰。包括：如何處理嚴重情緒／行為問題、協助學生適應職場實習環境、把教學帶入社區走透透、為青春期蠢蠢欲動的兩性關係把關、學生畢業後繼續提供情感支持等，這些都是特教老師的日常，卻也是沈重的課題。此外，作者也透過多篇故事反應了家有特殊子女帶給家庭的巨大影響，包括家長的心理調適問題，以及一般手足在成長過程無形中背負的沈重包袱，例如，曉蘋孩提時期暗暗喜歡的亞仁大哥因著有位自閉症弟弟，成了他一生無法承受之重。

在以師生互動為主軸的篇幅外，作者也用心的將曉蘋的個人、愛情與家庭故事穿插在在她的特教生涯中。讓讀者隨著曉蘋的生命故事感受到學生會長大離開，而教師的生涯也在另一條線上隨著年齡增長必須面對許多隨之而來的人生議題，包括：父母的老化與照護、個人感情婚姻的抉擇、疾病如未爆彈的威脅等，這些發人深省的插曲都豐富了本書的深度與廣度。

我與本書作者亦師亦友的情誼已超過二十五年，當年日送她踏入特殊教育學校任教，曾暗暗擔心她那弱不禁風的模樣在校園如何罩得住一群常需她追趕跑跳叫的學生，不過她風趣、靈活、認真又很能自得其樂的特質，又讓我深信她一定能在特教生涯中有不一樣的作為。果然，在這本書中我看到她交出吸睛的成果，雖然在書中她為了尊重許多故事中人物的隱私，而有許多加工處理，但我知道這些多數都是作者個人第一手的經驗，或周遭發生的故事。當我追著讀完書中每篇短文，都不禁頻頻讚嘆她對這必須投入多少專業與身心折騰的工作能去粕存菁，並以輕鬆詼諧的筆調展現她對每位獨一無二的特殊學生的因材施教，更難得的是穿梭在字裡行間裡那顆懂得賞識每位孩子的赤子之心！

讀完本書，我相信認識身心障礙，接納身心障礙，進而擁抱障礙，超越障礙，應該不只是書中這些智能障礙學生及其家庭終身的課題，也不是特教老師獨有的職責，應該也是每一位現階段的非障礙者要學習的課題。這應該就是我們在倡議身心障礙人權的終極價值與意義吧。

前國立高雄師範大學特殊教育系／復健諮商研究所教授
社團法人台灣智青之友協會理事長
陳靜江

推薦序　特教班裡的春夏秋冬

黃國書

幾年前阿Hing老師向學校提出要退休時，確實有些意外與不捨，看著她進入這間資深的特殊教育學校，一待就是二十五年，沒有轉調他校離開過這間老而彌堅的特殊教育學校，她不只是全心投入特殊教育的基層班經營與教學工作，也對這群既特別又弱勢的孩子充滿著愛與關懷。後來她談及家庭與身體狀況，才知道人生的因緣聚離是無法索求的，也不能夠重來一回的。對她來說，能夠很踏實的走過特殊教育二十五年就是最美好的日子了。

一般人對於特殊教育的工作總是隔著濃濃的厚霧，除非你的摯親是身心障礙族群，才會身陷其中，但是想脫身不容易，像書中故事主角曉蘋與其好友宜庭，好友宜庭甚至也生下了自閉兒，費了多少年心力才撫養培育成為藝術家，這可能是百中取一的成功個案，但是在週遭的人群裡，又有多少這些弱勢的孩子與家庭，是我們一般人很難得體驗的庶民生活故事。

阿Hing老師這本書的大半的內容，將她在特殊學校班裡的教學生活故事，很平實趣味的一一呈現出來，諸如特教班上同學的身心特質簡單樸拙，像永遠沒吃飽阿國仔、報馬仔小雲、大咖阿德，還有把老師當作心儀的偶像的，這些特別的孩子們的心思大都停留在孩提時代，既快樂又單純，不會去計較別人對他們的眼光，他們很想參與普通人的社會生活，反而是我們一般人對他們陌生了許多而保持距離。另一方面，我們看到這些孩子們的家庭裡，許多是生活在這個社會的一個小小角落裡，卑微的不敢張揚，像書中主角之一的亞仁原生家庭，始終走不出這道陰影身陷其中。其實，身障孩子與其家庭都是我們芸芸眾生普羅生活之一，都會發生在我們的親友身旁，與其漠視他們的存在，不如去透過同理與接納的關懷，甚至進而是個大融合的互助生活社會。我想這是阿Hing老師透過她在特殊教育班教學的教學生活經驗故事中，所要表達的內在意涵吧！

另外，這本書不只是特殊教育班生活故事內容，在書中戲劇性地，也很巧妙的把家族故事做引場穿插，將人生中的生老病死分合聚散串成一整個家族的生命故事。所以，可以從這些看似尋常人家的故事中，看到生命中的許多偶然與因緣。最後的主角選擇順應生命中自然，去體會品嚐如電影《阿甘正傳》人生就像一盒巧克力，你永遠不會知道下一顆是什麼味道？不論是甘苦酸甜，我想故事主角曉蘋老師應該最清楚箇中滋味，她走了一遭，最後，是接納當下幸福生活的。就請讀者們用心品味這本生活故事之書——《有愛就無礙，只為特別的你：りんご老師的特教人生》。

當你用神采奕奕的眼神，看世界：世界也會用寬容的懷抱，接納你。（羅曼・羅蘭）

高雄市立楠梓特殊學校校長
黃國書

自序

某天，我在捷運站正準備搭車回家，當列車進站時，看到一位唐寶寶（唐氏症）在站務員的協助下，和我搭上同班列車。當稚氣未脫的他，就坐在我對排的椅子上時，我差點職業病作祟，想過去跟他social聊聊，問問他是否知道在哪裡下車？然而，一想到N年前自己教過的學生，曾因在搭公車上班途中，和路人聊到忘我，導致耽擱上班遲到的事，這才止住我的衝動，於是決定默默坐在原來位子上偷偷關心，直到我比他先行下車。

後來想想，自己對他的那份牽掛，或許是多餘的，那是一般學校放學的時間，想必唐寶寶的家人或老師，事前早已帶著他經歷過無數的訓練，然後才放心讓他獨自搭捷運回家的，也許是家人或老師希望他更順利一次到位坐上車，才委請站務員就順水推舟、推他一下下吧？

好笑的是，這不禁讓我想起，在自己孩提的記憶中，有一段時間，經常看到家門口的街道上，一位長得有點奇怪的瘦小叔叔，總是挨家挨戶從垃圾桶中俯拾東西吃，每次只要看到他的出現，我就彷彿見鬼似地，嚇得趕緊拔腿奔進屋內。直到長大懂事後才明白，原來那位看似乾癟瘦弱的「怪叔叔」，不過就是年長的「蒙古症（以前對於唐氏症的俗稱）」罷了！

看起來無邪天真般的唐寶寶也好，即使是當年看到的那位像是街民的蒙古症怪叔叔也罷，其實不就都跟你我一般，同樣是時下所說的「庶民」嗎？坦白說，真的沒有什麼大驚小怪的。如果是你，在街上巧遇他們時，你是否也會有特別的反應呢？

投入特教界屈指一算，不知不覺已然走過四分之一的世紀了！我不清楚一般人如何看待這些「庶民」中的弱勢族群？如果不是自己工作的關係，恐怕也很難有機會近距離去認識他們。多年來和這群「寶寶」般像是長不大的孩子為伍，經常被他們的天真所感染，倘若，人生不用有太多計較，只要把不好不快的事，像他們一樣，總是還沒被選擇在大腦的記憶體中儲存就自動刪除了，那該多好！大抵說來，在這四分之一世紀的歲月裡，歡笑還是佔據大部分的，而且，就像是朋友所說的，當了特教老師後的我，看起來感覺上越活越年輕了！

話說，若要推舉全國最沒氣質形象的老師，身為特教老師的我們，恐怕會高票當選吧？想想這也不是什麼殊榮的事，本來不值得一提，只是遙想自己最後一次在校園蹬著高跟鞋走，竟已不復記憶了，曾幾何時，在校園裡除非因著畢業典禮，難得才得以遇見老師們不得不的盛裝，典禮一旦結束，旋即大家就又恢復了日常休閒邋遢的原形，因應學生樣態的多變，在校園裡追趕跑跳叫早已是司空見慣的事了，想要著洋裝扮優雅，在這圈子裡，可是完全派不上用場的！尤其後來的幾年，整個校園大環境順應趨勢潮流，授業已不只是教書單純的元素了，還必須加入復健甚或照護的概念，所以這幾年下來，我們豈止是沒有形象而已，套句廣告正夯的台詞，每個人幾乎都越來越像是「肩頸頂叩叩的空姐」了！

無論如何，有機會的話，我還是很希望能跟更多人分享特教圈裡的點點滴滴。於是，我將二十多年來在特教圈內的教書生涯裡，親身經歷或耳聞的事，嘗試用小說的方式，編寫成了這本《有愛就無礙，只為特別的你：りんご老師的特教人生》。為了避免涉及個人隱私，書中的人物或故事情節內容，大都經過自己的加工處理，其中舉凡出現的真實人物，也都一一化名，另外為增加部分戲劇性的效果，有些穿插的人事物，則是添加虛構的，然後透過自己筆下杜撰的中心主角田曉蘋，交織描繪成一位特教老師和學生之間、乃至其人生的故事。

期盼讀者能以看小說的輕鬆心情，從中去認識社會角落裡的這些弱勢族群，倘若因而進一步能引發大家對這方面的興趣與關懷，那也是想望的美事。

目次

班上永遠的「報馬仔」

「りんご（Ringo）」[1]，剛剛有一位說是妳的學生打電話過來喲……」。

曉蘋從高雄開車回到屏東的老家，才剛踏進客廳沒多久，母親看到她劈頭就說。

早在手機尚未問世的年代，當導師的她，為了跟家長的聯繫，很自然地在那時候還會印製的全校通訊簿、以及學生的聯絡簿上留下家裡的電話，之後隨著手機的普及，大家也越來越重視個人隱私，她和學校大多數的同事，大都選擇只給家長手機號碼。當然大概也是因為那事件的關係吧？有一次校內某家長是醫師的學生，差點遭到綁架，所幸最後和平落幕，從此之後，那本全校師生一人一本的通訊簿，也就跟著被停止印冊，走入歷史。

隨著工作的繁忙，加上高屏大橋每上下班必塞的舟車勞頓，教書沒幾年，她便移居高雄去了。所以，知道且會撥打她屏東老家電話的學生，肯定是早期的那群屁小孩，曉蘋心裡這麼想。

「喂，老師我跟妳說喔，程淑芬她爸爸死了，阿她妹妹好像被送去機構了，因為她還在上

1 取自她名字「曉蘋」中「蘋」，日文蘋果（林檎）りんご的發音，受過日本教育的雙親，從她小時候都習慣這麼喊她。

班，說什麼社會局的人有過來幫忙……。」

「田老師，阿妳什麼時候要退休？」

沒多久，那自稱是她學生的電話又響了！果然，對方話匣子一打開，她立刻認出是當年班上「報馬仔」小雲的聲音。

記得那時候，平常上課時，小雲通常都不太回答老師問題，可是一下課回家後，小雲就會依循著那本全校通訊簿，然後拿起電話筒，到處跟班上同學的媽媽打小報告，「今天你們某某在學校很不乖，又被老師唸了……。」就這樣日復一日，她每天按例打小報告的結果，居然在家長間「打」出了知名度，班上很多家長不曾跟她謀面過，卻早已知道小雲這號人物了。如今畢業多年，她依舊不改其性，只是把習慣跟家長「投」的電話，改成和同學東家長西家短的哈拉，然後一有小道消息，就會迫不及待跟她爆料。

「老師，妳猜我現在幾歲了？我已經三十好幾了，而且，我還當舅舅了呢！」

曉蘋想起前不久當年跟小雲同班的阿國仔也回學校看她，不經意地透露了他們的年紀，她這才驚覺，時間真是公平，不僅在她的額頭上多了好幾道揮之不去的皺紋，就連當年她眼中的這些屁小孩，如今早已「轉大人」，不知不覺中，他們竟也來到輕熟齡的階段了！

每每憶及當年的這些屁小孩，曾經有過年少輕狂的事件時，讓她不覺莞爾。

「老師啊，夭壽哦！妳咁哉？有一天郵差按門鈴說我們家有小包，我說郵差一定是送錯了，因為我們家沒人訂購什麼東西啊，結果後來才知影，是我們家小雲打電話去跟人家訂的，老師啊，妳是不是有教過她那個什麼『電視購物』？嘸我家小雲哪ㄟ曉打電話買那什麼抱枕的？」

有一次曉蘋跟小雲外婆電話聯絡學校事情時，外婆的意外爆料，讓她印象深刻。因為長期以來小雲給她的印象是不多話的孩子，要不開口就「吃螺絲」，難道一直以來，小雲其實都只是在「扮豬吃老虎」？她常跟家長開玩笑說不可小看班上的孩子，果真，小雲也跌破了眾人的眼鏡。

聽說那次電視購物事件，小雲被外婆罵慘了，之後也被禁止打電話，然而除非將電話裝上鎖，否則家中只要沒大人在的空檔，怎可能擋得住小雲撥打電話的慾望呢？

「我想說來打電話看看，電視上所說的東西，是不是真的就會送到家裡來？」

後來，她在跟小雲的聊天中才發現，那次空前也絕後的電視購物，對於小雲而言，其實只不過是好奇心作祟罷了，哪是真想要那什麼肩頸抱枕？

「僥倖喔！她若再繼續打電話過去買東買西的話，家裡的『家伙（家當）』早晚叨要去了了？」

「田老師妳說的話，對我們家小雲來說，就親像『聖旨』一樣，不敢違抗，就算自己被老師罵了，回到家也會心甘情願跟我報告哩！」外婆後來笑著說。

知道小雲喜歡也在意她，因此，每當在家罵輸小雲時，外婆就會找機會「投」給她聽，所以，當時屏東老家的電話，總是佔線中，不是小雲就是阿嬤，這對婆孫經常分頭扣來跟她告狀。

當年負責撫養照顧小雲的外婆，聽說後來仙逝了，小雲繼續跟同在屋簷下沒結婚的阿姨生活，阿姨也取代外婆，對小雲視同己出。就在小雲畢業前，經由學校的轉介下，成功安排到某清潔公司工作至今，除了在小團體中依舊愛打小報告外，聽說小雲對工作倒是很少抱怨，數十年如一日，不過由於清潔公司工作時間是週一至週五，因此，唯一一件事讓小雲耿耿於懷，那就是從此之後再也沒機會回學校看老師了。

「老師，為什麼我都不可以回學校去看妳？」小雲經常因此跟她發牢騷。

然而，一年一次的全市身障運動會裡，小雲都會以「社青組」代表的身分參賽，於是彷彿一期一會地，每年小雲都會抓住這個難得機會，跑來看她。

「田老師，妳知道嗎？阿城已經好久沒上班了，他都常常打電話來說要找我出去玩，可是我都說不要……。」然後不改「報馬仔」的天職，每年不忘更新同學的近況。

「田老師，妳什麼時候要退休？妳哪天要是退休了，叫我怎麼辦？我就會看不到妳了……。」上次在運動場碰面時，「報馬仔」的小雲，彷彿已經嗅到她快要退休的氣味。

「喂，小雲，老師快了，快退休了，妳工作還是要繼續加油喔，幫我跟阿姨問候一聲，有機會的話，我們還是會再碰面的！」

也許，這將是最後一次跟小雲通電話了，因為不久後，曉蘋將把母親接到高雄住，永遠離開屏東的老家。

開啟生命中「特教」的緣份

當老師一直是自己的夢想，那年以一分之差，抱憾與屏東師專擦身而過，後來的大學聯考，就連跟師範相關的冷門科系都沾不上邊，最後，只好選擇感覺較接近老師的社工系就讀。

當時大學在中部唸書，下課閒暇之餘，我經常都會跟「慈幼社」的學姊學長們，一起去育幼院輔導孩童功課，假日沒回屏東老家也沒特別活動安排時，偶而也會在社團學姊的邀約下，前往郊區的某教養院，客串半天的志工。

但，那不是自己跟所謂「喜憨兒」起始的邂逅，其實追溯到更早，還是在孩童時期吧，就在年幼的懵懂中，就開始有了第一次的接觸。

那時，亞仁大哥還住在家隔壁，因為他跟大哥嘉興同年的關係，打從幼稚園開始，我們就都會哥倆好地玩在一起，一下子一二三木頭人，一下子玩跳格子遊戲，甚至也不管女生男生，有時玩起彈珠遊戲，有時兩位大哥還會陪我扮家家酒，感情相當好，好到上小學時，也都是小手拉小手一起走去學校，而且幾乎每次我都只讓亞仁大哥牽手。

亞仁大哥家裡，總是有琳瑯滿目的玩具，再者，當時家裡開家具店做生意，也不適合小孩子在店內結夥嬉鬧，所以每次，我和大哥自然而然地就會跑到他家中玩。

印象中，亞仁大哥好像還有位跟我同年的弟弟亞太，但不知道為什麼很少看到他，通常只有在我們去他家扮家家酒，運氣好的時候，才能偶而看到他弟弟。

自我有記憶以來，從未聽過亞仁弟弟開口說過任何一句話，每次的家家酒，他弟弟也從不感興趣，不管我們這頭玩得多high，他弟弟從不正眼瞧看。當時我小小年紀，覺得亞仁大哥都已經是天下第一帥了，直到有天不經意的瞥見，才發現他弟弟亞太更是驚為天人，他那俊秀的五官，甚至更勝於亞仁大哥，但，那張型男的臉龐下，就是藏著拒人於千里之外的冷漠，那種感覺我說不上來，只覺得他跟亞仁大哥還有我們，像是不同國的。只要遇到弟弟亞太有在旁邊時，超沒脾氣的亞仁大哥，每次開始扮家家酒前，他都還是會邀約他弟弟一下，可奇怪的是，他弟弟通常都一副六親不認似地，甚至根本完全不理會，大部分的時間，他都獨自靜靜坐在旁邊的沙發上玩組裝玩具，時而會突然發出很大的笑聲，剛開始我都還以為，亞太該不會是在偷笑我扮演他大哥的老婆？後來才明白亞太的笑點，其實與我們的家家酒根本無關，甚至大部分是很莫名其妙的。

不跟人家一起玩也就算了，亞仁大哥、大哥嘉興和我都進同一所幼稚園，然後，當我們手牽手一同上小學時，亞仁大哥手裡牽著的經常還是我，跟我同年他的胞弟亞太，始終從未同行過。為此我曾經納悶過，亞太到底有沒有去上學？小學六年下來，我幾乎都快忘了亞太的存在了，長期以來，外面很多人也都以為，亞仁大哥是家中唯一的獨生子，完全不知道其實家裡還有另一位胞弟亞太。

亞仁大哥的父親，因為工作的關係經常早出晚歸，雖然比鄰而居，我很少有機會碰到他。有次家中大掃除，穿著西裝革履的他父親，剛好經過我家門口，當時不巧正在樓上洗窗戶的水，我一個不小心差點潑灑到他，他也只是抬頭笑笑，沒有半句怒言，便匆匆趕去上班。印象中，他父親戴個黑框眼鏡很斯文，看起來相當客氣，行事風格也很低調，他向來好像都是一身西裝領帶裝扮，所以長期以來，我都誤以為，他父親不是大老闆、絕對就是銀行的高級主管。亞仁兄弟倆清秀的臉龐，跟他父親幾乎是同一個模子印出來，就連亞仁大哥溫和的性情，恐怕也是得自他父親的遺傳吧？

直到自己懂事後我才明白，存在亞仁他們家多年來，不欲人知的祕密。

原來亞仁的父親出身人人敬重的教育界，根本不是自己所想的什麼高級主管，原本是學校的老師，後來據說當了校長，而亞太卻是連校長都無法掌控的「特殊孩子」。家中有這樣的特殊孩子，在當年就像是不太光彩的事。因此，聽說亞太連幼稚園都沒讀，在該上小學的年紀，便被送往台南的特殊學校住宿就讀，偶而只有在週末日才會被接回家。一直到自己上了大學，開始在社團和機構與院童接觸，才似懂非懂，原來，亞仁的弟弟亞太，應該就是人家所說的「自閉症」吧？

直到大學畢業，當時不急著想出社會，或許是自己還搞不清未來的定位，因著這樣的擺渡心情，於是接下了學校系上研究助理的工作，想說邊釐清自己思緒，順便先考個研究所看看再說，總之，就是不想貿然替自己挖個坑就跳入社會，萬一搞得萬劫不覆，反而死得更難看。

只是沒想到，學姊長們傳說中的這份閒缺，實際上完全不是那麼一回事，為了那些讓教授只需掛名就能專美於前的研究專案，自己卻得鎮日跟著時間賽跑，最後落得連個名份都沒的無名小卒，要不還得幫教授、甚至助教，無薪整理他們瑣碎的雜務，一下子還要協助工讀生釘印那永遠開不完的會議資料，唯有等到下班回到租屋處，才有真正屬於自己的時間，所以，第一年研究所的考試，當然是陣亡了。而系上助教那頭也是搖擺不定，口頭常常念掛猶豫，是否跟她男朋友去美國念書，原本心裡偷偷打著如意算盤，最好助教跑了，身為研究助理的我，搞不好可以來個被「扶正」，取而代之成為系上助教，於是拖過一年的結果，說服自己又留了一年。豈知助教後來完全按兵不動，打聽之下這才讓自己恍然大悟，原來，那年頭即便只想當個「萬年助教」，起碼也必須具備碩士以上資格才行。

大學畢業後虛度了兩年的青春，眼見就快要自我卡死的時候，家中突然傳來了不好的消息！母親疑似子宮頸癌需立即開刀，當時大哥嘉興又剛好抽中「金馬獎」，遠在馬祖服役中，念及住院開刀的母親需有人照護，於是，想都沒想我就趕回屏東了。

還好，母親確診是「零期子宮頸癌」，接受了子宮割除手術後，慢慢恢復正常，除了例行性的回診追蹤外，其他在家休養即可。

就在陪著母親休養的空窗期，有一天，在高雄任教的高中死黨宜庭來電，聽說她服務學校的特教班因老師請產假，學校一直找不到代課老師。

「Apple[2]，妳有沒有興趣來我們學校代課？不過妳就得從屏東通勤來高雄，如果妳不嫌遠的話……。」

「可是，我從沒有教書的經驗耶，何況要教『特教班』的學生。」當年師專甄試錯失機會後，原以為這輩子與老師絕緣了，正思索接下來的路如何走時，這通電話來得正是時候。

「因為學期中一直找不到代課老師，我幫妳先問過學校了，說是沒問題的，只要大學畢業即可，妳以前大學社團時不也曾經接觸過特殊孩子，所以，不算是完全沒經驗啦。」於是，就在高中死黨的半推半就下，我一腳開始踏出了生涯中「老師」的第一步。

由於平常的虛心領教，加上很有學生和家長緣，出乎意料地自己在學校頗受好評，原本說好只是短期代課，沒想到一個月結束後，接下來有的沒的代課缺，竟源源不絕持續了一年。一開始其實心虛得很，總覺得自己像是個「冒牌貨」，每次被喊「田老師」時，老是渾身地不自在，好不容易才逐漸習慣加諸於自己身上的這個稱號。

「Apple，聽說今年高雄這裡的特殊學校高職部，有教師獨招喔，因為才剛要成立，特教師資很缺，最重要的是，甄試條件較寬鬆耶，不需要什麼教育學分或特教資格，考上之後再去補修特教學分即可，妳要不要去試試看？」有一天，好友宜庭捎來了天大的好消息。

「真假？」

2 上了高中，不知從什麼時候開始，至交宜庭不再稱她名字暐蘋，只管喊她Apple，也唯有高中時期的死黨之間，才會知道她這個暱稱。

面對這天上突如其來掉下的好康，簡直像是為自己量身定作似地，總算老天爺也開始眷顧我了。

經過這一年代課老師的「虛名」生活，我才發現，原來在自己內心深處，還是最喜歡當老師，儘管繞了大半圈，再也不想只能當個客串，永遠中途去接繼別人的班級上課，有朝一日，也希望能夠為自己「正名」，成為如假包換的正式教師，擁有屬於完全自己的班級。

這可是絕無僅有翻轉自己人生的天大機會啊，說什麼我都得參加這場甄試。

她特教圈內的頭號鐵粉

「阿宏，你畢業後，要是沒有機會出去工作或到機構接受訓練，每天持續『宅』在家，吃飽睡睡飽吃的話，你將來的身材，有可能就會變成跟這位學長一樣喔！」

只見阿宏一臉無辜地，跟著曉蘋，將視線快速移轉到教室門口那「龐然大物」身上。他們這才發現，不知從什麼時候，教室前早已站著一位不速之客，其魁梧的身形，簡直足以媲美小一號的日本相撲，外表看起來像是有些年紀，卻又帶點靦腆的稚氣笑容。

他是阿國仔，跟「報馬仔」小雲同是曉蘋早期的畢業生，也是她長期以來死忠不換的鐵粉。早年阿國仔和小雲在她的班級裡，都不算是A咖生，大字也都幾乎不識幾字，念起課文總是「2266」的，但兩人都很會跟老師social，儘管畢業多年了，經常都還會惦記著她。

說起阿國仔，當年一畢業沒多久，就被結了婚的大姐帶往澎湖定居了，所以這位天高皇帝遠的阿國仔，算是「報馬仔」小雲的「漏網之魚」。事實上，阿國仔自己本身就都會按月跟她電話「扣印（callin）」了，根本不需要小雲給她什麼轉手的消息。

很有趣的是，阿國仔跟曉蘋的例行性電話報到，彷彿都會依據著時令，好比一月份時他會跟她說「元旦快樂」，二月份若遇到寒假則pass休息，或提早跟她說「祝農曆新年快樂」，往往三月份才開始，他就會為下個月的返鄉提早作預告，因為每逢清明節他必回來掃墓，只要四月份一到，電話「扣印」會暫停，因為阿國仔本尊就會自動現身，五月份時，則會應景地對她說「母親節快樂」，也不管她還單身從未當過媽，六月份常提醒她「粽子吃了沒？端午節快樂」，七月八月的暑假則自動切入「關機模式」，九月份開學後，他絕對會一本正經地跟她道聲「教師節快樂」，十月全國普天同慶時，偶而也會來個「『兩個十』的國慶日快樂」，十一月到來會貼心地要她「天氣變冷了，小心別感冒喔」，等到十二月一聲「聖誕節快樂」後，彷彿有始有終地完成了一年的行事，然後，迎接新的一年到來，他的節令問候又重新復始，數年來似乎從不間斷。

有時阿國仔還會因應時事即時來電，像是「前幾天颱風大雨（地震），老師妳那邊好嗎」之類的問候。由於阿國仔的電話「扣印」太過頻繁了，所以他的高知名度，很快就在辦公室內傳開，只要接過他電話的老師，想不知道他都很難，然後一年一度清明節祭祖時，大家總是能一睹他的「廬山真面目」，因為傳說中的「阿國仔」回來了。

「老師，剛剛進校門口時，我說要找『田老師』，結果門口的警衛叔叔，要我簽名ㄋㄟ！」好久沒提筆寫字的他，沒想到在警衛室被要求會客的名字登記。

「學校不能隨隨便便讓陌生人進來，所以連規定進來找老師的都要簽名啊，阿國仔，你又不是不會寫自己的名字，怕什麼！」阿國仔搞不好都比那年輕的保全大上好幾歲，聽到他還口口聲聲警衛「叔叔」的，看著這位老學生，曉蘋忍不住噗笑了出來。

畢業多年的阿國仔，以他的年紀，讓班上阿宏稱「叔叔」都不為過了，就算他走在路上，看起來也就像是一般的胖叔叔，只要不開口根本不致於露餡，沒有人會懷疑他哪裡不一樣。

「田老師，以前妳教過我們搭公車，我現在都會搭兩個6的公車，自己回學校來看妳了喔！」

「六十六路公車就六十六路公車，什麼兩個6的公車？」其實阿國仔說「兩個6」也沒錯，只是很少人會這麼說。不過說起來倒是令她有些感嘆的，現在學生中，已經很難再遇到像他這樣可以「逗嘴鼓」的開心果了！要不是他遠從澎湖過來，不搭飛機也必須搭船才到得了高雄陸地，否則，搞不好阿國仔會週一到週五，天天搭公車跑來找她「開講」了，曉蘋心想。

話說阿國仔對她的噓寒問暖與另眼關照，不是在他畢業後才有的事，早在他學生時代，他就把她跟當年紅得發紫的「女神」周慧敏一樣，捧放在他心中重要的位置上。

當年有一陣子她常發現，阿國仔每天都很認真邊看著自己的聯絡簿，然後在另外一張紙上邊像是在抄寫什麼東西似地，只要她一靠近，阿國仔就會趕緊把紙張收起來，然後笑得很神祕！有一天她上職業教育烘焙課的時候，赫然發現，在教室內全是不鏽鋼的工作台旁，唯一的一個木製置物桌腳下，自己「田曉萍」三個字，什麼時候被人用油性筆寫在上頭了，字跡還有點歪七扭八，不由得讓她想起小學時，坐在她旁邊暗戀她的男同學，也曾在以前桌子中間那條男女授受不親的「楚河漢界」旁，用小刀留下「曉蘋，我喜歡你」的模糊刻痕。她認得出那是阿國仔的筆跡，原來不太識字的他，那陣子的躲躲藏藏故作神祕，竟是為了此椿？真是難為他了，念在他辛苦臨摹「描繪」她複雜名字的份上，直到現在，曉蘋始終沒有拆穿阿國仔的這個祕密。

既然她有幸和周慧敏並列為他心目中的「女神」，所以，粉絲會追著周慧敏相關的小道消息跑，同樣地，隨時follow關心老師，他覺得也是應該的。

猶記當初阿國仔畢業前，歷經學校幾番的就業實習轉介，都不是很順利，其中有一回她陪同他前往店家實習的第一天，就在和店家負責實習的組長晤面交代工作事宜時，阿國仔居然很不得體地大力推銷起待嫁的她，完全忘了此行的主要目的，傻眼之餘更令她錯愕尷尬。當然那份工作，最後也是慘敗收場。

「田老師，妳有沒有作業？可不可以讓我帶回澎湖練習寫？」

都老大不小了，阿國仔還跟她要什麼作業啊？拗不住他突如其來「好學」的央求，她只好配合演出一下，把手邊現有的一些作業，通通整理送他當「伴手禮」，不好讓他千里迢迢來卻敗興而歸。

「老師，你知道嗎？我已經三十八歲了哩！」

「天哪！阿國仔，你也已經三十八啦？好啦，老師知道就好，可別到處宣傳你已『38』了，否則，豈不是要昭告天下，田老師我更老的事實了嗎？」

有一次，阿國仔又回學校來看她了，一位新進老師看到了阿國仔，然後跟她說：「田老師，剛剛那位身材魁梧的人，聽說是妳以前畢業的學生喔？怎麼看起來倒像是妳的家人般，感覺你們是那麼地熟絡……。」

「別人攏是『桃李滿天下』，阿妳攏教這款憨囡囝……。」記得父親曾經跟她如此調侃過。在特教的路上，誠如父親的一句玩笑話，曉蘋確實從未遇過有什麼「桃子」啊、或「李子」滿天下的殊榮，然而，有著像阿國仔這樣的師徒關係，誰說不也是另一種為人師表的欣慰呢？

教甄前的巧合與邂逅

自從下定決心要報考教師甄試，多年的好麻吉宜庭，也打定「捨命陪君子」挺到底，除了幫忙搜集考古題外，還給了好多特教學分上課的「大補帖」，在每天放學後，更不忘面授我一些考試相關的技巧和重點。從每天一早的通勤開始，白天上課，下班後便開始教甄準備，要說壓力和辛勞，比起當年考師專的日子，簡直是有過之而無不及，但，既然都拿到入門票了，就豁出去吧！說什麼都要擠入正式教師的窄門！

就在考前幾週的某一天，聽說有「長官」將要蒞臨學校訪視，學校也技巧性地安排「強棒」宜庭的班級出場，作為這次觀摩的重點，宜庭事前還特別交代，「如果妳沒課，希望妳能過來分享我的教學」。

彼時大概太專注台上死黨精彩的教學「演出」了，台下的我只顧拼命做筆記，直到最後長官的指導時間，方才注意到台前那張熟悉的臉龐，再對照資料上長官的名字，「天啊，這不就是亞仁大哥的父親嗎？原來他早已不當校長，變成督學『長官』了！」我做夢也沒想到，會再遇到亞仁的父親。

教學觀摩和整個視察活動結束後，宜庭趕緊揮手叫了我。

「楊伯伯，她是我高中好友田曉蘋，雖然目前還只是學校的代課老師，但是她非常認真喔！而且正在準備教師甄試。」趁著校長主任組長忙著招呼其他長官的空檔，宜庭連忙挨近這位「長官」，且彷彿與他早是舊識般，並趁機介紹我和他認識。

「對了，楊伯伯，她也是屏東人，現在每天都還是通勤到高雄來代課喔！」

宜庭也真是的，沒事幹嘛提我住哪啊？其實自己心裡有數，亞仁大哥的父親根本不可能記得，在亞仁他們尚未遷移到高雄前，就算比鄰而居，我跟他父親實際沒照過幾次面，當年髒水濺灑他身上的糗事都還恍如昨日，不過也早已事過境遷，如今他們搬到高雄多年了，想當然爾，他絕對不會記得，我曾是他過去鄰家的小孩！

「妳住屏東的哪裡？」沒想到接下來亞仁的父親居然開口問我。

「中山路，就是那個『歐風家具店』！」我毫不猶豫回答。

「啊，是喔？」「長官」表情看起來有點吃驚，我故意強調「歐風家具店」五個字，想說會不會讓他想起了什麼？不料，他只是笑笑轉身便離去，聽說還得趕往其他行程。

「宜庭，妳跟剛剛那位『長官』熟嗎？我好像聽妳喊他『楊伯伯』？」與其讓長官想起自己，我反倒更好奇宜庭和長官的關係了。

「是啊，老實跟妳說，楊伯伯跟我爸是世交，我們很熟，嗯，是這樣啦，偷偷告訴妳，他兒子是我的男朋友……。」

啊？沒想到自己心目中的亞仁大哥，竟是死黨的男朋友！也未免太巧了吧？這大概是本世紀以來，聽到最令人震撼的消息了！在錯愕的當頭，我的胸口還像是被什麼東西刺了一下，然後五味雜陳。此刻浮現了小時候的某個場景，有一次亞仁大哥牽著我的手，躲過上學途中流浪狗的亂吠。老實說，我都一直把亞仁大哥當成比自己大哥還要親，有時甚至還會抱怨大哥嘉興，怎都沒他來得細心與體貼。一聽到好友宜庭的「宣示主權」，這時候才發現，長久以來在自己的心中，原來藏著一份若有似無的情愫，之於亞仁大哥。

「妳男朋友名字是不是叫楊亞仁？他也是屏東人？」

「對啊！Apple，妳該不會說妳認識他喔？咦，我以前有告訴過妳了嗎？」這次換好友宜庭驚叫了。

「好巧喔，妳知道嗎？他是我以前的鄰居，小時候我們還常玩在一起呢，只是小學畢業後，他們就搬家，聽說搬到高雄來了！我只記得小時候，他爸爸好像是校長。」自從亞仁大哥搬家後就沒了音訊，只是小時他那張俊秀的臉龐，仍不時在腦海中浮現，如今的他想必也是型男一枚，不知道他弟弟亞太後來好嗎？再仔細看眼前清秀佳人的死黨，坦白說，他們兩人看起來其實蠻登對的。

「天哪！世界怎麼這麼小，Apple，聽妳這麼說，對吼，我男朋友他以前家的確住在屏東，後來才搬來高雄的。對了，所以，妳知道他弟弟的事？」因為我們的交情早已匪淺，宜庭也就毫無顧忌聊了起來。

「以前去他家玩時，曾經有幾次瞥見過他弟弟，後來聽說他弟弟被送到台南的特殊學校就讀，然後他們就搬家了。宜庭，我可不可以問一下，妳當初為何會從本來的英文老師，轉換跑道來特教班，純粹是妳個人的興趣？還是？」以前班上功課資優的宜庭，師大畢業後公費分發在她家附近的這所國中教英文，不知羨煞了多少人，後來突然志願轉任冷門的特教班老師，不知跌破了多少人的眼鏡呢！

「嗯，不瞞妳說，我跟男朋友其實認識很久了，但這麼多年來，我都不知道我們究竟算不算是『一對』？我老覺得他放不開，心中有包袱，我們家和他家是世交，不過他弟弟有點怪怪的事情，我也是到後來才知道的。妳不覺得他個性有點悶嗎？我都笑他是『憂鬱王子』，當他發現我喜歡他之後，他好像就慢慢築起鴻溝來，先是表明他家特殊的狀況，然後清楚地告訴我，他將來可得扛起照顧弟弟的重責大任，然後對我也開始若即若離的，前不久他甚至還跟我說，倘若我有好對象，要好好把握，別在他身上浪費青春了！」出身醫生世家的宜庭，向來宛如萬事無憂、不食人間煙火的小公主般，沒想到在感情方面，跟凡人一樣，也有煩心不順遂的時候。

以自己和宜庭的家庭背景，本來應該是兩條沒有交錯的平行線，高中時期，每天一下課，我都得匆匆背著書包趕搭火車回家，而宜庭卻可以優雅地「散步」走回她父親的診所兼住家，班上的模範生宜庭，一直就像是既優秀又高不可攀的小公主，當年要不是班上流行抽籤定座位，我這一矮和宜庭那一高身材的兩人，一個學期下來，極有可能彼此都還說不到半句話。或許就是人家說的緣分吧？高二那年，剛好抽到跟宜庭坐一起，從此開啟了我倆莫逆之交的情誼。

原本自己就有點神經質，加上趕火車拼聯考的壓力之下，三不五時老是被逼出腸胃炎來，然後我都會去宜庭力推的「方胃腸科」，也就是跑去讓宜庭的父親方醫師看診，期間甚至有好幾次的急性腸胃炎，在學校拉肚子拉到都快虛脫，宜庭總是在父親幫忙看診過後，建議並帶我到家裡休息，最後如果無法搭車回家，宜庭都還會幫忙打電話，請父親來高雄接我回家。宜庭談笑風生的醫師爸爸，也常把我當自家人看待，久而久之，「方胃腸科」，不再像一般可怕看病的診所，反倒像是走進自家「灶咖（廚房）」一般地熟悉。

後來幾乎每次的看診過後，我都會在宜庭的盛情邀約下，前往她家當「不速之客」，於是多多少少也間接認識了宜庭的媽媽。比起親切毫無架子的方醫師，這位「先生娘」就顯得相當勢利了。

「妳說妳家是在屏東市、還是屏東縣？我好久以前曾經去過一次屏東縣，之後就不想再去了，因為感覺那裡好像蠻鄉下的。若說是屏東市，好像也差不了多少，就是幾條街感覺較熱鬧而已，也沒什麼！」記得第一次與她媽媽見面時，「先生娘」毫不給人留情面的說話方式，讓人印象深刻。

「宜庭，妳爸媽知道妳跟他交往嗎？」

「這說來可就話長了。剛開始，我爸媽對亞仁印象其實都還不錯。

聽說早在我爸高中時，他就和楊伯伯認識，而且大概就像妳我般彼此相當投緣。後來書香世家的楊伯伯選擇了師範體系，我爸則因醫生世家的背景，讓他只考慮醫學院，於是聽說各奔前程後，兩人就逐漸疏於聯絡。後來楊伯伯當了老師，因為認真嚴謹的個性，讓他腸胃的舊疾一再復發，經友人輾轉介紹，居然就來到我爸的胃腸科看診，兜了一圈後，沒想到他們又再度重逢。

當時楊伯伯好像就已經在高雄任教了，只要有空或因胃痛不舒服，他都會在放學後，也是我爸下午快休診時過來，或是看診或是聊聊敘舊。假日他們也都會相約一起去爬柴山，應該也是從那時候開始的吧？我就認識亞仁了。然後每次我爸都請楊伯伯帶著家人過來，從柴山下來後，通常我爸喜歡作東請客，大家就都會順便聚餐吃個飯，除了第一次，亞仁媽媽和弟弟曾短暫露個臉，而且那次飯都還沒吃完，亞仁媽媽就說弟弟人不舒服，隨後帶著弟弟便匆匆離去，後來幾次就都只有楊伯伯帶著亞仁過來，說是楊媽媽必須照顧體弱的弟弟無法出席。至於我媽，爬山對她來說怎可能？不如跟她的貴婦朋友聚餐或喝下午茶，所以我媽也僅止於第一次聚餐唯一的露臉，後來，我家也只剩下我和爸兩人會去爬山。

當然偶有幾次，楊伯伯也會心血來潮，回請我們到屏東，甚至跑到林邊吃傳說中的有名海產，不過我媽因先入為主的觀念，自始至終都不願意跨過高屏大橋，所以，印象中幾次的屏東之行，她也從未參加。

因此，我們彼此雙方家庭都算是熟識的，當我爸知道我喜歡亞仁時，他相當開心，搞不好他心中早就有把我倆送作堆的想法，只是沒說出來罷了！看得出他喜歡亞仁跟他爸如出一徹的溫文儒雅，即使後來他知道亞仁還有位特殊弟弟，也從不發表任何意見。倒是我媽，在知道亞仁家的特殊情況後，就超級反對了！好笑的是，我媽向來『外貿協會』，記得第一次兩家聚餐時，其實一開始她是較『呷意』更帥的亞太呢。

知道亞仁有位特殊的弟弟後，說真的，我心裡頭開始就有個聲音，彷彿叫我要必須去了解『特教』，另外也是受不了當時普通班老師間，互爭排名勾心鬥角的環境，那時候剛好學校特教班有缺，我考慮之後便決定轉任特教班，然後整個心境突然變得豁然開朗，在我接觸特教班的孩子之後，也發現那些學生真的很單純可愛。不過為了這個轉換跑道，好幾次差點跟我媽鬧起家庭革命！她動不動就唸我『英文老師教得好好的，發什麼神經，幹嘛跑去教那些傻呼呼的學生？』

對了，妳知道嗎？亞仁之所以會跑去台南的醫院當語言治療師，我想應該也是因他弟弟的關係吧？

當我媽知道我跟亞仁成為男女朋友後，她更是氣炸了！明的直白叫我早點跟他『ㄘㄟ』了，暗的則是開始運作牽線，不斷地在她同樣『先生娘』的貴婦朋友圈中放出風聲，說是要幫我物色一位『三高（高富帥）』對象，好讓我死了這條心！」

聽著宜庭細說自己的愛情故事，原來，自己昔日心目中的「公主」宜庭，和長久以來的白馬「王子」亞仁大哥，早已默默牽手走過這麼多的風風雨雨了！不過，說實在地，我還真佩服宜庭的勇氣，今天如果換成是自己，是否也會奮不顧身地，為著喜歡的人，說改變就馬上切換自己生涯的路線呢？

距離教師甄試的日子已經開始倒數，此刻，實在不是聽別人說故事的時候了。從一開始報名甄試至今，重情義的宜庭，在準備教甄的路上，同樣也總是為自己赴湯蹈火。剩下的，就只能靠自己一搏，全力以赴了！

我還沒有吃飽耶——阿國仔的實習出征記

「阿國仔，你忘了今天要去上班嗎？」

曉蘋的鐵粉阿國仔，當年畢業前某個校外就業實習的第一天，她特地早起，還因為擔心無法準時，甚至連半路買個早餐的時間都沒，一路就從屏東的老家殺過來楠梓阿國仔家，準備載他往上班的地點，想不到這臭小子居然還一臉睡眼，真搞不清楚到底是阿國仔要去上班？還是她？

當時她們的學生畢業離校前，學校都會幫忙轉介，或是協助他們前往機構繼續訓練、或是到職場實習工作，而在早期就業輔導制度尚未成形、人力匱乏的年代，曉蘋跟其他老師一樣，都會陪著班上的學生前往職場一起「上班」，從一開始實習的工作探訪到職場工作的「陪」訓，她也幾乎都是一手包辦。

至於學生實習或前往機構的交通部分，理所當然是自理的，然而在那個大眾運輸交通還不太便捷的年代，了不起會騎單車的，實習地點又離家近的話，還可以自行騎單車前往，當時對於大部分的學生而言，大都需靠家人的接送才行。然而，也不是每個學生家長都能配合時間接送，因此，曉蘋和同事有時還得訓練學生搭公車，陪過幾次一同搭車後，她們就得開始嘗試放手，在目送學生上公車後，老師就一路機車尾隨，而不會機車的她，就只能開著車子，傻傻地跟在公車屁股後面跟蹤，搞得每次的搭車訓練，都像極了「狗仔隊」跟拍般，有一次曾因公車急駛後的一個紅燈，害她眼睜睜望著公車背影揚長而去，還差點跟丟了。

話說當時距離畢業前，那已經不知是學校第幾次幫阿國仔「媒合」了，曉蘋之所以會破例，專車前來載阿國仔趕赴實習，不是因為他的鐵粉身分，最主要是他的特殊家庭背景關係。因父母早早就相繼離世，唯一相依為命的姊姊，自顧都不暇了，因此，每次遇到學校的面試媒合當天、或實習試做的首日，就怕阿國仔一人搞不定，她才會給他專車接送的特別待遇。面對這樣的免費接送，不是阿國仔太得意忘形了，就是「死兔仔」的他始終沒搞清楚狀況，要不是念及一旦畢業後他的機會恐怕更少，她才會奮力一搏，期望趕在畢業前將他「送上天」，否則，每次光看他那副睡眼死相，她都想「Game Over」不玩了！

之前學校曾幫他「媒合」的手工洗車，或許因阿國仔「看人說人話」的嘴巴太甜了，儘管從未接觸過特殊孩子，一開始雇主王老闆對他的印象還不錯，在得知阿國仔的特殊家境後，老闆也情義相挺，午餐總是半相送之外，還經常在大熱天請他喝涼的，偶而還有紅豆餅或雞排等下午點心可吃，就這樣吃香喝辣慣了，阿國仔自然愛死了這份工作，一時之間，「我好喜歡洗車」，幾乎成了他的口頭禪。

眼見阿國仔洗車的工作「如魚得水」般，每天搭公車上下班也不成問題後，曉蘋便漸次退出洗車場，暗自偷笑總算搞定這死小孩了。怎料，某個週末下午，難得在屏東老家睡午覺的她，突如其來卻接獲老闆一通氣急敗壞的電話。

「請問是田老師嗎？可不可以請阿國仔下週起別再來了？」

「啊，是王老闆喔，阿國仔怎麼了？」曉蘋還半夢半醒搞不清什麼狀況。

「妳可不可以現在過來一趟？我跟他說過好幾次了，他好像都有聽沒有懂，真是快要氣死我啦！」老闆繼續高分貝地叫著。

「王老闆，真抱歉！阿國仔又遲到或偷懶了嗎？我現在是可以過去，問題是等我從屏東開車過去時，恐怕你們也下班了，請問是什麼事讓你這麼生氣？能不能請阿國仔過來聽個電話，我先跟他談一下，下週一一早我再過去跟你談談？」莫非阿國仔遲到的老毛病又犯了？曉蘋猜想。

還好，她隔著電話先跟阿國仔「信心喊話」，最後老闆暫且熄了心中怒火，並同意週一碰面時再詳談。

「當我叫他趕快先去把下一台車子沖水時，老師，妳知道他怎麼回我嗎？『都只會叫我，阿老闆你自己不會過去沖喔？』，他竟然叫我去沖水！還有更誇張的，有幾次下午他還對我嚷嚷：『老闆，我肚子好餓喔，今天怎麼沒有紅豆餅？』」週一當她一出現在洗車場，老闆立即逮住機會，批哩啪拉連珠砲似地，將他多日來的怨氣全發洩出來！

結果，阿國仔的洗車工作，勉強多拖了一個禮拜，最後，被惹毛的王老闆寧可少他一人，也不要自找麻煩，於是，連試用期都未滿，阿國仔就被迫走路了。

後來，學校又幫他物色到一個機會，那是家吃到飽素食餐廳的洗碗工作，正巧離他家也不遠，離家近的話，應該能避免他可能遲到的問題吧，另外對於嗜吃如命的阿國仔來說，在餐廳工作，絕對會比在洗車場更吸引他，因此曉蘋相信這次的媒合，絕對可以成功。

「老師，我的午餐，真的可以想吃多少就吃多少，而且不用錢喔？」當第一次看到餐廳內吃到飽的自助吧時，阿國仔眼睛馬上為之一亮！

「阿國仔，只要你在這裡好好認真工作，當然可以隨便你怎麼吃，但是你可別『呷救本』拼命吃，卻忘了你是來上班的喔！」曉蘋再三叮嚀他。

因為餐廳中午才開始營業，除非遇到前晚餐具來不及洗完，才會留至隔早處理，否則在中午洗碗前，阿國仔都會在負責廚房工作的婆婆媽媽帶領下，先協助清洗處理一些蔬果。

那時候餐廳裡的每個員工，都像佛心來著，對新來又弱智的阿國仔特別照顧，一般員工通常都忙到午餐時間過後才得以用餐，唯獨擔心正值青春期的他挨餓，負責指導他的阿春姨，都會招呼他提前用餐，然後才上工洗碗。

「老師，真的可以『呷免錢』？愛吃多少就吃多少喔？」起初用餐前，阿國仔還會略為靦腆有所顧忌。

「老師，阿怎都沒有看到半塊肉啊？全部都是菜ㄋㄟ！哇，還有好多飲料喔，這些飲料我真的想喝幾杯都沒關係嗎？」阿國仔超興奮地！

「真價ㄇㄠˋ死啊！老師，好好吃喔！」阿國仔一盤接著一盤開心吃著，都快忘了來這裡的目的了。

「阿國仔，吃得差不多了，準備工作囉！」她趕緊督促他。

剛開始工作的前一個禮拜，除了敵不住美食的誘惑，偶而吃得忘我之外，阿國仔還算能謹守份際，彼時大概也因還有她的「陪」訓，所以他尚且不敢隨便造次。

「阿春姨，我們田老師還沒有男朋友喔，你們幫她介紹一下啦！」我的老天鵝呀！有一回曉蘋還以為自己聽錯了，這小子真是有夠雞婆，沒事幹嘛幫她徵友敲起鑼鼓來了？

「老師啊，妳真的還沒有男朋友喔？咱們廚房裡的總鋪師也沒女朋友呢，要不要乾脆一起送作堆啊，哈哈！」阿春姨也跟著調侃起她來。

「唉喲，別聽他的，我早就有男朋友啦！」她只好胡亂瞎掰回應。

漸漸地，因為阿國仔適應得還不錯，於是曉蘋開始嘗試放手，接下來的好幾天，只有偶而她才過來探班。

「阿春姨，不好意思請問一下，我沒來的這幾天，我們阿國仔有沒有認真工作啊？」每次探班時，曉蘋照例都會先詢問一下。

「老師啊，阿國仔都有『照起工』（按部就班）做啦，不過嘴巴都會像查某人碎碎念地『怎麼碗盤這麼多？害我洗不完！』，有時唸到我們都快受不了，哈哈！」剛開始阿春姨都還不以為意。

「對啦，老師啊，昨天還是前天？我都吃過午餐了，才發現阿國仔還在吃，我就喊他說要洗餐盤了，結果他嘴裡還塞著東西回說：『阿姨，擱等一下啦，我還沒吃飽耶！』，厚～有夠會呷的啦！」阿春姨繼續說著。

「我說阿國仔啊，別忘了你是來上班，可不是來這裡『吃到飽』喔，而且你已經夠胖了，不要因『呷免錢』就拼命吃，要記得認真工作，知道嗎？」於是她背著阿春姨狠狠瞪了他一眼。

「好啦老師，哇哉（我知道），妳放心啦，我會認真的啦！」阿國仔耍著嘴皮說。

孰料，後來沒多久，學校三不五時便接到餐廳那頭的來電，說是阿國仔仍舊吃不知飽，而且面對越積越多洗不完的碗盤，不再只是嘴裡碎碎念而已，有時甚至會使性子摔碗盤出氣，還有幾次下來，由於他午餐吃得太久了，上工時間便拖得較晚，導致下班時間也就跟著拖長，好心的阿春姨，還經常協助他做到一段落，跟晚班的人交接後才回家。

「我不想洗碗啦，累死了！」

人在福中不知福的阿國仔，私下跟曉蘋她發牢騷也就算了，還自以為全天下就只有他最委屈，聽說在搞不清狀況下，時常跟阿春姨抱怨。

最後，終於連阿春姨也受不了，畢竟阿春姨自己尚有份內的其它工作，無法一直幫阿國仔cover下去。結果，算一算，原本被看好的洗碗工作，比起當初的洗車工作，頂多只拖了一個禮拜左右，阿國仔就又被炒魷魚了。

很可惜，在阿國仔畢業前，曉蘋終究還是沒本事將他「送上天」！

畢業後的阿國仔，一度曾被轉介到機構去，最後聽說跟著嫁到澎湖的姊姊遠走他鄉，再也沒有「呷救本」的午餐讓他免費吃到飽了，從此以後，阿國仔才終於認份地在姐夫經營的海產店裡洗碗盤。

過關斬將成為名正言順的特教老師

「Apple，妳知不知道妳考上了？而且還是正取的第二名喔！」

那場定義為自己「正名」的教師甄試，好麻吉宜庭，搶在放榜的第一時間，率先就去電查榜了！在那個還沒有手機、沒有網路的年代，教甄的結果，除了親自跑去現場看榜單，就只能直接去電相關單位查詢。

考試前一天，宜庭本來還好心想留我在她家住一晚，免得隔天一早屏東高雄的奔波，但，我還是婉拒了她的好意！面對自己人生的這場「賽事」，總覺得象徵性的起跑點，還是應該從家中出發才行。

除了一開始至交宜庭，就傾全力挺到底外，還有一人比起應考的當事者還更緊張，當我一拿到准考證、確認當日赴試的時辰之後，母親沒有片刻閒著，早在好幾週前，便開始積極拜會「聖母娘娘」，好幫忙張羅應試。

聽說年幼時的我體弱多病，母親便擅自做決定，將我「過繼」給神壇的「聖母娘娘」當乾女兒，說是以後較「好搖飼（好扶養）」。剛開始大哥也曾經被半哄半騙帶去「改運」，後來在幾番的抗拒之下，母親也就不勉強他了。記得每次，母親都會央求父親家具店裡的阿福伯，「順道」載我們母女倆，驅車前往幾哩外的私人神壇。印象中那時候，阿福伯經常被母親「假公濟私」差遣，總是先平安將我們母女載送到神壇後，他或是先行載貨離開，偶而沒事時也會留在神壇，等我們「辦完事」再載我們回家，就這樣神不知鬼不覺的接送，持續了好幾年，彷彿只存在於我們母女和阿福伯之間的小祕密，甚至連父親始終都被瞞在鼓裡。

然後每次一來到神壇，我都會看到一位身穿有如歌仔戲服的「乩子[3]」，也就是所謂「聖母娘娘」附身的「代言人」，端坐在供奉「聖母娘娘」的按桌旁，等待信眾的請示。

「擱不卡緊叫『客母（乾媽）』」，母親每次都怪我嘴巴不甜。

每當一看到那位扮相誇張、似古非今的「乩子」，又是從嘴裡吐出怪裡怪氣的腔調時，我就覺得超滑稽好笑。甚且，好幾次在神壇裡，老是看得到小學隔壁班同學阿泰的身影，剛開始我還以為，阿泰也只是和家人前來「朝聖」的熟客，後來才知，原來阿泰哪是什麼「熟客」？神壇根本就是他家啊！而那位扮演「聖母娘娘」的「乩子」，當卸下代言人的身分回到平民百姓時，就單純只是阿泰的媽罷了。從此之後，「乾媽」這兩個字，更是難以從自己口中吐出來了。

為了這回攸關自己人生的考試，較之平日，母親更是勤走神壇。記得在考前一週，母親就

---

3 乩子，俗稱乩童，號稱能被神明附身，算是民間的傳統信仰之一。

要我抽空前往先跟「聖母娘娘」打聲招呼。說起這招呼，可不是喊聲「乾媽」或看著「聖母娘娘」神像拜拜就了事，母親還要親眼看著，從乩子念念有詞然後口中含著的「符水」，噴灑在我臉上身上才算數。以前自己早就領教過這樣被噴「口水」的經驗了，每次都令人作噁且渾身不對勁，管它是什麼「符水」或「聖水」的，實在太不衛生了！我都會趁機技巧性地用袖口或手臂拭去，然後一回到家，再趕快用香皂啦洗面乳的拼命亂抹擦洗才行。那次當然也不例外，看在攸關自己人生的關卡份上，當場雖給足了母親和「乩子」面子，等臉上再度被亂噴一通過後，假裝撥弄額前的瀏海，趕緊趁機徒手先擦過一遍。然後，母親還恭請「乩子」代「聖母娘娘」手持木製的「神刀」，親眼看著我身上從頭過肩到整個身軀被「斬」過，像是要斬掉身上所有的晦氣，整個「儀式」才算大功告成。

爾後幾天，母親還將我的准考證影本，以及寫卜考場座位及應試時間的紅紙，提前擺放在「聖母娘娘」神像前的供桌，提醒「聖母娘娘」並拜託祂考試當天，務必親臨考場，保佑我考試過關斬將平安順利。然後，就在應試當天一早出發前，親眼看著我喝下從「聖母娘娘」求來的必勝符咒水，母親能夠為我所做的，到此才終告一段落。

結果，也許是那符咒水起了功效，也可能是「聖母娘娘」親臨的加持吧？向來自己不相信那些神祇拜拜的，但，一個上午的筆試和口試，都出乎意料地順利。中場午休，經過試教類別的抽籤後，我仍不敢掉以輕心，認真寫完教案，準備迎接下午的試教。

「不好意思，妳的教案能不能借我看一下？」此時，我突然被身後一位濃妝艷抹的女人叫住。

「請問妳也是考生嗎？」

「是啊！不過妳放心，我只是看一下，而且我是報考技能科的，妳是普通科的吧？」那女人繼續死纏著。

「嗯，好吧！」心中儘管覺得不妥，當下卻不知如何回拒，我勉為其難就讓那女人「瞄」了一下，沒料到對方竟大剌剌地，在旁邊的紙上抄寫了起來。

「不好意思，我要去準備試教了！」越覺越不對勁，我還是鼓起勇氣，說完拿了自己的教案便匆匆離去。

「下一號的考生請準備。」

當輪到自己踏進試教的教室時，我差點叫出聲來，那可不是亞仁的父親楊督學嗎？原來，在三位主考官中，除了兩位大學教授之外，楊督學也是考官之一。迎面對上的亞仁父親，就跟在宜庭學校視察時，還有兒時記憶中他被水潑灑的時候一樣，即使這時候扮演著主考官，他，依舊掛著那張再親切不過的笑臉。不過此刻的這位楊伯伯，到底還認不認得我？說實在地我完全沒把握，但卻因著這份熟悉與親切感，頓時我便將「楊伯伯」化身是自己的學生上起課來，等考試結束鈴聲響時，甚且還覺得有些意猶未盡。

「宜庭，妳猜猜看，我今天遇見誰了？『楊督學』居然是我試教的主考官呢！」一考完試，我就迫不及待地去電跟好友分享。

「真的嗎？也太巧了！」宜庭也叫了出來！

「宜庭，妳老實告訴我！妳真的不知道嗎？還是事先妳早就聽聞楊伯伯可能是『考官』，所以那天他到學校視察時，才特意介紹我讓他認識？」

「Apple，說真的，我完全不知道怎這麼剛巧？我的確想介紹楊伯伯讓妳認識，因知道他要來學校，當時純粹只是想告訴妳，他是我男朋友的父親，至於後來碰巧他成了妳的『考官』，那，大概只能說妳和他有緣吧？哈哈！他有認出妳來嗎？」

「上次在學校碰面時，妳不是跟他介紹過我了嗎？不過我還是很懷疑，他是否記得？坦白說，我也搞不清楚，他到底有沒有認出我？」

楊督學到底認不認得自己？其實也無所謂了。無論如何，一切的努力全沒有白費，我終於通過教甄，如願以償可以成為正式的教師了！

後來到校報到時，眼前突然瞥見了一個熟悉的身影，她，不就是試教前跟我臨陣「借槍」的那位嗎？「難道，她也錄取了嗎？」天哪，害我隱形眼鏡差點沒掉了出來！

原來那位濃妝艷抹的新任教師，傳聞是某議員的女兒，靠著銅強鐵壁般堅固的「後台」，讓她也順利擠進學校榜單中。這位「靠爸」的新進老師，也不是省油的燈，聽說早已是私立高職的老鳥了，之所以會想進來特殊學校，無非只是作為私立轉公立的一個「跳板」罷了！那是我正式踏入校園後，才慢慢明白的事。

人家有強固的「後台」撐腰，那是人家的事！憑著自己的本事，雖是繞了大半圈總算也熬成婆，終於可以跟過去的代理教師說掰掰了，從此之後，再也不用因著「冒牌貨」而心虛，好不容易可以獨當一面擁有屬於自己的班級了，而且，「田老師」的名號，聽起來將不止是普通的稱謂而已，接下來會在自己的人生中，正式地被賦予其真實的身分和意義。

老師，我女兒結婚好不好？

「田老師，我是淑美的媽媽，有人說想要我女兒淑美，妳說好不好？」

「蛤？淑美什麼時候交男朋友了，我怎沒聽說？」那天手機鈴響，那頭立刻傳來熟悉的大嗓門，曉蘋都還來不及反應過來，淑美媽媽就又霹哩啪拉地快言快語起來了。

淑美已畢業多年，算是小雲及阿國仔的學妹，曉蘋印象中的淑美相當乖巧，在學期間，除非有重要事項聯絡，否則很少會勞駕媽媽call電找她。感覺上淑美一家人也很融洽，每次遇到學校活動，淑美爸媽甚至姊姊一家人都會前來捧場參加。因此，她和淑美家人算不陌生，好久也都沒有淑美的消息了，這次媽媽竟親自來電，可見事態大概有些嚴重。

「老師，是這樣的啦，我家淑美不是在量販店做清潔工作嗎？有一天我去接她回家時，有一位太太，突然跑過來莫名其妙地跟我說：『妳女兒有男朋友嗎？我兒子很呷意她，想和她做朋友。我看妳女兒乖乖地，而且，我兒子也到適婚年紀了，想說如果妳女兒沒男朋友的話，要不要介紹我兒子讓他們認識交往看看，然後可以的話，就順便結婚……。』」淑美媽媽滔滔不絕地跟她描述。

「淑美媽媽，真的假的？那個太太淑美認識嗎？天底下哪有這樣『搭訕』的？妳沒被嚇到吧？妳聽了之後，又怎麼回答？」曉蘋覺得很不可思議。

「哪可能沒嚇到？我問過淑美，她說她常看到那位阿桑到量販店，還會對她笑，但淑美說不認識她。剛開始我懷疑那太太是不是有點『秀逗』、還是存心開我玩笑？想說她兒子又幾時偷偷看過我家淑美了？而且自己的女兒我很清楚，她是可以和一般人應對，但要是再聽她多說幾句，應該都還是會覺得她哪裡怪怪的，一般的人怎可能會看上她？所以，一開始我都當那太太隨便說說，笑笑就離開了！沒想到，那位太太好像來真的，後來我幾次去接淑美時，也都會遇到她，然後不死心地跑過來跟我重提此事，漸漸搞得我也開始跟著動搖，想想如果淑美有機會嫁個不錯的人家，往後有人照顧的話也不錯，而且我跟妳說喔，那位太太好像也知道，我家淑美跟一般女孩子不太一樣，所以我就想說他們是不是真的很喜歡我女兒？話又說回來，我家淑美看起來是不太靈光沒錯，至少還蠻乖巧的。害我開始有點考慮，是不是該答應讓淑美跟她兒子交往看看，可是，我還是覺得哪裡怪怪的，因為拿不定主意，想說還是問問看老師，如果我家淑美結婚，妳說好不好？」

聽到淑美媽媽的話，不禁讓曉蘋聯想到以前聽過太多不幸的例子，她教過的學生建邦家就是一例。聽建邦外婆說過，當年無非就是貪圖建邦弱智的媽媽，要是能嫁個好人家，自己年老便能好好享個清福，怎奈事與願違，建邦媽媽竟遇上了賭徒的爸爸，然後為躲賭債連夜跑路，最後連家都拋棄的下場。原本膝下只需照顧一位弱智的女兒，建邦外婆說的，「無代無誌」嫌吃飽太閒，沒事找事蹦出了建邦這憨孫，然後還得「老歹命」做代工幫忙償還賭債，真是悔不當初。

「請問淑美媽媽，妳看過或知道那位太太的兒子嗎？既然妳都覺得怪怪的，妳也認為普通人不太可能看上妳女兒，那，就別再繼續想下去了！不過，如果妳心裡頭還是有所期待，盼望淑美將來能遇到好人家照顧她，也覺得這是一個機會的話，是不是至少妳也該試著去打聽看看，先了解那位太太和她兒子的情形再說？」當然曉蘋不願意看到淑美將來複製建邦家的情況，但，又不好太快把話說死。

「可是，那位太太看樣子，好像真的很喜歡我家淑美⋯⋯。」淑美媽媽還是拿不定主意。

就這樣，她和淑美媽媽居然用手機聊了近一個鐘頭，講來講去媽媽那頭還是不斷地「可是⋯⋯，可是⋯⋯」半天的，再這樣沒完沒了「可是」下去的話，恐怕連她的手機都快燒掉了，不得已逼她只好祭出最後這招，乾脆如實說出建邦家的例子。

「老實說，淑美還像是個長不大的孩子，如果她真的結婚了，夫家要她傳宗接代，妳要她生、還是不生？就算生了，她有辦法照顧自己的孩子嗎？萬一孩子也遺傳了弱智，那豈不是更雪上加霜？淑美畢竟還算乖，自己的孩子留在身邊，起碼看得到，未必不是件幸福的事。總之，結婚絕對不是兒戲，這件事妳最好跟家裡人好好商談。」

從此之後，好一段時間，曉蘋不再接到淑美媽媽的電話，坦白說，平日光是應付學校的課務，她忙得都自顧不暇了，壓根也忘了這件事，沒事就是好事，想必事情已經圓滿落幕。

後來，在一次校慶，媽媽帶著淑美返校「回娘家」，當她上前開心地跟淑美打招呼時，赫然不見昔日那孩子可愛的笑靨。

「淑美這陣子不知怎麼搞的，脾氣變得很不好，經常沒事亂吼亂叫的！」因為當時曉蘋還帶著班上其他學生，媽媽也僅能匆匆帶過，沒有機會多聊。不過淑美當下臉上的那種落寞，至今讓她印象深刻，因為那是她認識淑美以來，從未有過的怪異神情。

「田老師，妳還記得我嗎？我是淑美的姊姊……。」就在那次校慶後的某個下午，淑美雙胞胎的姊姊突然現身在曉蘋辦公室。

當年一發現淑美居然有位資優的雙胞胎姊姊，她就覺得造化真是捉弄人！既然是「同卵製造」，為何會有這樣天差地別的誕生？大概也是因為雙胞胎的關係，從小姐妹兩人聽說感情就相當好，應該說是姊姊格外地憐愛跟自己長得一模一樣的憨妹吧？當年，時不時都會陪爸媽一起參加淑美活動的姊姊，如今早已是亭亭玉立的大人模樣，如果現在的兩人同框出現，不由分說，應該很明顯就可以辨識誰是姊或妹了。

「妳是『淑真』，是吧？哇，變漂亮了喔！怎麼了？今天怎有空來？妹妹淑美最近還好嗎？」曉蘋努力想起淑美姊姊的名字。

「田老師，我現在從事保險業務，時間較彈性，剛好有客戶在這附近，所以我順道過來，想跟老師談談我妹妹的事。」

「妳妹妹還在量販店那邊上班嗎？」

「沒了，我妹妹已經有一陣子沒上班了。」姊姊皺著眉無奈地回答。

「怎麼了？」該不會因那荒誕的「提親」事件，被迫離開量販店了？

「老師，是這樣的，我妹妹本來在量販店那邊做清潔和排放架上商品的工作，後來因為被嫌動作太慢，最後被迫離職，然後妹妹又被轉介到一家餐廳洗碗，但也是做沒多久，又被退了！然後不知從什麼時候開始，她就變得怪怪的，已經有好一陣子她都常常自言自語，對我媽媽動不動就亂發脾氣，有時生氣起來還會亂摔東西，以前我妹妹是不會這樣的，在家都變成這個樣，所以，更別提上班了。媽媽很擔心，更是拿她沒轍。

對了，老師，我已經結婚了，現不住家裡，我爸也已經走了好幾年，所以目前都只有我妹妹和媽媽獨處在家。上次校慶聽說我媽媽有帶妹妹過來學校，本來那時候就想請教老師了。像我妹妹這種情形，該如何是好？」原本乖巧的淑美，突然像變了個人似地，難怪家人憂心。

「怎會這樣？」

曉蘋心中充滿不捨，因為記憶中的淑美，一直都是位乖巧的好學生，不過這已經不是她第一次聽到畢業生後來出現異狀的事了，更早前，在她帶學生出去校外教學時，曾不期而遇昔日畢業生恬恬的媽媽，聽說向來乖巧的「唐寶寶（唐氏症）」恬恬，畢業後不僅行為舉止變得有點奇怪，還經常伴隨有嚴重的幻聽幻想。

「我記得淑美以前，好像都會跟班上她的好麻吉玉梅電話聊天，現在還會嗎？」她決定先從其它的面向，試著了解淑美的狀況。

「我現在已經沒住家裡了，所以很多情況我不是很清楚，不過聽我媽說，前不久連玉梅來電找她，她也都不聽電話哩！」

「那妳妹妹這種『怪怪』的情況，只在家裡發生嗎？」她馬上浮現校慶時淑美那張怪異的臉。

「我媽說妹妹現在很少出門，大部分的時候都很安靜，像是變了個人似地，叫她也不回應。」姊姊接著說。

「這是在妳爸爸過世後，才有的情況嗎？」她繼續問。

聽說淑美和姊姊這對雙胞胎，是她們年邁的父親好不容易「老來得女」的結果，再根據過往其父親從不會缺席學校任何的活動，看得出他對孩子的付出與關愛，因此，曉蘋相信淑美也是喜歡她父親的。

「老師這麼一問，好像真的是在我爸過世之後，我妹才開始變得奇怪的！」姊姊想了一下說。

該不會因一下子失去疼愛她的父親，然後姊姊又結婚離開家裡，造成淑美內心孤寂，甚至懼怕而產生的後遺症？曉蘋心想。

「我想妳妹妹會突然變得奇怪，也許跟妳爸爸的離世有關，也可能還涉及其他的因素，因為我不是這方面的專業，我無法斷言，只是淑美會不會在精神方面夾雜更深層複雜的問題？妳們有帶她去看過醫生嗎？或是不是該找專業的心理諮商師談談？」她擔心淑美會是另一個恬恬，於是提出了自己的看法。

「我媽已經帶妹妹去給醫生看過了，目前也開始嘗試服用藥物，看看是否能先解決她情緒躁動的問題。另一方面，我想說以前妹妹較聽老師的話，所以就過來順便請教老師，看看老師是否有其他的建議？」

「妳有空的時候，看看能不能多找時間回娘家，陪陪妳媽媽和妹妹，也許家裡一下子變冷清了，讓淑美適應不過來，只要她願意開口，多和她聊一聊，當她情緒不穩的時候，試著用別的事或令她開心的東西轉移一下，我想這個過程不容易，需要更多的耐心，同時妳不妨也試著把妹妹呈現的問題與事實，能記錄多少算多少，提供給醫師或心理專業人員參考看看。」

話剛說完鐘聲響了，接下來曉蘋也必須上課，於是淑美的話題就此打住。

望著姊姊離去的孤單背影，不禁讓曉蘋想起，同樣有著身障手足的亞仁大哥，好久沒有他的音訊了，不知道他過得如何了？是不是到現在，還是跟眼前的淑美姊姊一樣，為著同根生的手足，而終日牽腸掛肚呢？

麻吉的紅色炸彈

「宜庭，是什麼風把妳吹來的，好久沒看到妳了，最近好嗎？」

自從成為正式教師的新鮮人後，每天有忙不完的事情，除了經營新手的班級課務，下班後，還得參加校內的研習補充新知，就連暑假也難以偷閒，因為剛好趕上特教學分班的開課，因此，除了偶而的電話噓寒問暖，感覺彷彿有半個世紀，都沒跟宜庭碰過頭了。

「Apple，我今天是專程送這個過來給妳的，聽好喔，我・要・結・婚了！」

「妳會來參加我的婚禮吧？還有，我可以請妳當我的伴娘嗎？」看得出好麻吉宜庭滿臉的春風。

「哇～原來是紅色炸彈耶！宜庭，恭喜喔！再忙也一定要過去看妳穿著婚紗美美的樣子，至於當伴娘嘛，可以是可以，不過我可從來沒當過伴娘耶，妳看我行嗎？」

看到好友提著眼前雅緻的訂婚禮盒過來，突然感到羞愧不已，自己之所以能名正言順成為「田老師」，宜庭可是最大的功臣，沒想到卻忙到忘了關心她，想必是跟亞仁大哥的好事，最後修成正果了吧？雖然教甄前，還聽說宜庭和他一度陷入苦戀中。

「妳都不問新郎是誰嗎？」還沒等我開口，宜庭反倒促狹地說。

「是這樣子的，本來我一直想請妳的『亞仁大哥』當新郎的，不過，很抱歉，最後臨時換人了！」宜庭說得雲淡風輕。

「說來很好笑，我的『準老公』又偉家，東扯西扯地，最後竟然也能跟亞仁他們扯上關係，聽說在楊伯伯還當校長時，又偉的父親、也就是我『準岳父』，剛好是學校的家長會長，所以雙方經常開會碰頭，不算完全陌生呢！至於提起跟又偉初次見面的經驗，可就糗大了，那應該也不算是正式的見面，在當時還是陌生人面前的他，為了治療自己一口的爛牙，我可是『虧』很大唷，因為當時我簡直毫無形象地，張著大嘴就讓他看夠了，而我卻只能在他口罩下瞥看那張不清不楚的臉呢！

後來我才明白，原來這一切都是我媽事先佈局好的。就在亞仁正式提出切割我們關係後的那天，低落的心情讓原本的牙疼更加俱痛，而在那更早之前，據說我爸媽在醫師公會的聚餐中，就已經和又偉見過面了，搞了半天，其實兩個老爹都早已是舊識，巧的是那次的聚會，又偉父子檔也聯袂參加，正好又與我爸媽同桌次，就在我苦於不知找誰看牙疼時，我媽自然而然就想到了又偉牙醫，然後順勢悄悄展開，只有我不知情的『相親計畫』。

其實在看診期間，我還是有機會窺見牙醫口罩下那張俊俏的臉蛋。又偉每次在看完我的牙齒後，都會破例拿下口罩跟我聊一下，儘管對話不多，我仍可以感受到來自他的細心和風趣，直到我完成最後一次治療時，卻意外獲得來自牙醫師的診外『預約』，結果就在第一次的診外約會時，老實人的他，便一五一十對我坦承了這個『相親計畫』。

說來奇怪，以前我媽想盡辦法幫我安排的相親，我都會相當反感，唯獨這次，就算在我知道真相後，卻沒有絲毫怨懟生氣，反過來還要謝謝我媽呢。說真的，除了亞仁以外，我從未真正去認識過其他男生，我不諱言喜歡亞仁的溫文氣質，可他根本就是個憂鬱王子，看起來總是心事重重地，跟他一起的日子，很少看到天晴，經常都像是遇到愁雲慘霧的壞天氣，悶得很！多虧我媽的敲鑼打鼓，我才有機會發現，並不是全天下所有的帥哥，都跟亞仁一樣，非得要一副酷死人不償命的樣子才行。跟又偉在一起，他經常耍寶逗我。原來，談戀愛是可以彼此沒有任何形象，只要開開心心的就好。

妳知道嗎？我永遠忘不了大三那年，我和亞仁一起去看《雨人（Rain Man）》電影的事。

當電影散場走出戲院時，我們走著走著，竟無聲無息走了近半個鐘頭，一路上誰也沒開口說話，剛開始我以為我哪裡得罪他了？於是率先打破僵局，說了電影中達斯丁・霍夫曼（Dustin Hoffman）詮釋的雷蒙哥哥角色，『真是厲害』之類的話，想要緩和當時快凝住了的氣氛，可是怎也想不到，不說還好，我這一說後，他反倒轉過身背對著我悶不吭聲，我忍不住跟著轉身迎向他時，卻看到他偷偷拭淚了，然後彷彿聽到他小聲地喃喃自語：『為何他就是不能說話……』。

電影中的雷蒙哥哥，其實就是所謂的『自閉症』者，看到他和飾演弟弟的湯姆・克魯斯（Tom Cruise）之間的手足之情，可能立刻讓亞仁聯想到他和自閉症的弟弟吧？事實上，我都已經很小心避免可能引發他敏感的話題了，卻還是因為我的話，害他崩潰吧？因為電影中自閉症的雷蒙哥哥至少還能說話，偏偏他弟弟亞文都活到二十了，到現在還是經常吐不出半句話來。當下我的心好痛好痛，我以為夠了解他的，沒想到在看到他那般地苦楚時，我竟完全使不上力。大概就是從那時候開始吧？他就有意無意地，要我別把青春浪費在他身上，並刻意疏遠我。為了他弟弟，他似乎早已抱定終身不婚了。後來幾年的分分合合，坦白講，都是我纏著他不放的。

我覺得亞仁讓自己背負了莫大的包袱，另外，如果拿他跟優渥幸福家庭出身的又偉做比較，其實也欠公平。後來，我越來越發現，跟又偉一起時的自己很快樂，不知是否早已被他看透我的滿嘴爛牙了，在他面前我能夠肆無忌憚地大笑，最重要的是，他跟我爸個性很像，隨和風趣，不會像個悶葫蘆把事情放在心裡不說。所以，就這樣在完全沒有長輩們的催促下，我和又偉很自然地交往不到半年，便決定攜手互訂終身了。我和他要結婚，對於我媽來說，簡直就像是中樂透般，超開心的！當我還跟亞仁在一起時，她說她都很擔心，哪天我會不會就跟他私奔了？才會處心積慮地，一直透過她的貴婦團介紹朋友給我。我做夢也沒想到，自己會閃電結婚，這大概就是人家說的『緣份』吧？

對了，妳知道嗎？楊伯伯在當妳主考官後沒多久，聽說被診斷出胃癌末期，沒幾個月就撒手人寰了！其實在確診罹癌前，楊伯伯就好一段時間沒再過來讓我爸看診了，未能提早幫他發現病灶，我爸也覺得非常遺憾。老實說，亞仁就是在他父親過世後，正式跟我提分手的。」

人世間的生離死別，真的很難去預料，沒想到，那次考場和楊伯伯的相遇，竟成了永恆！而心目中的亞仁王子和宜庭公主，最後的結局，也沒能像童話故事般「從此過著幸福快樂的生活」，面對這一連串的錯愕，著實令人感到惋惜！不過，相信這是好友宜庭最終的選擇，也著實替她高興遇到更適合的好歸宿。

唉，什麼時候，我也能像好麻吉一樣，被指名的幸福，不請自來呢？

學校裡的大尾「鬼靈精」

「田老師，以後如果妳退休了，我在運動會就看不到妳了，那我該怎麼辦？」那天在身障運動會場上，小雲又跑來看曉蘋。

「老師，妳知道嗎？阿玉不是已經結婚，而且還生小孩了嗎？那天我打電話去她家，結果她跟我說她離婚了，她還說，她爸爸也死了……。」

「蛤？蝦米？」

阿玉是曉蘋以前教過的學生中，首位也是唯一結婚的，當初這第一手消息，也是來自小雲，沒想到事隔才幾年，阿玉就離婚的事，再度被班上「報馬仔」的小雲爆料。看來阿玉簡直是把婚姻當「兒戲」，沒想到這麼「短命」就被她玩完了！

「田老師，他是我老公，我記得妳說過，如果我結婚的話，要帶先生過來讓妳看一下。」

當年阿玉在校期間桃花處處亂開，一個接著一個，曉蘋的確跟阿玉說過，「哪天要是真的結婚了，別忘了把先生帶來讓老師瞧瞧」，不過，她當那只是個玩笑，她也認為阿玉不可能結婚，沒想到這小女子當真搶在她前頭，不但婚結了，連孩子也生了！

「老師以前怎麼說的？如果真的很想交男朋友，必須要在爸媽的同意下才行，如果是結婚的話，就千萬不能考慮！結果妳看，老師都還沒結婚，怎麼妳就先結了呢？」

儘管曉蘋再次搬出當年兩性教育上課的「諄諄叮嚀」，生米既已煮成熟飯，再說什麼根本沒啥用處了。而那頭的阿玉完全聽不懂她的冷笑話，還好，「是妳自己嫁不出去的，怪誰」，阿玉還不懂得回酸她。

「阿玉，妳跟他怎麼認識的？那妳的小孩，現在誰在照顧啊？」

這頭的曉蘋刻意壓低聲量，像是怕被阿玉的「老公」聽見了。不過，阿玉那位看似「七逃郎」又帶點台味的另一半，跟她打過招呼後，就靦腆地自動閃一邊，根本沒在意她和「老婆」聊些什麼，顯然曉蘋想太多了。

「阿我們就是在遊樂場打電動認識的呀，我小孩都是我媽媽在帶。」阿玉一臉天真地說著，曉蘋聽了當場差點傻眼！

「你現在有在上班嗎？」愣住停格幾秒鐘後，然後她轉過身問阿玉老公。

「嗯阿，我現在還沒有工作啦，老師，我有在找喔，不過妳也知道工作不好找ㄋㄟ。」那位看起來吊兒郎當的「老公」，竟也跟著阿玉喊她「老師」。

回想起學生時代的阿玉，可說是曉蘋成為正式老師時，令她頭痛的人物之一！伶牙俐嘴的小不點，大概就是阿玉給人的第一印象，當年都高中老大不小了，白衣藍裙的制服下，阿玉卻還披掛著那兩條可去除的藍色吊肩帶，看起來活脫像是小學生般。一開始帶阿玉班時，曉蘋原先以為，難得有這麼一位說聽讀寫樣樣OK的「資優生」，還暗自竊喜，熟知後來從阿玉國中老師口中，以及阿玉在校「輝煌」的紀錄，她才恍然大悟，阿玉哪是什麼小不點？她可是「大尾」的鬼靈精啊，說謊偷竊樣樣來。不過要是把阿玉擺在一般學校，頂多就是所謂「牛頭班」裡的一小咖罷了，沒什麼好大驚小怪的，但在曉蘋她們單純的特殊學校裡，阿玉的這些問題行為，可就非同小可了！

另外，當初更讓曉蘋傷腦筋的是，阿玉超級無敵的異性緣！

至今回想起來依舊令曉蘋百思不解的是，光看身材外型，同屬班上「A咖生」的程淑芬也好，或是只出一張嘴的「報馬仔」小雲，都勝出阿玉好幾倍，乍見有點發育不良的阿玉，終究有何魅力，足以讓當年包括阿國仔的好幾位男同學，拜倒在她吊帶小藍裙下？

話又說回來，阿玉不「作怪」的時候，嘴巴很甜，笑起來的時候也挺可愛的，加上有些小聰明，阿玉比起其他同學懂得應變，很多事情確實是可以委任交代的。也因此三年下來，高中生活維繫學校和家庭間的那本聯絡簿，幾乎派不上用場，平常阿玉爸爸很少過目也就算了，更別提比她還弱智的媽媽在聯絡簿上簽名，而且每次跟媽媽多半是雞同鴨講，有說等於沒說的情形下，後來遇到學校有任何重大事項時，曉蘋乾脆直接口頭交代阿玉，反倒較管用保險。

只可惜阿玉的長才，大部分卻用在不該用的地方，也因為阿玉過往輝煌的「前科」，阿玉從高一開始，就被心理諮商師盯上列管，成了固定約談的對象。

三年下來，坦白說，阿玉在曉蘋面前還算懂得節制，比如從未在她面前抽過任何一口煙，儘管如此，曉蘋依舊跟阿玉「約法三章」，照例每天要檢視阿玉那沈甸甸的厚重書包。她都勸阿玉書包每天「少揹一點」，身高就能「多長一些」，阿玉通常還是把曉蘋的話當耳邊風。

於是，曉蘋經常還是能夠從阿玉鼓鼓的書包裡，發現其他學生沒有的東西，像是香菸啦、打火機啦、還有不知打哪來的好多錢幣，另外，還藏有大大小小的「情書」（阿玉寫給別人、或別人寫給阿玉）。更誇張的是，曉蘋還發現了「BB call」！在那個手機還沒出現的年代，只有做生意的老闆或大忙人，為了方便聯絡才會隨身配戴的「BB call」，她想都不想擁有，甚至還不知如何使用呢！她實在很難理解，像阿玉那樣的「屁小孩」，打哪弄來這東西、又有什麼好call的？

後來曉蘋常笑說，異性緣超好的阿玉，沒在她擔任導師的任期內把自己肚子搞大，算是她前世修來的「福報」了！不過回想起來，高中三年唯一的一次，阿玉差點出事，還好後來有驚無險，否則恐怕讓她吃不完兜著走。

事情發生在距離畢業前半年，有一天阿玉無故未到校，曉蘋曾試著聯絡家長，弱智的媽媽說，因為沒搭上校車所以請假。阿玉以前也曾多次睡過頭，趕不上校車然後索性不來的經驗，所以起初曉蘋並不以為意。沒想到接連兩天依舊不見阿玉人影，當她再度聯絡家長時，媽媽說話了。

「我們家阿玉去朋友家玩，這幾天都沒回家睡。我叫她回來，她都不聽我的。」

曉蘋繼續追問是否知道去哪位朋友家，「男的，我只知道一位男的朋友家！」不見平日的

「雞同鴨講」，這回阿玉媽媽可是講得一清二楚，可見「代誌」大條了！「她說兩三天就會回家」，媽媽還不忘補充說。

「媽媽，要不要去報警？」

曉蘋當時曾如此建議，不過阿玉媽媽聽起來像是只氣女兒不聽話，感覺一點也不緊張，還好，經過兩三天的「神隱」後，阿玉果真平安回家了。

當時整個教育大環境，尚未建立所謂的校園安全通報系統，事情又是發生在放學後的學生家裡，在阿玉無故「失蹤」的那兩三天，彷彿全世界就只有曉蘋她一個人，擔心著阿玉的安全，似乎唯獨她，無端栽進憂心忡忡的死胡同裡。當然，第一時間她先是跟最熟悉阿玉的心理諮商師談過，同時口頭並知會了學校。至於阿玉的爸媽，完全像是沒事般，依舊過著日常的生活。

「妳這兩三天沒回家，聽說都住在一個『男』的朋友家，是妳『男朋友』嗎？妳窩在他家沒來上課，都在做什麼？媽媽叫妳回家為何不回去？」當阿玉的身影再度出現班上時，老實說曉蘋大大地鬆了一口氣，但她還是覺得有必要了解阿玉神隱幾天的來龍去脈，於是劈頭便連環追問。

「阿就我去陪我一位女的朋友，去她男朋友家住幾天啊，然後在她家都一直看電視，也沒有做什麼！」阿玉還一派輕鬆地說著。

曉蘋直覺阿玉在「唬爛」，事情怎可能那麼單純？既然無法從阿玉口中套出任何蜘絲馬跡，只好有請心理諮商師進一步了解。

其實她和心理諮商師都擔心阿玉那幾天是否有受到任何傷害、甚至「性侵」，後來聽說心理諮商師還不敢太過直白，只能旁敲側隱問著阿玉。

「老師，緊張什麼？我還是『處女』，安啦！」聽說搶在心理諮商師進一步發問前，阿玉就自爆出如此「限制級」的答案了。

天哪！曉蘋印象中從未在兩性教育的課堂上，特別提過那兩個敏感字眼，何況那對她來說都已經是難以啟齒的了，沒想到從阿玉嘴裡，居然像是在說「你好」般地輕鬆？從此大家對於阿玉，又刷新了看法。結果，阿玉那三天的「搞失蹤」，事情的經過，恐怕只有阿玉和她朋友知道，雖然沒有人相信阿玉「男的只跟我朋友睡覺，我自己則睡另一間」的說法，最重要的是阿玉平安歸來了，阿玉爸媽也全不當一回事，曉蘋和心理諮商師，做了該做的紀錄和輔導，最後只得這樣暫時劃上了句點。

「人不輕狂枉少年」的阿玉，畢業沒幾年，最後竟甘於跟定那位打電動認識沒幾天的先生，該不會是先有才不得不婚的吧？曉蘋心想。

當年阿玉父親，趕上了「老芋仔（以前對老榮民的俗稱）」和弱智婦人聯姻的順風車，比起阿玉更「秀逗」的母親，加上一位令人更頭疼的問題兒子，就這樣一家四口，勉強靠著年邁的父親，有一搭沒一搭的打零工，日子好不容易才撐了過來，豈料事隔多年，無端又跑來一位無所事事的女婿也就算了，沒多久還拖著一位嗷嗷待哺的小嬰孩，即使是壯年的大家長，能夠扛起這串葡萄似的家累，都需要相當費力了，何況是年邁力衰的老父，終究還是敵不過而撒手人寰了。

「阿玉，你們倆都要加油喔，既然都當上爸爸媽媽了，一定要好好找份工作上班喔！」阿玉第一次帶老公和曉蘋碰面，以曾是導師的身分，她只能這麼幫他們打氣了，那也是她最後一次看到阿玉。在小玉玩完扮家家酒似的婚姻後，曉蘋不再從「報馬仔」的小雲那裡，獲知小玉的任何小道消息了。

新生班的家訪

參加完宜庭的婚禮後，看著好友沈浸在新婚的甜蜜，自己連幻想「白馬王子」的時間都擠不出來，因為每三年一次頭痛的時間又到了，又得開始接新生班，然後準備「凸」家訪。

每次的家訪前，總會讓人絞盡腦汁，算計如何在最短時間內，將全班十幾位學生家訪的路線規劃好，然而，再怎麼打如意算盤，想要在一兩天內將班上的家訪全部走透透，幾乎是不可能的任務。好不容易喬定家訪時間後，往往還得跟家長要來手繪簡圖，加上自備攤開足足半開壁報紙大的全市地圖，在那還沒有網路、智慧型手機的年代，更別說仰賴什麼GPS定位或Google地圖了。因為好幾次家訪的經驗，車子突然開到死巷、或半途迷路，都是兵家常事，高雄那些有的沒的巷弄，對我這麼一個來自屏東的外地人而言，簡直就像是走入陌生國度般，總是霧煞煞，令人摸不透也搞不清。

另外，不得不慶幸當初駕照路考三連敗時，沒半途而廢，儘管彼時的糗事記憶猶新，要不是堅持「處女座」奮戰到底的頑強個性，好不容易歷經第四次的路考時，算準時間臨危吞下了鎮定劑，最終才如願以償取得駕照，否則在當時既沒有捷運、公車又總是望眼欲穿遲遲不來的情況下，不會機車的我，家訪的路上，鐵定會更「機車」！

即便如此，記憶中每次的家訪，好像最後都搞到自己身心俱疲。

記得有次家訪，我和同事「挺進」鳳山地區，對我而言，這個宛如異國的境地，又沒有手繪簡圖以茲參考，因為學生阿妙也是弱智的媽媽根本不會畫，那趟的家訪，全憑通訊地址和密密麻麻的全市地圖，便展開了冒險之旅。

當我們一跨進鳳山地區，行駛了好一段路，車內冷氣完全不管用似地，讓額頭上大滴汗小滴汗直直落下，卻怎麼也摸不著學生的「府上」，這時坐在副駕駛座的黃老師，突然靈機一動，當機立斷就拉下車窗，無視於窗外他人異樣眼光，路上隨便抓了個等紅燈的騎士，劈頭便暫借問「國泰路怎麼走」？還好那時治安ＯＫ，還沒有什麼「假問路真詐騙」，等紅燈的騎士不疑有他，好心地比劃指引，隨即在騎士搞清楚狀況前，號誌一轉綠，我們便急駛揚長而去。等順利開上了國泰路後，奇怪的是，怎麼就是遍尋不著學生家的巷弄。

「喂，我是黃老師，我們已經在國泰路上了。」黃老師話都還沒說完，那頭原本是阿妙小女生的聲音，秒間被切換成大人的男聲，「喂，老師嗎？妳們有沒有看到小七？看到小七後，過一個紅綠燈再右轉，就可以看到我們大樓了！」

那時候還好已有了可通話和傳簡訊的陽春手機，加上機靈的學生阿妙，這位聽說讀寫一極棒、後來還當上班長的她，乾脆拿媽媽的手機，直接請大樓管理員幫我們「ＧＰＳ」，這才讓我們順利抵達。

不過比起這些搞定學生家方位，每次家訪，還有一件更重要的事，出發前我非得要先搞定才行。

「請問家裡有養狗的，能否麻煩舉手一下？」

每次走訪前，按例我都必須來這一問。如果有機會的話，自己還真想去接受催眠看看，到底是前世或累積了幾世的狗債，這輩子才會讓自己聞犬色變？甚至連個小犬搖尾路過或打個噴嚏，都足以把我嚇到魂飛魄散的，所以每次家訪前，要是沒能事先搞定「狗問題」，我是絕對無法安心的。

「我……我要把我家的狗……狗，放出來咬……咬老師！」儘管認字不多，說起話來經常吞吞吐吐，卻有著一張明星臉、像極了當年某位偶像歌手的豪傑，立刻開心地叫囂。

「阿傑，不可以不禮貌！老師妳放心，我們家的狗是馬爾濟斯，很乖很可愛的，妳來之前，我們也會把牠『安頓』好。」豪傑媽媽隨即補上這句話。

「看來這次只要克服豪傑家這關就行，太好了！」

然後，我就會在家訪資料上，特別註記豪傑家是「黃燈」，表示雖有毛小孩，因為會被約束，所以可稍微放鬆，但不可掉以輕心。

那次我們如期到了豪傑家，媽媽果真事先就把家裡的馬爾濟斯給「藏」了起來，沒想到一開始誇口說要放狗咬老師的豪傑，當下竟也跟著馬爾濟斯早已躲得不見蹤影了，結果，豪傑的家訪安然過關。接下來的家訪應該就沒再怕了，我心中暗自竊喜。

離開豪傑家後，我們找到一個離文惠家超近的停車位，跟大樓管理員打過招呼後，聽說文惠和媽媽早已在家裡等候了。

這趟家訪未免也太順利了，待會結束「中場」休息時，一定要跟同事大快朵頤一下。就在去文惠家的路上，早已被我瞄到一家看似不錯的簡餐店。

「老師辛苦了！外面很熱吧？趕快進來坐坐，吹一下冷氣。」乖巧安靜不太會說話的「唐寶寶」文惠，隨即遞上冰茶給我和同事。家訪進行快告一段落時，邊喝著冰茶，我突然瞥見客廳玻璃桌下，放著好幾張貴賓狗的照片。

「哇～好可愛的貴賓狗喔，咦，妳們家不是沒養狗嗎？」雖說怕狗，看著桌案上像毛絨玩具般的貴賓狗寫真時，也忍不住稱讚起來，只是心中卻有不祥的預感。

「老師，不好意思，妳那天問誰家裡養狗，我才正要舉手時，妳就轉身結束話題了，我心想家裡『小寶』很乖，既然知道老師怕狗，我也會在老師來前先將牠關在房間內，所以後來也就沒再跟老師多做解釋了。」媽媽帶著些許歉意補充說明。

「啊！我的媽呀！」

文惠媽媽話剛說完，莫非貴賓狗「小寶」偷聽到我們說話了？說時遲哪時快，小寶牠一下子咻～地，竟從一個房間門衝了出來，然後迅速穿過我膝蓋，接著跳到同事的腿上，嚇得我花容失色，驚聲尖叫！

「老師～對不起啊！」文惠媽媽也被我這高分貝的尖叫聲給嚇壞了！連忙將貴賓狗小寶再

度抱回房間內關上，只見旁邊的文惠，早已在沙發上笑得東倒西歪了！

「文惠媽媽，不好意思，不好意思……。」一連串的抱歉聲，已換不回自己為人師表的形象了，超想挖個洞跳進去！好不容易心跳才平穩下來，不過想想還好小寶不是跳到自己大腿上，否則好端端的家訪，恐怕最後自己得被呼叫一一九，可不是隨便挖個洞鑽進去就能了事的！

結束文惠的家訪，七魂六魄也幾乎去了一半，還好中場午休，可跟同事去方才相中的簡餐店吃個飯，順便「壓壓驚」一下。用過餐，好不容易才又恢復了老師既有的模樣，然後準備迎接下一個「重量級」阿清的家訪。

一般新生報到時，有少部分是在阿嬤阿公的陪同下，大部分的新生都還是跟著爸爸或媽媽一起出現，其中唯獨阿清，只有他跟著阿嬸前來報到，不過最令人印象深刻的，莫過於「我阿爸是流氓」，阿清當場迸出的那句話，叫人想忘也忘不了！阿嬸還加碼苦笑：「阿叨他老爸是七逃郎啦，老母嘛跑了，都嘸人管阿清啦！」看著能言善道的阿清，新生報到時親簽的工整字跡，很難想像他會有個「黑道」背景的阿爸。因此，原本對於阿清家的家訪，自己曾猶豫過，是不是pass就免了？只是一看到阿清看起來好像還乖也很無辜，想說若去電有聯絡上他爸爸就過去家訪看看吧，沒想到就這麼好死不死地，電話一撥通他爸爸就接了，於是也只得硬著頭皮跟他爸爸約定家訪時間，阿嬸也說她就住隔壁，到時候可以過來協助。

也就因為如此，在尚未一睹阿清爸爸「大哥」的本尊前，心中難掩萬般的忐忑！就在距離文惠家不遠之處，我們終於來到像是堆滿回收物的阿清家門口，「是這間沒錯吧？」這時從門口我們便瞥見，一位裸著上半身、背部滿是刺龍刺鳳的中年男子，半躺半臥在客廳正看著電視，於是，我先吞過口水緩和一下緊張情緒後才按下門鈴，「嘸是蝦米郎（是誰）？衝三小（幹什麼）啦？用叫ㄟ就好，ㄑㄧ蝦米（按什麼）電鈴！」差點沒被阿清爸近似咆哮的聲音給嚇到了，「歹勢，我是阿清ㄟ老師，有跟你約好時間要來家庭訪問。」我囁嚅地說著。

「母叨卡早說ㄟ（不早說），妳是阿清ㄟ老師喔？入來坐啦。」隨後阿清爸爸吆喝我們進入屋內。

一入屋內後，我們便聞到疑似超濃酒味的臭氣，接下來不論老師說了好多什麼，阿清爸爸都幾乎無法對不上焦，短短十幾分鐘下來，根本也不見阿清和阿嬸的人影。面對那一身酒氣的「大哥」阿清爸，我們簡直如坐針氈，巴不得趕快逃離。這樣四不像的家訪，最後到底如何收場的，我已全然記不得了！

從阿清家驚魂過後，回過神，才想起還得繼續那天最後一位的家訪任務。

約莫開了近二十分鐘的車程後，對照了眼前的地址門牌號碼，我和同事有點躊躇了，「這真的是小芳家嗎？」望著那斑駁破舊的房子，一看顯然就是違章建築，然後屋內一位身穿花衣服的大嬸，拉開嗓門大喊，「是老師嗎？老師進來啦！」一踏入屋內，眼前的家徒四壁，更叫人目瞪口呆。

「小芬啊，老師來了，還不快點出來？」應該是小芳媽媽的那位大嬸，立刻吼叫她女兒出來。

「咦？到底是小芬、還是小芳？」這下差點被那位大嬸給弄糊塗了，我和同事很有默契地互望了一眼。原來除了那位大嬸媽媽外，小芳一家六口中，還有小芬小美兩位弱智姐妹，弱智的母親一時居然搞不清楚狀況，以為也是國中新生的妹妹小芬老師的來訪。

整個家訪過程中，我們順便了解小芳的家庭狀況，無法想像眼前快要肢解的屋內，到底如何擠下一家六口？甚且，聽大嬸媽媽說，還有兩位大舅親戚同時也寄住屋簷下，簡直讓人嘖嘖稱奇！

結果，跟大嬸媽媽幾近雞同鴨講的情況居多，反而輕度較靈光、外表看不出異樣的小芳，還得居中「口譯」一下，因此，比預期提早結束了這一天的所有家訪。

接連好幾次的驚嚇過度，我心想好不容易終於可以打道回府，卻意外見鬼了！記得明明來的時候我們「按圖索驥」，都順利開到小芳家的巷弄裡了，殊不知離開時，任憑方向盤怎麼打轉，不知為何，始終還是停留在五甲地區裡兜圈子，像是「鬼打牆」似地，怎麼也繞不出去……。

班級「大咖」阿德的大改造

田老師：

您是菩薩化身來救世的，千言萬語，不知道如何說出我們心中的感謝，謝謝您的指導，讓我們重新看到阿德的好。最後祝福老師，順心如意、身體健康！

阿德的父母敬筆

不久的將來，曉蘋就要接母親到高雄住了，自從家具店收掉後，屏東老家的空氣好像就跟著變得不一樣了，她看著自己從小長大的地方，到時候全員搬走後將會進入死寂，不免有點唏噓！她開始整理東西，能帶走就帶走，不能帶走的就跟著留放在老家成為回憶吧！就在她整理書櫃時，不經意翻出已經很少見的那張標準信封，信封內，斑駁泛黃的字跡勉強可辨，若不是搬家前的大清理，她早已忘了那件事。

那是在阿國仔之後，也是曉蘋早期的學生阿德，當年在畢業前，他爸爸特地親筆遞上的感謝信函。

這輩子她大概不會忘記阿德吧？因為阿德算是她當特教老師以來，首次出現號稱No.1令她「剉咧等」的人物！

記得早年曉蘋還擔任阿德班上導師時，平常負責聯絡簿簽名的，是阿德媽媽，有事聯絡時，她也只能找到媽媽，從來曉蘋都不知道阿德父親是何方神聖，直到那件事發生，她才有機會一睹他父親的廬山真面目。

那次阿德在校情緒失控「狂飆」，正巧隔壁班男的蔡老師經過，路見不平「拔刀相助」時，不小心卻被阿德猛揮了好幾拳。在這之前，其實阿德早就有多次狀況，曉蘋幾度告知家長都被不聞不問之下，終於，她逮住了那次千載難逢的機會，立馬去電阿德家，說什麼都請家長務必到校「喬」好事情。豈料，當下話筒那頭媽媽雖接了電話，一下子就推說要請爸爸接聽，結果接下來阿德爸媽兩人，竟在電話那頭互踢皮球起來，根本沒人願意接下話筒，落得曉蘋這邊像個呆瓜似地「喂」半天，完全沒人答理，僵持了好一陣子後，最後從未「發聲」過的阿德爸爸，破天荒接過這顆球，答應待會現身校園後就掛了電話，一時間讓她對他爸爸即將現身的說法，還有點半信半疑。

「請問田老師在嗎？我是阿德的爸爸。」

電話掛斷大概不到半個鐘頭後，果真出現了一位自稱是「阿德爸爸」的人，頓時讓曉蘋很難聯想，眼前這位瘦小黝黑的男士，竟是粗壯阿德的爸爸。

「不好意思，我們家阿德給老師添麻煩了……。」接著，阿德爸爸做了近九十度的鞠躬，著實讓她嚇了一跳！

搞了半天，阿德的爸爸根本不是什麼三頭六臂的人物嘛，後來曉蘋才隱約了解，因看不慣阿德怪怪的習性和行為，他爸爸索性對他來個三不，也就是「不管、不理、不關心」，凡事只要跟阿德沾上邊的，統統丟給媽媽。剛開始阿德還小時，媽媽尚且還能勉強應付處理一些小問題，隨著他青春期的賀爾蒙起了作用？阿德的行為越來越古怪詭異，有幾次甚至聽說想偷窺他媽媽洗澡，簡直叫為人母親的抓狂！後來逼得媽媽被迫帶他看過精神科，也讓他服藥過，但沒多久因發現服藥後的阿德變得嗜睡，後來媽媽索性就讓他停藥了。

記得在曉蘋新生家訪時，她的確也曾領教過阿德的「怪異」，在她登門按鈴後，沒想到阿德竟限制級地「全裸演出」，一下子跑出來迎接她，那次還好有同事作陪，否則鐵定無法完成家訪任務她就落荒而逃了。

阿德古怪的名聲，彼時早已從家裡紅遍到學校了！對於當年還是菜鳥導師的曉蘋來說，她摸索也調適了好久，好不容易才能以不變應萬變。

「火車走到一叨阿嬤一叨丟，哎唷蹦空內……」

那時候只要聽到阿德哼唱《丟丟銅》，就表示他心情不錯，一旦聽不到《丟丟銅》的哼唱時，曉蘋就得隨時做好心理準備，因為接下來冷不防地，阿德可能就會祭出一連串的「咒罵」、繼之演出「暴衝」的戲碼。

現在回想起阿德當時的「演出」，曉蘋已經不是那麼害怕了，反而還笑得出來，尤其當中有個阿德必「演出」的橋段，每次想到都會讓她啼笑皆非，那就是在他「發飆」前，不知為何，阿德像是跟醫生有仇似地，總是非得要先把醫生拿出來臭罵一頓不可，「死醫生，恁爸#@※……」幹醮起醫生的祖宗八代後，然後接著才會開始沒頭沒腦地一路衝出教室外狂奔，嚇壞當時包括她和班上同學一竿子的人！

剛開始只要阿德一狂奔，曉蘋都會跟在後面追，後來索性就不追了，因為她慢慢發現，阿德之所以暴衝，很多情況無非只是想「刷存在感」，為的是要引起他人注意，最重要的是跟在他後面追跑，讓她也早已疲於奔命了！曉蘋覺得不能老是將自己的體力，耗盡在如此無聊的追趕跑跳上。另外，她發現有時候阿德的「暴衝」，其實也像是他心中快要溢出來的水，非得要找個完全「洩洪」的機會不可，然後等他身體通暢後，他就又會回到教室來了。後來，為了緩和他的怒氣，每當他咬牙切齒準備開罵時，隨之她就會跟著模仿起來，就在他眼前學他握緊拳頭，比賽誰較兇神惡煞，奇怪的是，就像一面鏡子般，當他從她身上看到了如同火冒三丈的自己時，從一開始狐疑的神情，漸漸地跟著她生氣的節奏喘息，慢慢地，心中那把大火就變成了小火，然後那把小火就慢慢地……，最後竟熄火了。好幾次曉蘋都用這招澆滅阿德的怒火，屢試不爽。

另外，只要遇到班上移動教室比如前往專科教室上課，或是離開學校出去校外教學時，為了避免阿德不預警地暴衝，曉蘋都會主動地拉著他行動，在他刻意做出引人注意的舉動前，她就會隨時提前關切他，讓他覺得被重視。

漸漸地，阿德暴衝亂罵人的問題看似有些緩解了，但他的情緒還是經常陰晴不定，加上他那些荒腔走板的怪誕行為還是時有所見，偷窺媽洗澡的問題依舊存在，還有諸如衛生習慣欠佳，經常臉上髒兮兮、有鞋不穿故意打赤腳就算了，一般的飲水機裡的水不喝、卻偏偏要喝用自己嘴巴湊近小便池的沖水，要不就隨意撿拾地上的髒東西咀嚼等等。

那年，正好遇上學校有安排精神科醫師一週一次到校的諮詢服務，於是，曉蘋便和醫師著手計畫，想給阿德來個「大改造」。

一開始在阿德媽媽的陪同下，接受了醫師免費的諮詢服務，然後再配合醫師診所門診時間，曉蘋會請母親帶阿德前往就診拿藥。之後，阿德媽媽固定都會在放學後，帶阿德繼續回診，每次阿德看診前的當日，她也會配合事先將阿德的觀察紀錄傳真給醫師。就這樣經歷好幾個月的親師醫通力合作下，醫師也能逐漸掌握阿德情形，並調整開立較適合的藥物。

於是，阿德情緒在獲得控制的情形下，曉蘋才得以慢慢去糾正阿德的一些怪異行為。漸漸地，阿德衛生習慣變好了，原本不愛穿鞋的他，也開始套上了涼鞋，整個人感覺煥然一新，她這才發現，原來，阿德其實並不是天生就黝黑的。更令人欣慰的是，阿德爸爸看到兒子經過「改造」漸趨穩定後，便不再當隱形人，從此學校舉辦的活動裡，也開始看到他那瘦弱的身影，而阿德爸媽之間乃至他與家人的關係，聽說也變得較不緊繃了。

「老師，妳是不是特別喜歡阿德？不然，妳幹嘛每次都牽著他的手？」記得當時班上的班長小敏，還曾為此而吃醋呢。

說句老實話，第一眼看到阿德，光看他髒兮兮的外表，然後又是「怪咖」一枚，曉蘋被嚇得喊「不要不要」都來不及了，怎可能喜歡？不過三年下來，她憑著導師的真心，當初跟阿德那硬著頭皮的一牽，不知不覺也牽出感情來了，細看之下的阿德，尤其唱起有點走調的《丟丟銅》時，也是挺「古錐」的。

阿德畢業後，聽說到機構繼續上課接受訓練了，畢業後偶而因為鬧情緒，阿德媽媽還會來電，希望曉蘋能跟他聊一下。

阿德畢業後好多年了，有一次她帶學生正準備搭公車出去校外教學時，曾經在公車站跟他不期而遇。

「田老師。」阿德一眼就認出她。

「啊？阿德！你在這裡做什麼？」

「去機構啊！」阿德答得很快。

以前阿德在校期間，都還只是跟著班上一起搭公車出去校外教學，如今他自己也能獨立搭公車了，聽說是後來透過機構訓練的。看到阿德的進步，曉蘋實在有說不出的喜悅！因為阿德可以獨當一面去機構上下課，聽說阿德媽媽好不容易也才有喘息的時間，足以將自己的餘力，奉獻在社會的志工服務。

當年阿德的「大改造」計畫，算是成功的，阿德爸媽一直有感於曉蘋對阿德的再造之恩，不過坦白說來，那位熱心的駐診醫師，還有穩住阿德情緒的小藥丸，相信在某種程度上也發揮了一定的功效，最重要的是，他家人和周遭對他態度的改變，讓他感受到大家對他的關懷，或許才是成功「改造」阿德的最大因素吧？

曉蘋覺得她只不過是盡了老師該盡的責任，阿德爸媽竟把她當「神」看了！然而，與其被阿德爸媽美其名尊稱為「菩薩」，她反倒較喜歡「仙女」這個稱號。

「妳女兒是『仙女』下凡來救世的，所以，她這輩子不．會．結．婚。」

一想到當年母親從「聖母娘娘」獲得如此的開示時，曉蘋便忍不住啞然失笑。

「長官」面具下的大騙局

在順利扮演完好友宜庭的伴娘後，我又回歸到老師的角色，然後我們彼此各忙各的，就這樣經過一段時日的失聯後，因著腸胃炎的復發，沒辦法我只好又跑來「方胃腸科」報到時，才意外得知好友的事。

「我說曉蘋啊，妳們當老師的，有時候可別太拼了，自己的身體要顧，怎麼連生病的事，都還要跟好朋友『燒揪（相邀）』？我們家宜庭這陣子也才剛請了病假哩！」方醫師仍不改風趣地說著。

「宜庭怎麼了？這陣子我學校較忙，回到家幾乎都倒頭就睡了，不好意思，好久都沒時間跟她聯絡。」對於好友發生的事，我完全是狀況外。

「宜庭小產了！婚後沒多久聽到她有喜時，我們都好高興，誰知不久後，就流掉了，所以，我們就勸她不妨先請個長假，好好休養一下。」方醫師繼續說著。

「是喔？宜庭現在是待在婆家休養？還是娘家？我方便過去探望她嗎？」反正自己都請假看病了，擇期不如撞期，乾脆趁這機會去看看好麻吉。

「她媽媽捨不得，說要好好給女兒補一卜，所以平日都回娘家，週末日我女婿才把她接回婆家。也好啦，曉蘋，妳若有空，現就上樓去陪她聊　聊吧，要不要我先跟她招呼一下？對了，待會別忘了妳的藥，還有辛辣刺激的東西少吃嘿。」隨即方醫師便按了連線知會宜庭，然後笑著揮揮手。

於是，顧不得兩手空空，我便熟門熟路地直接上樓去找宜庭。誰知才抵達樓上門口，宜庭就笑臉盈盈出來迎接了。

「哎呀，宜庭，怎好意思還讓妳起來開門，妳還是躺回床上休養吧！」

「拜託，我已經躺一整天了，躺太久也會不舒服啦！好久不見了，妳怎知道我請病假在家？」宜庭顯然驚喜萬分。

「妳都不說我怎會知道？我是剛好鬧腸胃炎，跑來讓妳爸看，妳爸剛剛才跟我說的！怎麼樣？還好吧？妳媽媽有沒有又說了什麼？妳就趁這段時間，啥事都別想，好好在家休養吧！」向來反對「特教」的宜庭媽媽，這回恐怕又要跟她嘀咕什麼了。

「妳知道嗎？當我媽一聽說我現在班上有跑來跑去的過動生，她就很反彈！只差沒擺明我這次之所以會流產，都是那過動生害的！這陣子還頻頻勸我找機會再轉回普通班去教英文，要不乾脆辭職算了，她說反正我牙醫老公也不差我賺錢！」宜庭的語氣有點無奈。

「哈哈，也是啦！妳家又不缺妳這份薪水！」我故意虧她。

「拜託，別鬧了！現在學生的程度是越來越重沒錯，不過醫生都說我本身就屬於不易『著床』的體質，或許才保不住肚子裡的孩子，怎能隨便怪到人家學生頭上來？再說我也不想走回頭路了，我承認一開始選擇轉換到『特教』跑道，多少跟亞仁有關，後來漸漸地，自己發現這些孩子單純天真，教育環境也少了那些勾心鬥角，我覺得很OK啊。」好久沒聽到的「亞仁」兩個字，此刻又蹦了出來，真令人懷念。

「宜庭，妳後來還有亞仁大哥的消息嗎？」

「我老公又偉，對於我和亞仁的過去完全不知情，自從結婚後，我也鐵了心徹底要忘掉他，不過，這世界可真是小啊，妳知道嗎？我班上一位自閉症學生，每週四的下午之所以會請假，聽說媽媽都會帶他遠赴台南去接受語言治療，想不到他的語言治療師居然是亞仁！我學生媽媽還說，那治療師曾提及想為同樣有自閉症的胞弟做點事，所以才會選擇去當語言治療師的，然後我學生媽媽還進一步爆料說，亞仁目前仍然單身！」宜庭侃侃而談。

「對了，我跟妳說，妳聽了可別嚇一跳喔！」宜庭突然變得嚴肅起來。

「亞仁爸爸『楊伯伯』去世後沒多久，聽說他媽媽也跟著走了，而且還是『自殺』！」宜庭接著睜大眼說。

「真假？」

「就在亞仁爸爸告別式後一週，雖然亞仁在這之前就已正式跟我提分手了，說實在的，我蠻擔心他，所以我還是有去電給他，然後，他才不得不告訴我，『我媽媽因悲傷過度也走了，現在我得再度處理親人的後事，很忙』隨即便匆匆掛斷電話，之後就沒了下文。後來才輾轉得知，他媽媽之死，既是自殺身亡，又出於突然，獨撐殘局的他，也就不再對外舉行任何的告別儀式了。

也許是因為我學生家庭背景跟他家相似，他才會藉著『同是天涯淪落人』的身分，幫我學生家長加油打氣吧？我猜。我那學生的單親媽媽，一直患有憂鬱症，聽說亞仁媽媽生前，其實也是長期為憂鬱症所苦。」

「天哪！」

「另外，接下來聽到的傳聞，更叫人難以置信了！私底下的楊伯伯，實際上並不是我們所想的，我不知道妳對他印象如何？至少在我心目中，他一直是位溫文儒雅的人，以前我常跟我爸、還有他和亞仁一起出遊或爬山，看起來不多話但感覺是那麼客氣的長輩，也很照顧我和亞仁，剛開始聽我學生家長的轉述，說楊伯伯實質是位道貌岸然的『偽君子』時，我還差點跳出來為他辯駁呢！但學生家長還沒等我開口，就強調那是語言治療師『楊老師』親口說的。

楊伯伯對外都宣稱，太太因體弱多病所以較少露臉，其實他一直都不願坦承家中有自閉症的孩子，除非像我們跟他家私交甚篤才能略知其一，否則長期以來，外界都誤以為他只有亞仁這獨生子。而且更扯的是，聽說楊伯伯一直認為之所以會生出『特殊兒』，好像全歸咎於亞仁媽媽本身的基因問題，然後在亞文被診斷為自閉症後，就極少過問這位么兒的事，於是為了照顧亞文，她媽媽幾乎過著足不出戶的生活，也被迫獨自扛下這份重擔，結果終究扛出了憂鬱症來。

楊伯伯生前不是在教育界服務嗎？也許擔心哪天家中這個大祕密會被揭露了，當年他才把亞仁直接送往台南的學校寄宿就讀。最令人扼腕的，聽說就連他過世了都還『死』要面子，生前交代絕不可讓從學校畢業已在機構的亞文，回來送他最後一程。他就這樣拍拍屁股一走了之，亞仁也察覺不能再讓他媽媽獨自受苦了，聽說正打算將媽媽接往台南同住時，熟知卻晚了一步，他跟他媽媽說好要去接她的當天，一進門才發現，他媽媽早已頭套塑膠袋氣絕身亡，沒有留下任何的遺書。」宜庭像是在述說電視八點檔的人倫悲劇般。

「Oh my God！」真令人不敢相信。

「哎，我聽了也是難以置信，怪不得當初亞仁會想盡辦法，甚至不惜說重話傷我，或許就是不想讓我無端被扯進他那悲慘的家吧？這些年他真的辛苦了！話說回來，我萬萬也想不到，我一直敬重的『楊伯伯』，竟會是這樣的人，唉！」宜庭不停地搖頭嘆氣。

我邊聽邊起雞皮疙瘩，原來平常掛著笑臉、看起來總是和藹可親的鄰居楊伯伯，他紳士般的一生，背後竟然是個「大騙局」！連我這八竿子幾乎扯不上邊的古早鄰居，都莫名地感到可恥了！更何況這些年來，同在屋簷下一起生活的其他家人，活得何其辛苦啊！

「宜庭，妳沒讓學生家長知道妳和亞仁大哥過去的關係吧？」話才剛出口我就覺得多問了。

「怎可能？我只謊稱聽過他的演講，知道有這麼一位優秀的語言治療師。剛好這位家長也很信任我，願意跟我掏心掏肺，不僅分享其單親家庭的心酸，無意中還說出了亞仁家這段不為人知的大祕密。」宜庭若無其事說。

「好了，Apple，大熱天難得妳過來，要不要吃吃看我老公做的手工優格？很好吃喔！可以幫助腸胃消化蠕動。」接著，宜庭話鋒一轉，連忙從冰箱拿出兩杯優格。

「哇，之前聽妳說妳老公假日都會親自掌廚，我都還半信半疑呢，沒想到他當真這麼『賢慧』喔，居然還手作優格，真厲害！不嚐一口那怎麼行？」

稍早前還像是沈浸在八點檔的悲情，很快我就被眼前看起來可口的優格征服了！於是，毫不客氣地順手就將優格滑入口中，瞬間，彷彿自己也品嚐到在好友身上才有的，幸福好「滋味」了！

拔雞毛的傑出校友

「怎麼都一直沒跳號？裡頭到底有沒有醫師在看診啊？醫師該不會臨時接生去了？」候診都已超過一個鐘頭了，門診號碼燈依舊維持在同樣的數字動也不動，就在曉蘋開始顯出焦躁時，突然迎面而來一位眼熟的婦人。

「咦？這不是田老師嗎？」該婦人搶先一步跟她打招呼了。

「啊，原來是阿義媽媽，好久不見了！」

距離上次阿義獲頒傑出校友返校時的見面，至今也十幾年了，沒想到曉蘋會在醫院且是有點尷尬的「婦科」前，和阿義媽媽再度重逢，只見媽媽身旁還多了一位年輕的女孩。

「我女兒嫁到台中，一直都沒懷孕，聽說陳醫師這方面很厲害，所以我女兒今天特地回來，我就陪她過來看看。阿老師妳結婚了嗎？」還沒等她開口，阿義媽媽逕自就先解釋了起來。

「不好意思，我還沒結婚！是這樣的啦，我這陣子有些胸悶，想說該不會是更年期了，所以來給醫師看一下，不過我掛的是另一位女醫師。」跟阿義媽媽已是多年熟悉的親師關係了，曉蘋倒不介意阿義媽媽的關切。

「原來如此喔，老師，不好意思喔，因為我們來得較晚，得先去看診了，再見喔。」隨後，阿義媽媽便急急忙忙陪著女兒到另外的診間去了。

那是後來在曉蘋揪出胸悶真正肇因前，在醫院婦科巧遇阿義媽媽的事了。現在的阿義媽媽，想必早已含飴弄孫了吧？她邊整理老家物品，看到多年前與阿義的舊合照時，她想著「憨人有傻福」，因著憨厚的阿義持續認真工作，才能讓為他憂心盡力的媽媽，有餘力打點嫁出去女兒的事。

看著與阿義的舊合照，讓曉蘋又跌入了早期還是阿義導師的時空。

總是掛著招牌瞇瞇眼的阿義，一直是個性溫和的孩子，唯獨一事令他相當執著抗拒，那就是戴眼鏡的事。「阿義戴眼鏡看起來較帥喔」，青春期的他也是愛漂亮的，後來在導師曉蘋百般的讚美催眠下，好不容易阿義才終於願意戴上近千度近視的厚框眼鏡。

阿義的高度近視眼，聽說是先天的，彼時3C產品尚未普及，阿義不喜歡其實也是看不懂電視播放的內容，所以每天下課後，別的同學會盯著那偌大的電視螢幕看卡通時，他只會靜靜地在住家後院「拔雞毛」。彼時他家除了開著「柑仔店」，晚上阿義媽媽還會到夜市賣鹹酥雞賺點外快，其他兄姐通常都忙著自己的功課，只有他默默地坐在旁邊的小板凳上，等著母親宰下燙過熱水後的雞隻，然後一一幫忙把雞毛給拔除。像這樣數十年如一日，每天的放學後，他都會當起母親的小幫手，而且從不怠惰叫苦，除非遇到廟會慶典的日子，他才會「罷工」。

那是「五月天」剛出道沒多久、「蘇打綠」成員還不知出生了沒的年代，當時的電音「三太子」尚未名揚國際，沒想到他早就慧眼識英雄了，相當熱愛「三太子」，同時他也是「七爺八爺」的超級粉絲，因此，當別人忙著崇拜劉德華、郭富城等偶像藝人時，他也跟著加入「追星」一族，只不過他追的是這些不會說話的神祇偶像。每當住家附近一有廟會，他都會在媽媽的應允下，化身「追陣頭」的少年仔，聞風跟在慶典的隊伍後面，然後跟隨威風凜凜的七爺八爺大搖大擺模仿掃街。聽說在他國中時，有一次還曾經因為「追星」追過頭，身騎自己的鐵馬，尾隨遶境隊伍，一路從高雄前鎮的家，不知不覺竟騎到屏東去了，終至迷途而忘了返家之路。阿義這廂沒日沒夜拼命死忠的遶境跟隨，還好神明也都「看」在眼裡保佑他，最後因著善心人士看到阿義腳踏車上學校的噴漆記號，然後聯絡警方循線去電阿義家，才找回已經離家失蹤兩天的他。

目不識丁、只會傻笑不太會說話的阿義，在家人眼中，這輩子還能有個高中讀，算是佛祖的庇蔭了，對於畢業後的未來，他們連想都不敢想，當然更不敢奢望他能夠「吃頭路」了！事實上一開始，他也沒能得到老天爺的眷顧，在班上都當「壁草」，一直沒有被媒合就業或實習的機會，眼看著班上同學一個個都出去校外實習工作，不太說話的阿義，有一天居然也開口吵著說「上班啦」。

當時業界職場雇用身障的制度尚未成氣候，開拓實習的就業工作，學校也還在篳路藍縷的階段，曉蘋經常得身兼導師和職場輔導員的角色，後來當阿義終於有了被轉介的機會時，從一開始的工廠搬運工作，乃至後來的洗車場的擦車工作，一開始雇主和他之間的磨合時期，就像當年協助阿國仔就業般，她都會跟著阿義一起到現場「上班」。等到阿義逐漸適應、雇主同事間也較熟悉他了，她才能慢慢漸進式撤離職場。那時候遇到的業主，一開始大概都是基於「做善事」心態，勉為其難提供阿義的實習，而且從雇主口中，都說阿義踏實肯幹，一旦論及他畢業後是否可順利接續上班時，卻都礙於現實利益的考量，就怕拿石頭砸自己的腳，最後雇主都只能以抱歉兩字收場，然後就沒了下文。

面對阿義接二連三地被「退貨」，原本就唱衰他的爸爸，更是嗤之以鼻，但媽媽這邊始終不離不棄，因為知子莫若母的媽媽最清楚，自己的憨孩子阿義是肯打拼的，也相信總有一天他能遇到有心人，要不最壞的打算，等阿義畢業後，頂多就是繼續留在媽媽身邊拔雞毛，當個賣鹹酥雞的小幫手也行。

或許是媽媽的誠心感動了天，就在畢業前數日，阿義被轉介到住家附近的某個超商，負責清潔的工作。也許是從小在家裡「柑仔店」的耳濡目染下，讓阿義對超商的工作並不陌生，加上阿義總是默默付出從不抱怨的個性，歷經多年，即使超商店長多次更迭，「阿義很認真喔」，經常可以從歷屆不同的店長口中，贏得如此好口碑！總算，阿義沒有辜負母親的期盼，終究守住了這份遲來的工作！

「時機歹歹，好好的人找工作都不容易了，何況是我們家阿義這款的『憨囝仔』，真的感謝老師，每位店長也都很照顧他，好感恩！」

「阿義會賺錢了，我可以不必再辛苦賣鹹酥雞了！」

嘴裡開著玩笑，事實上，媽媽根本不會去動阿義賺來的辛苦錢，因為阿義高興可以去「上班」，對於薪資進帳的事卻是完全沒概念，所以，媽媽都會按月幫他賺來的薪水原封不動地存起來，等著以後當做阿義的「老本」。那鹹酥雞後來還賣不賣呢？阿義媽媽說這年頭老了，身體常出狀況，而且生意也是有一搭沒一搭的，遇到想出去賣時，阿義只要下班一回到家，還是會即刻坐上小板凳幫忙拔起雞毛來。至於家中的「柑仔店」，最後敵不過到處林立的便利超商，早在好幾年前就已吹熄燈號關門了！

事隔多年某個校慶的日子，阿義在媽媽的陪同下返校，接受傑出校友表揚，一見到他，曉蘋便對他豎起大拇指誇讚。

「阿義，讚喔！」

「阿義，看到老師要說什麼？」媽媽拍拍阿義肩膀邊提醒。

「阿姨！」阿義招牌的傻笑依舊，可是……，他已經不認得她了。

「阿義，不可以沒禮貌，趕快叫老師！」媽媽有些尷尬。

「阿姨，好！」阿義依舊傻笑。

「好，老師請站到旁邊，大家看這裡，一、二、三！」還好，拍照的「咔嚓」聲，即時化解了一切的尷尬。

不再天天碰面的師生，何況都過那麼多年了，學生不認得老師是正常，如果，老師叫不出學生名字的話，那就是年紀的問題了。從事特殊教育，曉蘋早該要有這樣覺悟的。

老師，妳有沒有男朋友？

「喂，老師，妳到底有沒有男朋友啊？要不要找幫妳介紹？」阿旺從未上過我的課，有一次竟跑過來，跟我說了這些莫名其妙的話。

其實阿旺長得濃眉清秀，只可惜滿嘴的油腔滑調，乍見之下，其言行舉止倒像是混過幫派的道上弟兄。

「那個人……，就！是！我！」都還沒等我回話，他又立即接腔。

「哎呀，怎麼辦？我數數看，我有好多男朋友，都不知該選哪一位耶，真是傷腦筋啊！」薑還是老的辣，四兩撥千斤我就把他給打發掉了！

距離上次當好友宜庭的伴娘後，好歹也幾年了，身邊同齡的朋友，一個接一個陸續都「脫單」，以前朋友邀約聚餐，自己都還可推託工作繁忙，如今竟連找個一起出去吃個飯的伴都快找不到了，一直形單影隻的窘境下，無端還被學生給「消遣」，真是快被打敗了！

論外表，自己很清楚勉強僅能歸類於「可愛」，無法跟美女劃上等號的宜庭相比，外貌天生的也就算了，至少有個如好友般勻稱的身材吧，一想到自己曾經被班上的小婷譏笑「蘿蔔腿」，那奇恥大辱，可真是天殺的，想忘也忘不了！然而，憑著本身的親和力，還有夾雜輪轉的國台語雙聲帶，上課時更沒有形象的包袱，喜歡搞笑模仿的我，私底下就愛和學生「逗嘴鼓」，一路走來，做夢都沒想過，自己居然能在校園內，擁有基本盤的一些「粉絲」。

像是之前提過的阿國仔，面對這位多年資歷的鐵粉，我可是點滴在心頭。其他比如阿旺，那些從未教過、甚且都還不知其名的孩子，就有些不可思議了！只是，切切期盼的「正桃花」遲遲不來，難道，我就僅能招攬像這樣「特殊」的緣份嗎？

有一陣子不知道從什麼時候開始，中午飯後休息時間一到，「他」都會突然從自己的教室消失，就跑到我們教室前，然後倚著走廊平台「站崗」，接著有意無意地碎碎唸：

「田老師好漂亮！田老師和田馥甄是姐妹……。」

「他」，可不是哪冒出來的仰慕者，其實是典型的自閉症學生義勝，又是另一號完全不相識的校園粉絲。

至於為何我會被「田馥甄」聯想在一起？而「田馥甄」到底又是何方神聖？那時S.H.E剛出道沒多久，我都還搞不清楚S.H.E中的哪位是哪位時，沒想到義勝早已記住其中歌手Hebe，單飛後所用的真名了。但，之於義勝，什麼時候和他碰過面了？坦白說我完全沒有印象。經過幾次觀察後，確認他真的是「衝」著自己過來的，每次只要我過去跟他寒暄幾句，義勝就會心滿意足地快閃離去。後來有一天我終於才明白，大概是自己和Hebe田馥甄同樣都姓「田」，聯想力豐富的自閉症義勝，像是玩文字遊戲般，才把我倆「兜」在一塊了，原以為他說的是我跟

Hebe一樣長相甜美，其實根本不是我想的那回事！

「曉蘋老師，我們班的義勝，最近中午是不是都常跑去妳那裡？他好像很喜歡妳喔！課堂上他常會天外飛來一筆，突然『田老師』東『田老師』西地碎碎唸。學校就只有妳一位姓『田』了，我猜他是在說妳，可是，他又沒上過妳的課，怎會認識妳？

妳知道嗎？那陣子他吃飯都吃得很快，只要一吃完，就會莫名其妙地『搞失蹤』，在教室附近也沒看到他，是說他還蠻乖的，通常都會在午睡鐘響前就自動返回教室了，所以剛開始我不以為意。但是後來他天天中午『搞失蹤』的情形，實在太過頻繁了，有一次我忍不住便在他後頭跟蹤，才發現原來他跑去『看』妳了！妳認識他嗎？其實他就只是愛碎碎唸個不停而已，希望他沒造成妳的困擾！」某天義勝的導師特地過來跟我說。

不過，也因為義勝當時的這「例行」活動，我才有機會認識可愛的他。除了午休時間，偶而在校園跟他不期而遇時，他也一定會特別停下來，開心地喊著「田老師」。後來，午休時班上教室前他的身影突然不見了，原來聽說他有了新的「目標」，開始轉移對新來更年輕的劉老師「站崗」了。

有段時間，不知為何，自己的人氣突然變得超旺的！連班上的小珍，明明是女生，也對我大獻殷勤起來。跟大部分的唐寶寶一樣，小珍也是討人喜歡的開心果，嘴裡吐出來的話，永遠一副甜死人不要命似地，而且，小珍還經常以「老公」自居，對我「老婆」來「老婆」去的甜言蜜語，要不就用她everyday（矮肥短）的身軀，經常藉故從後頭來個熊抱。

「老婆，要聽老公的話，我會天天想妳，愛妳喔！」

「記得只能回家才看，不能拿給別人看喔！」畢業前，小珍還加碼獻上兩本說是自己三年累積下來「嘔心之作」的情書，千交代萬交代就是要我絕對不能忘了everyday（矮肥短）的她。

諸如學生如此的搞笑暗「唸」，都只能笑笑就算了！有一次帶著學生來到社區的菜市場校外教學時，半路跳出了婆婆媽媽，試圖來個亂點「鴛鴦譜」，那才真叫人傻眼！

「老師啊，妳好有愛心喔！帶這麼多學生出來買東西厚？也對啦，他們需要出來學習，老師妳真的好辛苦啊！我說老師啊，妳看起來應該還沒幾歲吧？有沒有男朋友？」一位歐巴桑突然跑到我眼前，沒頭沒腦自顧自地就過來攀談了起來。

「……」

「我們家兒子剛好還沒對象，老師看起來也蠻可愛的，又有愛心，娶來當媳婦應該很好……。」然後歐巴桑自我陶醉地繼續說。

「……」

這是蝦米情形啊？什麼時候菜市場變成了「婚友」拍賣會啦？突然間感覺自己像是被擺在攤位上的商品待價而沽了，怎會有人這樣的冒失？

「喔，不好意思，我已經有男朋友了！」收起無敵尷尬的表情，連半點遲疑都沒，瞬間我就秒回了那位歐巴桑，然後趁學生尚未搞清楚狀況前，連忙帶著學生落荒而逃。

「我說曉蘋啊，別挑啦！我們家宜庭好不容易肚子裡又有了，妳也該找個對象結婚了！要不要我幫妳介紹醫生對象？」

然後沒多久，就連宜庭媽竟也想幫我介紹對象。

距離之前好友小產的碰面後，我和宜庭又是各忙各的，約莫一年，又因連續幾天的腹瀉，再度跑來跟方醫師報到，結果巧遇宜庭產檢請假在家，那天宜庭媽媽剛好也在，平常很少跟我聊天的伯母，一開口竟說要幫忙介紹對象。

「上次我跟其他先生娘喝下午茶時，陳醫師太太有提到她一位親戚的孩子，好像是婦產科？還是小兒科？反正是醫師，聽說也還沒對象，而且希望對方最好是老師哩！」宜庭媽媽打開了話匣子繼續說。

「媽，妳還是先弄清楚吧！婦產科和小兒科，可是差很大耶！最好是小兒科，如果是婦科感覺上好像就是怪怪的。Apple，對方若是小兒科的醫生，如何？妳要不要認識一下？就先認識一下，反正也不會少妳一塊肉的，哈哈。」好友宜庭也跟著起鬨。

「嗯……，好啊！」當下的我，有點騎虎難下。

宜庭媽的話，聽過就好，無需太認真，因為跟宜庭多年來的情誼，自己很清楚好友媽的勢利眼，再說，所謂的「門當戶對」，我也有自知之明，從來就不敢奢望，將來的另一半會是穿著白袍的醫生。

單身多年，許多人都笑自己太挑了，其實我連半點機會都沒，要「挑」什麼呢？說穿了，外表看似平凡的我，骨子裡事實上可不甘於「為結婚而結婚」。因為身邊一直未出現過男伴，搞到後來甚至有同事懷疑自己是不是「蕾絲邊」了？奇怪，皇帝都不急了，為何旁邊一堆不相干的太監急什麼？

「『聖母』說妳這世人（輩子）是不可能結婚ㄟ，因為妳是仙女。」

有一天，母親還說出汲汲求助於「聖母娘娘」得到的答案，這恐怕是九〇年代末期，聽到最荒謬的笑話了。

無獨有偶地，在不久後的高中同學會裡，留美回來在五專教英文的同學怡君，一聽說我還是小姑獨處，也亟欲想幫忙牽線介紹。

以前也是有人說要介紹男朋友，但到最後常常都無疾而終，反正我也習慣大家這樣的瞎起鬨了，倒不會有什麼特別的期待，因此我還是「老神在在」，沒被這些有的沒的「亂入之說」，擾亂了該有的日常。

老師，有空來洗車啦！

曉蘋洗澡剛出來，就看到手機一通「未接來電」，再打開line一看，原來宥勝先前打過電話她未接，於是在line上又留下貼圖，然後沒多久，他line的電話就進來了。

「喂，老師啊，妳怎麼好久都不來洗車了，阿我回學校時也都沒看到妳？」那頭傳來他招牌帶點慵懶的鼻音。

宥勝是曉蘋幾年前畢業的「愛徒」，自從他畢業後開始上班，宥勝媽媽為了方便聯絡，給了他一個易付卡支付的手機，向來節儉的宥勝，知道每撥打一次就是以秒計費，沒事時他也絕不亂滑手機，由於識字不多，通常他不太能用文字傳遞訊息，頂多只是傳送貼圖給她，後來大概有仙人的指導下，宥勝曾試著把自己要說的話先錄音存檔，然後再傳line給她，這次顯然又進步了，因為他已經知道如何用line跟她通話。

「宥勝，你什麼時候跑來學校了？沒上班嗎？」曉蘋好奇問著。

「阿學校叫我回去領獎的呀，就校慶的時候啊，妳那天怎麼不在學校？」還是一副慵懶欲睡的口吻。

「噢，對吼？原來你校慶有回來學校喔，那天老師剛好請假啦，不好意思！」她想起校慶那天請假去醫院。

「老師啊，好久沒看到妳了，厚～都不過來給我洗車！」宥勝小小發了牢騷。

「宥勝，老師已經換新車了，所以較少去機械洗車，不好意思啦！」她繼續陪他哈拉。

「老師，沒關係呀，妳可以把車子開過來停到旁邊，就來看看我一下嘛！我也可以順便幫妳擦擦車。」宥勝不改過去的嘴滑。

「好啦，好啦，老師有空再過去，上班加油哦！」她心虛地呼攏他。

「阿妳什麼時候要過來？明天嗎？我下午有上班喔！」宥勝還當真繼續追問。

「老師要過去前，會先跟你確認上班時間，到時候我再跟你聯絡，好啦，就這樣，老師要忙囉，掰！」她得趁機結束話題，免得宥勝那廂話匣子一打開，有時會沒完沒了。

當學校的紅人宥勝開始洗車工作時，很多同事都還蠻講義氣地會前往捧場，身為宥勝當家老師的曉蘋，自然也不例外。在她還開著小March舊車時，就經常難抵宥勝的盛情招呼，總是會利用下班後或寒暑假期間，帶著特大杯的飲料，特地開車過去慰勞並讓他洗車。如今換了Toyota新車後，她心想這該是最好推卻的藉口了，並非她吝於前往幫忙「捧場」，只能說每次宥勝偏偏都上晚班，下班後的她，通常都累得像條蟲了，要她專程驅車前往跟家裡完全反方向的地點洗車，況且那還是逢下班必塞的路段，就會讓她裹足不前！

這位與藝人同名的宥勝，跟她早期的學生、總是幫媽媽拔雞毛賣鹹酥雞的那位阿義一樣，都戴著高度近視的厚框眼鏡，然而，同為學校傑出校友的他，顯然機靈多了，也較懂得看人臉色，斯文的外表下，做起事來也是一把罩的，可惜讀寫方面出人意外地「掉漆」，否則，他應可以找到更好職場工作的。

記得畢業前學校的團體校外實習時，他早就被店長「慧眼識英雄」內定，然後畢了業便順理成章繼續留任，成為洗車場的正式員工。

「老師，那個阿偉呀很會偷懶ㄋㄟ，都沒認真工作」，「老師，那個家豪每次都教不會，我快被他氣死了」，之後幾年，學校持續安排學生前往同樣地點校外實習，於是「老鳥」的宥勝，嘴巴難免愛發發牢騷，可是對於自己能充分發揮指導學弟妹的職場工作，顯然是樂在其中。

「宥勝，可以啦，夠乾淨了，後面的車子快要撞上了……。」每次曉蘋專程開去洗車，車子從機械洗車車道出來時，宥勝一定都會為她的愛車特別「service」關照一下，總是擦過又擦不斷反覆檢查，讓她不免擔心怕影響緊跟在後頭的車子。

「安啦！我有在看，我會注意啦，因為是老師的車子咩，所以我會擦得特別乾淨，這是一定要的啦！」果真，每次她的車子，經過宥勝的細心服務之後，都會判若兩「車」，變得光亮無比。

回想當初宥勝學生時期，他在校內之所以當紅，可是其來有自！生性古道熱腸的他，不僅在班上一直都是曉蘋的好幫手，在校也經常熱心公益，還有，「漢草」超好的他，更是參加校際運動比賽的熟面孔，並曾代表特奧（特殊奧運）出國爭光呢！

因為宥勝在校的盛名，使得他畢業那年，負責籌備畢業典禮的組長，完全屬意指名，要他在畢業典禮中代表畢業生致謝詞。

「畢業生的致謝詞，要不要找宥勝來唸，我看他應該很適合！」那天組長興沖沖跑來問曉蘋。

「不是我在漏氣，妳別看宥勝他，可是很會怯場呢，一緊張起來，他就會結結巴巴的，而且重點是，妳該不會不知道他大字認不得幾字吧？所以，就算看著講稿，要他在眾人面前逐字『唸』出來，我覺得應該有困難！」不是她不給宥勝上台的機會，實在是教過他三年，曉蘋太清楚他肚子裡的水墨輕重了。

「怎可能？他那麼會跟老師『打屁』，而且我看過他寫字，字跡不也挺工整漂亮的嗎？」組長睜大眼不相信。

「他的字跡確實工整漂亮，他會簽名、也會寫自己簡單的基本資料，可是不瞞妳說，大部分的字對他而言，恐怕都只是『天書』，他只不過是『依樣畫葫蘆』抄寫、甚至『描』寫出那些字形罷了，你要他唸出來可是會難倒他，因為，他根本不認得幾個字啊！剛開始我也被『騙』過，然後納悶他該不會是被『錯誤安置』才誤闖我們學校的？起初我一直以為他什麼都行，慢慢教了他三年後，才發現他其實有些貼近『文盲』時，我也是難以置信，真的！不然，有空妳不妨拿個稿子讓他唸唸看。」曉蘋只得照實說。

後來聽組長說了，有次帶隊出去參加校際運動比賽，組長曾臨機一動，在途中隨機指著街頭上的招牌要宥勝唸出來，結果宥勝果真唸得結巴零落的，害當場組長有被嚇到，偏偏組長還是有些「鐵齒」不信邪，某一天終於逮住機會，拿了畢業致詞的稿子給宥勝看，結果聽說光是前面短短幾字問候語的「各位來賓……」，就讓宥勝「吐」了半天還「吐」不出字來，不忍看著宥勝當下挫折感傷很大，才終於讓組長死了這條心。

「老師啊，阿明又『剉賽』了啦！」宥勝滿臉無奈地跟她報告。

記得那時候好幾次每逢班上打掃清潔時間，幾乎都會遇到阿明拉屎，即使到現在曉蘋還是不明白，當時的阿明究竟是緊張、還是什樣狀況，為何逢掃除必「剉賽」？而且事情通常都是發生在宥勝好不容易辛苦清潔廁所過後，難道是因為宥勝清廁所時，阿明就想上廁所卻無法及時使用？不會講話的阿明，也不知適時表示他的不適，然後就在被她指示去提水的途中，沿途地面上便開始出現漏滴了的「物證」，依著「物證」循線下去，通常就會發現阿明的褲底下，原來已經有一坨垂垂欲墜的重物了。

「老師啊，沒關係，我帶他去公廁處理就好了，妳繼續看其他同學打掃教室。」

教室內讓曉蘋忙得一團亂，尚且都還來不及反應，但見宥勝便迅速且熟練地，一手提著阿明乾淨的內外褲和濕紙巾，另一手則緊捏著鼻子，驅趕著阿明往公廁的方向去了。

好幾次幸好有宥勝的協助，她才得以在手忙腳亂中化險無疑。曉蘋常會想，宥勝一定是老天爺派來的小天使，總是在她分身乏術之際，主動現身並助她一臂之力。另外，遇到班上坐輪椅的同學如廁時，宥勝「小天使」也都會在第一時間跳出來支援，對於罕見疾病的小光，宥勝更是發揮同窗的情誼，甚至化身為大哥般極盡地呵護照顧。

認不得大字幾個，對於宥勝而言，確實有點可惜，不過說穿了，社會上有些人即使擁有高學歷卻不務正業的，反而時有所聞。因此，所謂「行行出狀元」，尤其學歷對宥勝這般弱勢孩子而言，又能代表什麼？唯有肯認真努力，愛拼就會贏！

「有空來洗車喔」，曉蘋真心替這位愛徒高興，因為她相信，宥勝也在洗車場上，拼出自己的一片天了。

跳槽到資優圈、還是繼續捧特教飯碗？

「田老師，我們學校輔導室剛好有個組長職缺，妳有沒有考慮想轉到一般學校？」

當年在修習特教學分後沒多久，我就又打鐵趁熱，繼續修讀了特教四十學分班，在即將修完的某一天，學分班上一位很照顧我的老同學蔡主任，把我叫到旁邊，透露這則小道消息。

「主任，我才剛要修完四十學分，學校的工作也好不容易上軌道……」

「是說妳若繼續在特殊學校教書，會不會也跟著越教越笨了？哈，開玩笑的啦，不過要是妳轉到一般學校的話，哪天人家若要幫妳介紹親事，聽起來也較好聽，妳說是不是？哈哈。」

我還在思考該如何回應時，主任又搶著說。

「主任，您學校走的是『資優』路線，我現在教的可是『智障』的，差很大ㄋㄟ！而且照您說的話還是去輔導室當組長，我哪有本事去輔導『資優』啊，不妥吧？更何況，我也沒有普通的教育學分……。」我猛搖頭。

「我曾跟我們校長提起過妳，校長說教育學分是小事，以後再補修就好了，妳回去好好考慮一下，再跟我說嘿！」因還有其它事，主任說完便趕著離去。

提到這特教學分班，一開始我就莫名其妙地被拱為班長，大概平日自己的認真還算是有目共睹吧，加上整個班就屬我最年輕且未婚，然後大家動不動就說要幫忙介紹對象。

在那個年代，高中職教師的聘任，校長掌握很大的「生殺大權」，很多是校長說了就算，那是我進入教師圈後才明白的。因此，只要蔡主任學校的校長點頭，我是有機會轉任他們學校的。

面對蔡主任突如其來的「挖角」，說不心動絕對是騙人的，因為，該校算是頂著明星光環的名校，比起自己任職的特殊學校，想當然爾好聽多了，但，畢竟我還是有自知之明，了解自己幾兩重，所以，「心動」不到一分鐘，很快地理智就又讓我恢復了正常心跳。再則，自己要是這麼順利就能「跳槽」過去，將來難免不會被扣上「靠關係」的大帽子，那豈不是跟當年與我同期那位「靠爸」進來的美勞老師一樣？恐怕落人口實。令人弔詭的是，難道打著特殊學校之名的「出身」，果真就會嚇跑了將來的結婚對象嗎？雖然我知道，主任完全是出自於好意。

後來隨著學分班的結束，我和學分班的老師們便分道揚鑣了，自己的日常生活裡，也不再跟那位蔡主任有任何的交集。

「田老師，○○高中的那位蔡主任妳認識吧？我上次出去開會時遇到他，他說要我幫妳問好。對了，他還很關心地問妳結婚了沒呢！」有天學校教務主任巡堂時，特地停下腳步過來傳話。

事隔多年，沒想到那位蔡主任還記得，依舊念念不忘我是否已順利「脫單」，或許當初他在意的，不是我繼續留下來可能會越教越笨的問題，而是擔心「老死」在特教學校裡，恐怕我會一輩子都嫁不出去吧？

那是迎接千禧年之前的倒數時光，跳槽之說，意外成了我人生中的小插曲，不過終究，我還是選擇留了下來。如果，當初如願搭上明星高中的順風車，不知道如今整個人生又會變成怎樣？是否就能依循其他人的模式，找到好老公，然後相夫教子了？

在還來不及思考接下來的人生前，除了得先面臨早就繪聲繪影的「千禧蟲危機[4]」外，學校整個大環境即將面臨轉型，儘管眾說紛紜，不知不覺也早已在同事間傳了開來。接下來職場上前所未有的巨浪，正悄悄地逼近來襲，這倒是始料未及的。

4 泛指電腦程式設計在處理一〇〇〇年一月一日以後，可能出現不正確的操作，導致影響工作的運轉。其中像是一九九九年被表示為「九九」，而二〇〇〇年被表示為「〇〇」，於是將會導致某些程式在計算時得不到正確的結果，比如把「〇〇」誤解為一九〇〇年等。

社區遊學Happy Go

「姑姑，妳知道什麼學校最快樂，可以天天不用上課嗎？」有天姪女小玫打起謎語來了。

「呵，天下哪有這樣『好康』的學校？」剛從高雄回到老家，曉蘋也就隨便虛應了一下。

「阿不就是妳們學校嗎？三不五時都嘛聽妳說要帶學生去哪玩了，不是嗎？」小玫嗤笑說。

「喔？是嗎？妳是羨慕還是嫉妒？那，要不要考慮來我們學校啊？」曉蘋實在懶得解釋了。

「才不要哩！誰要去你們學校？你們學校的學生都笨笨的哩！」沒想到小姪女惱羞成怒。

「怎麼說人家笨！人家是天真單純，哪像妳？」

大哥嘉興當年的「雞屎運」，居然抽中「金馬獎」遠赴馬祖當兵，退伍返台後沒多久，就跟念五專時的班對女友結婚了，然後順理成章地留在家裡，說好聽是要繼承父親的衣缽，幫忙家具店的生意。那段大家都還住在一起的快樂時光，一直到小姪女還小似懂非懂的年紀，即使下班開車回到家的曉蘋都「虛累累」了，總是不忘在茶餘飯後，與家人分享學校的點滴，因此姪女小玫，對於她何時帶學生去逛百貨公司，何時會去市場買菜，乃至學生小雲、阿國仔等人的事，小玫都如數家珍。

看在小姪女的眼中，竟以為她姑姑曉蘋，一天到晚都帶學生出去「玩很大」，這可是天大的誤會啊！如果世上真有這樣天天可以玩樂的工作「肥缺」，想必大家都要爭相搶破頭了，當初那位「靠關係」進來的美勞老師，也犯不著沒幾年工夫，一下子就又急著跳出轉往別校去了！話說回來，不是曉蘋自己老愛帶學生外出，難道坐在教室裡，就不能好好上課嗎？何況出去一趟，往往是勞師動眾的，如果可以的話，她何嘗不也想坐在教室，光靠嘴巴練練講課就好，幹嘛自找麻煩？

「哪ㄟ這款囡仔越來越多齁？」有一次，曉蘋母親突然冒出這句話來。

事實上，並非如她母親所言「特殊孩子」變多了，而是現在已經有越來越多的學校，讓特殊孩子可以有受教的機會，因此，家中若有特殊孩子，不用再像以前她的鄰居亞文般，總是躲躲藏藏見不得人似地。過去這些可能終其一生被迫「宅」在家的特殊孩子，如今好不容易有機會走出來，可以跟家人以外的他人接觸，在他們可以接受應有的教育，同時，更需讓他們學會如何去適應外面的社會，因此，光靠教室內「紙上談兵」的照表操課，顯然是不夠的，尤其他們較不懂得類化，好比教他們如何買東西，與其讓他們坐在教室裡，聽著老師口沫橫飛闡述如何算錢、又如何去選東西，不如直接帶著他們走出教室實際購物去，對於這群特教的孩子，曉蘋認為，教他們實際「走萬里路」，絕對是勝過「讀萬卷書」的。

「喔耶，明天要去逛百貨公司，太棒了！」

記得有一次曉蘋準備前往百貨公司校外教學的前夕，班上胖哥阿宏，曾經相當興奮地表示，那是他長大以來第一次要進百貨公司逛。對於一個從小到大的城市人，卻從未去過百貨公司，若硬說是阿宏的「城市俗」，也未免太過誇張了！後來她輾轉才知，原來從小單親家庭的他，爸爸經常沒工作，三餐都有問題了，哪來的閒情逸致帶他出門亂逛？

「我都搞不清楚，咱們市裡到底開了哪些百貨公司了？為了照顧我家過動的阿亮，從以前到現在，說來不怕妳笑，至今我連一間百貨也沒進去過哩，還是託班上校外教學的福，我才有機會出來，看看現在的百貨公司到底都長什麼樣子呢！」

還有，至今依舊令曉蘋記憶猶新的是，多年前阿亮還是她班上學生時，阿亮媽媽曾經說過的那番話，當時他媽媽總是體恤老師帶學生出門的辛苦，除非阿亮沒參加，否則媽媽一定全程陪同參與校外教學。

像這樣的校外教學，不只對「城市俗」的阿宏極具吸引力，對於其他大部分的學生來說，因為平常也很少出門，因此，多少都算是「開眼界」，可萬萬沒想到，像這樣的校外教學，對於阿亮媽媽般的家長，竟也有療癒的作用呢！

事實上，這些校外教學，也絕非如她小姪女所想的，只是出去「玩玩」罷了，曉蘋都當它是社區「遊學」，既然是「遊學」，當然是寓教於樂，前置的作業也馬虎不得，事前除了得規劃路線，通常她也都會實地勘查，出發前在校內一而再、再而三的反覆「行前說明會」教學，更是絕對少不了。儘管事前的準備，大致都萬無一失了，在校內上課都有可能發生意外，何況帶著一票學生出門，難免還是會遇到一些意想不到的突發狀況，因此，一趟外出的教學，她們老師肩負的責任，絕對比在校內有過之而無不及。

比如搭公車的校外教學，通常到站時曉蘋她都會負責先行下車，然後另一位同行的老師則配合押後，等到全員確認都下車了，搭公車的重任才能安全卸下。

不過，有一次卻意外「出包」了！

那次她和同事可能在車上聊起教材的事太過於專注了，以致到站時，她們兩人便自然地偕同一起下了車，壓根忘了有人必須押後下車這回事，結果下車後，正整隊準備出發時，冷不防地從公車上傳來像是司機的聲音。

「我說老師啊，你們是不是有忘了什麼在車上？」

曉蘋這才回過頭往車上一探，該死！那不是「唐寶寶」文惠嗎？只見文惠一臉無辜地還乖乖坐在公車上的最後一排，完全不知發生什麼事。於是連忙衝上車將文惠帶下來，還好當時車上沒有半個其他乘客，自己拚命謝過司機後，還是窘到不行，只差沒找個地洞鑽了！

還有，在過去出去校外教學時，她們也曾經遇過不少的突發狀況。記得當年曉蘋還帶「大咖」阿德班上時，有一次午餐時間來到預定用餐的店家，裡頭剛好有擺放套餐附贈可以無限暢飲的點料吧和碎冰庫，結果阿德趁大家一個不注意，迅雷不及掩耳地逕自打開店家的碎冰庫，然後用裡面公用的大塑膠匙，舀取碎冰大剌剌地就直接往他自己口中塞入，被發現時已來不及阻止了，傻眼之餘，曉蘋她也只能跟店員頻頻致歉，轉身忍住怒火還得「輕聲細語」地告誡阿德，就怕出門在外大聲斥喝下，反而引來他暴怒不可收拾的下場。

此外，她們也遇過在校外教學途中，學生要不「不走」、不然就是莫名地「暴走」，或是中途遇到學生「剉賽」、甚至突然「搞失蹤」的意外，所幸最後都能平安落幕。就因為出去教學，遠比待在教室上課風險大，同事中，不少人能省一事便省一事，還有人常虧曉蘋說她總是愛重口味，專門大啖「雄心豹膽」的。

撇開這些種種的突發狀況，帶著學生出門，很多時候曉蘋認為都是相當值得的。讓學生走出學校的「舒適圈」，為的是要學習更多的社會樣態和生活方式，另一方面從世人的角度看來，無疑也是一個很好的機會，可以讓大家認識一下這些孩子。

凡走過都會留下痕跡，透過這樣另類的「遊學」，孩子的進步，也許不是即刻就能被看到，但，一步一腳印，逐漸的潛移默化中，相信總有一天必定能在他們身上看到開花結果的。就像她的鐵粉阿國仔般，即使畢業多年，憑著當年校外教學的搭公車經驗，在他每年的返鄉掃墓時，都能獨自搭著口中兩個「6」的公車返回學校。

對不起，妳不是音樂老師！

請假安胎之後，好友宜庭順利產下一名男嬰，開始展開新手媽媽的生活。

自從結束學分班的課業，自己生活的重心，也漸次從屏東轉移到高雄，最重要的是，我已經不用再每天舟車勞頓兩地之間了，因為在父母親的協助下，我在高雄終於有了房子，而且母親堅持付下頭期款，說是將來要當我的嫁妝用。此時老家家具店的生意，也是有一搭沒一搭的，擺放著好看的時候比賣出去的居多，後來大哥嘉興考上代書，家中又添了個男孩，於是他和大嫂也離開了老家，搬到高雄大嫂娘家附近當代書去了。

一路走來，好多該做的事都「熬成婆」了，感覺像是倒吃甘蔗般的欣慰。就在這個時候，自己也終於有機會拜師學藝——一圓吹長笛的夢。

大學時代儘管我和宜庭分開在中北部不同的學校，兩人只要不返鄉、宜庭和亞仁沒有約會的共同假日，我們都會用最便宜的學生票，到處追聽古典音樂會。從小型獨奏會、到國外來的交響樂團，只要票價和時間允許，我倆一高一矮的古典樂迷，總是逗陣趕場聽音樂。自己想吹長笛的白日夢，大概就是從那時候開始的吧？

「喂，Apple，現在有沒有吵到妳？方便聽電話嗎？」

有天，好不容易自己能從長笛吹出莫札特行版《Mozart Andante in C Major, K.315》的樂聲時，突然電話響了。

「嗯，沒事沒事，我只是在練長笛，怎麼了？」其實我不太喜歡吹笛子時被打斷，只因是睽違已久的宜庭來電，才決定洗耳恭聽。

「Apple，妳還記得我媽要幫妳介紹男朋友醫生的事吧？」那是早在宜庭肚子剛隆起時伯母提過的事，如今寶寶都從肚子裡跑出來了，她不說我倒還真忘了。

「是這樣子的，我媽說的那位醫生結果是『小兒科』，聽說對方也希望跟老師交往，不過……」宜庭繼續聊著。

「不過什麼？他希望對方也是醫生世家嗎？」

「嗯，不是，聽說那位醫生希望的對象是『音樂』老師。」宜庭遲疑了一下下才說出來。

「是喔？哈哈，沒關係啦！」

這還是我頭一回聽到，有人相親的對象指定要音樂老師，不過，那小兒科醫師所要的音樂老師，到底將來是要娶來「純欣賞」的嗎？倘若如此，與其這樣的尋覓挑揀，直接買個ＣＤ配上絕佳音聲環繞的音響，豈不是更省事？

「不是教音樂，但學過音樂的老師就不行嗎？」當下我差點脫口而出。

「其實我媽很早就跟我說過了，而且要我趕緊跟妳說一下，免得妳等太久最後一場空，反而不好意思，我一直很忙，抽不出空來跟妳說，真抱歉！」宜庭忙著解釋。

「哎唷，幹嘛說不好意思啦，感情這種事本來就是要靠緣分的，妳沒說我都快忘了，別放在心上啦！倒是妳最近好嗎？上次小仔仔滿月時看他好可愛，下次看有沒有機會，再抱他出來聚一下吧！」坦白說，自己還蠻想看看她們母子倆。

「哎唷，還是沒結婚的妳較自由啦，說真的，帶著小Baby出門挺麻煩的呢！對啦，妳長笛吹得如何了？哪天有機會聆聽一下嗎？還有，我媽說有機會的話，再幫妳介紹其他醫生對象。」宜庭繼續說。

「長笛還是繼續跟著老師在學啦，老師有建議我去做長笛的檢定，我嫌麻煩也沒去特別在意。目前老師都會幫我配鋼琴伴奏，很有成就感，老師也開始幫我找一些較難的曲子練習了，哪天有機會，乾脆咱們再來合奏看看？另外幫我跟妳媽說聲謝謝啦，也請她別麻煩了，感情的事可遇不可求，就順其自然吧！」因為小仔仔又哭了，我們的通話只好被迫草草結束。

感情的事，完全不是想要就能獲得的，與其汲汲追尋不屬於自己的東西，不如好好把握眼前值得的事物。還是吹長笛較實在，如今，好不容易用了自己的年終獎金，換得第二把全新的「村松（Muramatsu）」長笛，加上遇到一位「知音」的長笛老師，沒事就自吹自娛。也許該慶幸，此刻自己還能擁有這份小確幸吧，不用像好友宜庭般，每天得忙照顧小仔仔等瑣事團團轉。

然後有一天，也許是時候到了，感情的事，居然不請自來了。

「曉蘋，好久不見，最近忙嗎？妳現在真的還沒有男朋友嗎？」高中同學怡君突然來電。

「啊，是怡君嗎？妳怎麼知道我高雄家電話？嗯，我這陣子工作還好，沒像以前那麼忙，怎麼了？」

「聽說妳搬到高雄來啦？怪不得同學會後，我好幾次打電話到妳屏東的家都沒人接聽，後來有一次妳媽媽聽的電話，才跟我說妳高雄這裡的電話。是這樣子的啦，上次同學會我不是有跟妳提過，想幫妳介紹我同事嗎？有沒有興趣認識一下？」怡君重提介紹男友這件事。

「嗯，我現在是沒有男朋友，妳已經跟妳同事提過我了嗎？」有鑒於上次宜庭媽介紹對象的經驗，坦白講，怕又來個條件限定之說，我覺得寧可事前就先搞清楚。

「有有，我大致說了，我同事聽過後，還說妳從事特教很有愛心呢！他可是很有興趣跟妳認識喔，就看看妳的意思了。他是留美碩士，喜歡聽古典音樂，個性風趣，不過我要先說一下，他個子不高，長得也普普通通的，如何？」話筒那邊的怡君，就像電視購物裡頭的推銷員般，滔滔不絕地講個不停。

「嗯，可以啊，其實我也不是『外貿協會』啦，只要別長得一覺醒來被嚇到就好，哈哈，開玩笑的，談得來較重要吧？妳同事聽起來挺優秀呢！」

不知為何，從以前開始，將來自己結婚的對象，很自然地就會把亞仁大哥當作標的，起碼得像他那樣長得高又帥，後來聽多了有關他的事，再看到宜庭的老公又偉，才讓自己多少明白，結婚對象又不是要拿來當明星偶像崇拜，與其俊帥的外表，個性或許才更重要，最要緊的，還是彼此要談得來吧？否則若像亞仁大哥那般的悶葫蘆，凡事都還得費神猜測豈不累死了？怡君口中所提的同事，令人較感興趣的，莫過於「喜歡聽古典音樂」了，不就跟自己「臭味相投」？除了個性ＯＫ外，至少應該要有共同的興趣，否則話不投機半句多，哪能維繫好感情呢？

「不過，我同事最近好像較忙，我和他雖然同科系，老實說平常我們碰面的機會並不多，若妳不介意的話，是不是可以先把妳電話或e-mail給他，也許妳們私下先聯絡看看，然後再彼此約個時間見面？」怡君提議說。

「好呀！嗯……，先給e-mail好了，我不喜歡給陌生人電話，那就麻煩妳了，謝謝。」

坦白說，我也不喜歡一開始就跟陌生人，正經八百面對面坐著「聯誼」的那種古老相親方式，還好，怡君自動幫自己解圍了，只是一想到都老大不小了，還得跟對方玩起像是大學時代那種「小天使[5]」遊戲般，真讓人有些哭笑不得呢！

[5] 以前大學時代流行的一種團康遊戲或聯誼活動，在尚未確定及透露對方是誰之前，「小天使」可利用寫卡片書信的方式，給自己的「小主人」，然後彼此認識關心。

校外教學遇見「最美麗的風景」

「你看看，他們好可憐！也對啦，這種孩子是需要出來學習的，老師應該多帶他們出來看看的。」

每次帶學生出去校外教學，曉蘋不時會聽到路人甲乙，類似這樣的你一言我一語。

早期，家中有特殊孩子的家庭，彷彿見不得人似地，就像她鄰居亞文般，多半被迫「藏」在家裡，所以路上幾乎看不到這些特殊孩子，因此，當她決定帶著學生走入社區校外教學時，是需要極大勇氣的。

剛開始，坦白說她也會渾身不自在，感覺像是被「看猴戲」般，經過的路人，很少不對她們指指點點的，畢竟，好端端的社區，突然竄出一群傻寶遊街，很難不引起側目，逐漸地，她臉皮也變厚了，從原本的不自在，到後來的不以為意，最重要的是，她認為只要是做對的事，就沒有什麼好難為情的，何況透過這樣的校外教學，不僅可以讓學生獲得學習並看到外面的世界，同時也是大家認識特殊孩子的最好機會。

若非家中有特殊孩子，或是像她從事特教，一般人終其一生，搞不好都遇不到這些所謂的特殊孩子。所以，眼前突然出現像這樣一群特殊孩子時，人家很可能一開始會有先入為主的觀念，不是覺得他們很可憐，就是不知所措，甚至莫名其妙產生恐懼，於是能選擇敬而遠之最好，大概都會儘量避開不必要的接觸吧。

或許就是因為不了解，一般人才會無端衍生恐懼甚至排斥感。記得有次不愉快的校外教學，讓她印象深刻。

那是很久以前的事了，曉蘋和隔壁班老師，首次安排跨縣市的搭火車之旅，那天，依照原定計劃，她們打算讓學生出了車站，就在附近的一家速食店午餐。

「不好意思，請問你們有事先預訂位子嗎？我們這裡只接受預約喔！」

當大家興高采烈推門而進店家時，她們都還尚未開口，櫃檯那頭就傳來極不友善的聲音。因怕學生用餐太趕，他們一下火車就進入店家，坦白說，那時候才接近十一點，對一般人用餐時間可能都還嫌過早，店內客人也是小貓沒幾隻，現場還有一大堆空蕩蕩的座位。

「抱歉，我們的確沒有事先預約，但是你們現在不是也還有好多空位嗎？那些都已經有人預約了嗎？請問我們還是不能在此用餐嗎？」隔壁班何老師率先「發難」，聽得出有些火藥味。

「不好意思，我得先請示一下。」點餐的櫃檯小姐面有難色。

「下次請你們過來前必須預約，這次就先讓你們點用餐，麻煩你們只能用這個櫃檯，旁邊的櫃檯我們要給其他客人點餐使用。」只見該店員轉身跟另一位像是「主管」的人交頭接耳，然後板著臉回到櫃台說著。

「是在跩什麼？難道是要逼我們去投訴嗎？我們在高雄的分店用餐，從來就沒被要求必須什麼事先預約的了，要不乾脆我們另找其他店用餐？」何老師情緒有點激動，故意嚷著說給店家聽。

「我看算了，學生們對這一餐期待很久了，再說這個時間出去，也不好臨時再找其它店家。」曉蘋邊勸說何老師，同時請學生排好隊依序點餐。

「不好意思，因為你們人數較多，我們是怕你們沒位子坐，所以下次請你們最好事先預約，抱歉！」該位主管也即刻跳出來緩頰。

「沒有下次了，誰還會再來這裡用餐？」當下何老師依舊怒氣難消，只見一直站在櫃檯前的那位店員，從頭到尾也始終擺著一張臭臉。結果折騰了一陣子，大家好不容易才順利點完餐，還好，學生完全不受影響，如願愉快地享用他們期盼已久的美食。

從那次之後，曉蘋也學得教訓，亦即不管帶學生去哪用餐，她們老師都會事先去電跟店家預約，即使是臨時起意或是沒有電話的小吃攤，事先也都會前去會勘或知會一下，確定沒問題後才會帶學生前往。

還好，隨著大眾對特殊孩子認知的提升，往後的校外教學時，就算初次和一些不知如何面對他們的陌生大眾相遇，像那次不愉快的經驗起碼變少了，取而代之，反而多了更多友善的目光與包容。有趣的是，好幾次曉蘋帶著學生搭乘公車或後來的捷運，往往他們一上車時，即便她身邊伴隨好幾位看起來都還身壯如牛的學生，結果原本車內一整排坐滿位子的人，竟都不約而同自動起立閃邊一站，瞬間車內多出了好多的「博愛座」。另外，他們所到之處，也經常會遇到特別的「禮遇」，像是買東西結帳時突然有了折扣或減價，要不明明是單點，最後卻自動被升級，送上只有套餐才有的免費飲料等。

在曉蘋教過的學生中，很多都是來自經濟較弱勢的家庭，一趟校外教學下來，從交通、購物到午餐自理等，對於這些學生而言，無形中其實也是另一種負擔，可她也不希望因著這些例外的「禮遇」，讓學生誤以為，社會上到處都有便宜和「好康」可撿，對於這些來自他人的善行，基本上她既不鼓勵也不刻意婉拒。其實，每次她都希望「玩真的」，好讓學生能從中實際體驗消費者付費的遊戲規則，又不想害家長在花費上傷腦筋，她都會儘量安排讓學生花費較少的行程，比如前往較平價的午餐店、或事前先蒐集店家相關優惠的資訊等，偶而遇到如期末聚餐之類的「special course」時，她也會巧妙運用一些名目，像是適時接受家境較優渥的家長暗中贊助，或製造學生獎勵回饋機會，或是藉機慶生等等，以便讓學生可以順理成章，用最少的錢或甚至不花家裡半毛錢，去體驗不同的校外教學。

記得有一次的期末聚餐前，曉蘋特地事先搜集了店家的資訊，最後敲定百貨公司美食街推出的韓式限定特價套餐，然後在班上唐寶寶雅雯媽媽的贊助下，學生只要付相當半價的費用，就能換來品嚐「石鍋拌飯」的初體驗。

那天，她領軍這群韓式料理的「鄉巴佬」，搭著公車興奮地來到店家，跟店家打聲招呼後，一如往例依著菜單，她先指導大家一一點選餐點，然後直接跳過平素每人需前往收銀台前，各自練習數錢付帳的步驟，打算等大家用餐完畢，她再帶著雅雯媽媽的愛心捐款埋單。

「小心燙喔，先攪拌一下再吃喔」。

當嗤嗤作響的石鍋拌飯送到大家眼前時，光聞到那香噴噴的美味，每位學生早已迫不及待，哪管曉蘋口口聲聲的提醒，大家早就狼吞虎嚥，大快朵頤起來了！然後有好幾分鐘，大家變得超安靜的，所謂一切盡在不言中，大家都被那異國的美味給征服了。

眼見每位學生的石鍋都見底了，大家吃得既乾淨又飽足，稍作休息後，她才好整以暇地來到櫃檯準備結帳。

「老師，不用再付錢了！剛剛已經有人幫你們結完帳囉！付錢的人說不希望曝光，所以才沒有驚動大家……。」櫃檯人員笑著說。

「哇賽，早知道我就點最貴的啦！」

「太棒啦，耶！」

結果期末的聚餐，來不及讓雅雯媽媽慷慨相挺，就這樣莫名其妙地被某位無名氏搶先埋單了！最後，他們竟平白吃了頓免費的異國料理，儘管當下曉蘋還是努力地東張西望，想試著尋獲看到那位善心人士的芳蹤，哪怕是背影也好，好歹讓她說聲「謝謝」，不過，那時已是下午兩點，店內只剩下她們這票還猶如在夢中的客人，至於那位善心人士，早就不知去向了！

就這樣完全沒有預警地，她們出來一趟，便遇見「台灣最美麗的風景」了，對照多年前在速食店那次不友善的經驗，她想應該僅止於「case by case」吧？

還有一次美麗的「邂逅」，也令她不覺莞爾。

那是她帶隊前往大賣場校外教學的經驗。每趟的社區教學，曉蘋都會設計單元主題的學習，那次學習的重點在於購物，所以一個上午時間，她們幾乎都耗在賣場裡頭，學生努力依著學習單和購物單，在現場實際練習選購商品時，好多不知情的熱情民眾，還會主動跳出來指點協助呢！

當他們結束賣場教學後，大家便在賣場裡的美食街點用午餐。

「請問妳是老師嗎？妳們是哪個學校的？」

然後就在大家專心享用午餐時，眼前突然不知從哪冒出了兩位陌生男子，其中一位嘴裡像是嚼檳榔還是口香糖的大哥，好奇地問曉蘋。

「我們是○○學校的啊！」唐寶寶雅雯立即搶先回答！

「老師啊，是這樣子的，我一直有樂捐的習慣，而且我都會希望自己的捐款，能用在看得見的地方。今天看到妳帶這些學生出來，揪感心ㄟ！阿借問一下，我可以捐款給你們嗎？」那位大哥嘴巴邊嚼邊說。

「啊？嗯，我們學校是可以接受捐款的，不過我不太清楚帳號，要不要我給您學校電話，然後再麻煩您捐款？」半路遇到陌生人說要捐款給學校，這還是史上頭一遭！

「老師，我看不用這麼麻煩啦，乾脆我直接給妳錢，妳再幫我捐給學校就好了，我相信妳啦！」然後那位大哥便很阿莎力地，直接從皮夾掏出了所有的千元大鈔，遞給了曉蘋。

「啊，好吧，那可不可以麻煩您寫下大名和聯絡資料，好讓我轉交給學校，學校就會寄收據給您？」當下她實在很難婉拒。

「免啦！老師，不用留我什麼資料啦，妳都在做善事了，我這點錢算什麼？好啦，同學們再見喔，要聽老師的話嘿！」那大哥說完頭也不回，隨即旋風離去。

「哈哈，田老師，我看妳以後多帶學生出去走幾趟，搞不好就可幫學校賺進幾筆『外快』呢！」

「田老師，大概妳的『演技』太好了，要不然這麼『好康』的事，我怎麼從未遇過？」

這段突如其來的樂捐趣談，很快就在曉蘋同事間傳了開來。後來，她三不五時還是會帶著學生出去校外教學，當然，她依舊做著她認為對的事，並沒有為了「搏君一捐」而刻意賣力「演出」。

Blue Blue Work，第一次好想逃

「曉蘋老師，可不可以麻煩幫我看一下學生，小婷又衝出去了，我去追她回來！」

我才剛點頭示意，洪導師立馬就衝出去追追追了！打從開學以來，面對小婷的暴衝，這已經不知是第幾次了！回到教室這邊，鼓譟火熱的場面其實也不遑多讓，華華和阿亮兩位自閉症學生隔空玩口水仗，還得視情況閃一邊，免得無端被口水潑及。

送走了阿國仔、阿德那幾批畢業生後，非義務教育的高中職，特別是在特殊教育這一區塊，也在家長的努力奔走之下，逐漸走向「零拒絕」的教育，然而，人力及其他大環境的資源，尚且來不及順應的狀況下，校內也還沒有後來所謂團隊應變小組的概念，遇到突發狀況時，通常都是我們老師之間「親上火線」相互cover支援。

「唉喲喂，這個班，是要怎麼教啊？……」記得班導洪老師一抽完新生班級後，就常聽到她唉聲嘆氣。

「妳知道嗎？阿亮國中老師說，他都會趁機溜出教室，最遠的紀錄，還曾經跑到幾百公尺之外的大賣場裡，甚至當場拆了賣場內的零嘴偷吃呢！還有那個小婷，聽說很難搞耶！」導師

越說眉頭越深鎖。

「真的假的？可別嚇我咧！」連老鳥的洪導師都皺眉了，身為她班上專任老師的我，頓時也跟著不安起來。

「我們家小婷，有時候就是脾氣壞了點，否則平常還蠻貼心的，妳看她外表，根本看不出來哪裡有問題啊！都怪她小時候保母沒幫我們照顧好，害她摔成這副模樣，連個私立高職都進不去了，否則，我們是不會來妳們學校的。對了，老師，平常若沒緊急狀況，請別打電話到我上班的地方，有事打來說是我女兒老師就好，我不想讓同事知道女兒在這裡唸書。」我還依稀記得，一開始陪洪導師去家訪時，小婷媽媽說過的這些話。

以前阿國仔那個年代，就算有不太能表達的同學，頂多一兩位像是幫媽媽賣鹹酥雞的阿義罷了，師生的對答方面應該也都還不成問題，如今學生的狀況卻恰好反過來，一個班級裡，有一兩位可以跟老師打屁哈拉的，大概就要偷笑了，其他剩下的不是沒有語言能力、就是雞同鴨講的了。還有，以前光是一個阿德，就夠大家忙得團團轉了，如今，形形色色不同障礙類別狀況的孩子，彷彿一下子全冒出來跟我們挑戰。而洪導師班上唯一會說話的小婷，偏偏三不五時便對老師「下戰帖」，極盡挑釁之能事，於是你追我跑的戲碼，經常在我們師生間不斷地上演。尤其當「好朋友」來臨時，小婷「瘋狂」的指數更會破表，簡直疲於奔命！

「洪老師，麻煩您幫我看一下學生，小婷又衝出去了！」這回輪到我必須去追小婷了。

「小婷，別跑！」

緊跟在小婷後頭追，我像是跑百米般追進了學校禮堂內，然後邊跑我邊向小婷喊話，就在追到牆角邊無路可跑時，小婷突然像是失了魂魄似地，定住後斜睨身邊的鐵椅，當下我完全不敢亂動，也不敢吐出任何話，深怕再被刺激下，小婷恐怕抓狂會拿起那鐵椅往我身上砸了，於是，幾秒間空氣中被這樣詭譎的氣氛給凝住，接著沒想到小婷倏地便往地上大字一躺，歇斯底里地胡亂大叫了起來！因為不知小婷接下來又會演哪齣？我也只能繼續按兵不動，然後悄悄移開腳步躲到一旁，此時小婷居然開始上演「脫衣秀」，先是脫了制服上衣，慢慢脫得只剩下胸罩……。

提起這位小婷，說真的，簡直讓我們又愛又恨！當小婷情緒穩定時，其實就是一位可愛的小天使，看人說人話，也因全班就只有她會「說話」，每次上課時我自然而然都會把視線對到小婷身上，只要有她在的時候，就不用擔心上課時沒人吭聲而得自問自答。除外，小婷還會幫老師搥搥背按摩，也很愛照顧班上像偉偉較病弱的同學，一旦她情緒失控時，那可就六親不認，秒間像著了魔般，完全判若兩人。

「我們家小婷最近可能有卡到陰，連在家都怪怪的，麻煩老師小心一下，如果因此變得不聽話，可以罵她但請別用打的喔。」

小婷媽媽常會為女兒怪異的舉止自圓其說，而且一發現小婷有異樣，就會帶著她四處拜拜求神改運。因著宗教信仰關係，長年茹素的洪導師，本來也就不主張體罰的事，至於我，從教以來至今，倒也尚未碰到讓人「凍袜條」的頑強份了，何況小婷媽媽都特別交代了，我們誰也根本不可能在小婷身上，亂動一根寒毛。

但是三年下來，在小婷身上，卻常常被發現滿是受處罰的印記，小婷也會若無其事主動跟我們老師說「我昨天不乖，又被媽媽用皮帶抽打了」。小婷很早就被學校列為特別輔導的對象，可是媽媽從來就不曾參加過任何的個案會議，眼見小婷抓狂的程度越發變本加厲，甚至班導洪老師都曾經提議是否帶小婷就醫時，「我女兒又沒病，幹嘛看醫生吃藥？」媽媽還是寧可相信，女兒只是一時卡陰，只要帶去拜拜就好，何必就醫找麻煩！

當時有小婷的這顆不定時炸彈，已夠大家人心惶惶了！實際班上尚且還有幾顆「未爆彈」，只要一不小心，也都可能一觸即發，像是阿亮和華華兩位自閉症，他們的狀況可大可小，卻也不容忽視。例如不會說話的阿亮，聽說小時候在家就常「搞飛機」，搞得家人雞犬不寧！比如動輒把冰箱內的東西全搜刮出來，然後像是把高麗菜葉片一一撕得滿地都是，逼得媽媽最後不得不將冰箱上鎖，還好這些讓家裡雞飛狗跳的事，都是過去式了。不過他從小到大，在學校始終還是片刻坐不住，稍不留意一溜煙就會不見，國中時跑出去大賣場鬧事的傳聞，算是最驚人的紀錄了！平常他大都是頻頻跑廁所，或是跑去扭開水龍頭暢飲生水。聽說他在家也是水龍頭的水一打開就猛喝，為此除了冰箱之外，他媽媽又在家中的水龍頭的開關上，加裝了第二道開關。在校為避免阿亮喝生水，導師也是情商學校，特地改裝水龍頭的開關，以防他趁大家不注意，隨時灌滿一肚子的自來水。

另一位華華，則是不能隨便碰觸的超級「敏感公主」，哪怕是不小心稍微碰觸其肩膀，即刻便會引來她的尖叫甚至大哭！不喜歡讓人動根寒毛的華華，反倒以捏人為樂，任何人只要經過她身旁，她都會防衛性地或伺機亂捏一通。當華華無所事事時，還會自顧自地玩起口水遊戲，甚至可以把整張桌子搞成像被雨淋過般濕涔涔，一點都不誇張！而且華華時不時還會與死對頭的阿亮，隔空展開噴口水大戰！因此，當遇到小婷大亂時，如果另一頭阿亮和華華這兩顆「未爆彈」跟著引爆的話，那才叫一發不可收拾呢！

有時當我氣喘如牛，追回了亂跑亂衝的學生之後，通常都還必須面對偉偉的如廁問題，因為多重障礙，即使想上廁所的他也不會表達。這也可說是自己從教以來，另一項嚴峻的大考驗。

「我們家偉偉都很乖的，不吵不鬧，我對他要求不多，只希望老師能訓練他固定時間如廁，因為他膚質較敏感，我不想讓他穿尿片，用餐時也要麻煩老師幫忙先將飯菜剪碎拌勻，必要時並請老師幫忙餵食一下。」記得家訪時，媽媽不斷地耳提面命，簡直讓人開了眼界，怪不得班導經常要長于短嘆了。

回想起來，也許是自己一直想得太天真了，當初雖然因緣際會才走上特教之途，也單純喜歡孩子們的天真，卻完全忘了心智年齡依舊稚嫩的他們，實際的基本生活的處理，很多往往是無法自我打點的。因此，向來就有潔癖的我，第一次遇到須協助學生處理衛生棉，不小心卻被沾到經血時，都還會哇哇大叫了！可怎也沒料到幾年後，對於越來越多學生大小便的處理，將會是司空見慣，只是自己還一直不食人間煙火，完全沒有準備好當「特教老師」的覺悟，於是漸漸地，當特教老師的「業務」範疇越來越廣，步步走向幾近「包山包海」的情況時，自己才會整個頭皮都發麻了起來！

然而，說要訓練偉偉固定時間如廁，實際上對我們老師是有些困難的，最主要是偉偉不會表達，家裡和學校的情境也截然不同，不是光靠媽媽的經驗去估算如廁時間，偉偉就可以說尿就尿出來的，很多情況根本就是無法按時讓他精準尿出，加上勢必一對一有人隨側在旁的訓練，否則他很容易光著下半身便在廁所內游移走動，一不小心就會尿灑個整地都是，因此，沒有這樣的人力是無法訓練的主因，加上這個班級的成員實在太過特殊，光是追跑小婷或阿亮等人，就足以夠大家人仰馬翻了。

「我都會在他旁邊，然後像跟小孩子『噓』尿尿一樣，『噓』幾聲過後，再『扶』他生殖器一把，通常很快他就會尿出來。」班導洪老師還為此曾經搬出所謂的「媽媽經」親自指導。

蝦米？要怎麼「噓」啊？連要吹個口哨我都有問題了，還有，居然還得幫忙「扶」他的生殖器！哇～好噁！一時之間，叫人實在難以接受！身為老師還得處理這樣的情事，一直以來都還是單身的我，一想到竟會是在如此的情形下，第一次看到發育成熟的男子下體，更令人尷尬萬分！

「恁哪ㄟ厚這款囝仔來學校讀冊（上學）？」

第一次自己「輕描淡寫」跟家人聊起小婷抓狂、阿亮猛喝生水亂衝等事時，母親就已經覺得不可思議了。

「每個孩子都有受教的權利，這些孩子都是進不了一般學校，最後不得已才來我們學校的，如果連我們都拒絕了，那要叫他們去叨位？妳這款話在家裡講講就『刷刷去（算了）』，出去可母湯阿別講（可別亂說）喔！」

後來，我變得較少跟家人分享學校的事了，有的話也只是報喜不報憂，至於偶而客串「把尿」的事，當然更是絕口不提。

求學階段向來是乖乖牌的我，這輩子從未有過翹課的念頭，此時此刻，來自班上的種種壓力，竟讓自己天天都好想翹班，而且每逢「Blue Monday」一到，就會無來由地感到全身酸痛，無論如何，就是想找個理由請假。

第一次好想逃，逃到哪都好，越遠越好，就是別再回到學校那什麼「鬼班級」去了……！

工作紓解的甘泉，來得正是時候

田老師：

妳好。我是黃宇成，巨蟹座，怡君的同事，很高興有這機會認識妳。我是留美碩士，也許怡君已經跟妳提過了，目前在學校跟怡君一樣教英文。其實，怡君很早就跟我提起妳，只是學校一直很忙，除了學校課務外，也因為兼了些行政，所以一直抽不出空來，真不好意思。

聽說妳在特殊學校服務，我想妳一定很有愛心，這一環教育我是門外漢，也許有機會可以聽妳分享，如果妳願意的話。

怡君說妳喜歡聽古典音樂，真巧！我也是古典樂迷，事實上，小時候常跟著母親去教會，加上我母親又是負責司琴，耳濡目染下，我也學過鋼琴和長笛，不過已經很久沒碰了。平常除了聽古典樂外，我也喜歡美食，有空的時候會親自下廚。還有，我也喜歡旅遊，骨子裡一直都是想玩的心，但這幾年苦於工作，沒有什麼機會能好好出去走走。

大概先這樣，素昧平生第一次提筆，如果妳也不吝於分享想法的話，因為這陣子我還是很忙，或許我們可以先來個e-mail交流一下？祝順心！

黃宇成　敬筆

距離上次怡君說要介紹同事之後，約莫一週，從我的電子信箱裡，便傳來了這麼一封信，原以為怡君只是說說罷了，沒想到這次倒是玩真的，不知是否太久沒有這麼近距離跟異性的「接觸」了，我們尚且都還未謀面，沒想到光讀他的來信，竟讓我莫名奇妙地小鹿亂撞了起來！

這時候，自己恰巧正在練習杜普勒（Franz Doppler）的長笛雙重奏《Andante & Rondo Opus 25》的曲子，當信中獲悉這位黃老師也吹長笛後，難掩自己內心的興奮，莫非是命運中的安排？很快地，自己眼前立刻勾勒出一幅「琴瑟和鳴」的畫面，然後差點忍不住猴急，直接就想跟他來個雙重奏之約，還好理智瞬間把自己拉回了現實，我們才正剛要認識，當然八字更是都還沒一撇，就怕把對方給嚇著了，再則人家可是從小就學琴，在這位「音樂達人」前怎好班門弄斧，怕鬧笑話了！這才住了自己的衝動，但，卻停不了內心滿滿的好奇！於是，彷彿回到學生時代玩「小天使」般，我和這位怡君的同事黃老師，便這樣先以mail會友的方式，開始了魚雁往返的日子。

不過，老實說，我超不喜歡別人一聽到「特教老師」，就不管三七二十一大讚很有愛心的講法，因為感覺上很假掰！尤其此刻，自己都在工作上遇到了前所未有的瓶頸，隨時有可能抓狂了！然而，在此壓力的當頭，黃老師的出現，無疑像是荒漠裡遇到了甘泉，藉著彼此的筆談交心，總算可以找到了一個紓壓的出口。

由於彼此都各自忙碌，每週頂多只能一兩封mail的互通有無，偶而我們還會利用掛在線上的msn小聊一下，就這樣約莫過了半年，我們還是沒有碰過面。與他都如此相談甚歡了，明明生活在同一個城市裡，搞不好彼此曾在路上擦肩而過也說不定，再怎麼忙，居然連個見面的機會都不給？若不是對方沒有心，便只是自己單方面在敲鑼鼓罷了！好幾次自己開車經過怡君學校，都差點乾脆下車直接來個校園尋人算了，當然也不好找怡君探個究竟。

原來，談感情非得要這麼磨人不可嗎？

田老師：

收信平安。這週依舊被學校的事情，忙得一塌糊塗！

對了，不知妳這個月的最後一個週日晚上，是否有空？

我一位在文化中心服務的朋友，給了我兩張大提琴音樂會的票，曲目如附件，我想如果妳有空的話，也許我們可以一道去欣賞，如何？原本想在音樂會前順便邀妳一起先吃個飯再去，因為那天學校剛好有校慶活動，結束後恐怕有點趕，所以，如果方便的話，我們先約聽音樂會，下次再找時間吃個飯？

其實跟妳這半年多的mail交流，很早就想找妳出來見個面，因為之前跟妳提過的，我可能出國攻讀博士的事，這陣子已成定局，畢竟光憑碩士學位，我在學校是無法升等的，與其留在國內讀博士班，我決定還是回美國以前的學校進修，所以才會搞得自己蠟燭兩頭燒，既要忙現在手邊的工作，又得準備返美唸書事宜。

很抱歉，也因此一直沒適當的時間找妳出來，希望這次妳時間也能OK，麻煩妳先確認一下，進一步詳情餘後再敘。

晚安。

宇成

正當懷疑是否只是自己單方面的情愫作祟時，宇成傳來了這封邀請信函，他平常的忙碌其實也是可想而知，因為，每次他mail的發信時間似乎都是在夜半。另外一開始通信時，他也確實提過將來可能赴美進修的事，原以為他只是隨口說說，沒想到出國的事，儼然悄悄已成定局了！考慮攻讀博士的事，早在我們認識前就已開始醞釀，他的人生規劃裡，一開始本來我就都還沒出現，如今看來，他赴美的事好像也勢在必行，那，就算我們見面了，將來又會如何？才認識沒多久，我們就得分隔兩地？難道，初戀都還沒開始鋪陳，我就得提前面臨遠距離交往的考驗嗎？搞不好音樂會的碰面後就「見光死」了，記得學生時代幾次的「小天使」遊戲，也都是在見面後就無疾而終了，一想到這些，真不知自己該笑還是哭？

算了，先別預設立場，自己也好久沒去聽音樂會了，附件中的音樂會曲目，也的確很吸引人，最重要的是這陣子的工作壓力，都快讓自己喘不過氣來了，的確需要好好紓解一下。

田老師：

收信平安。

很高興妳這個月的最後一個週日晚上願意空下來，原則上我們晚上七點左右直接約在文化中心的至德堂前？我會穿著藍白相間的襯衫和牛仔褲，戴著金邊眼鏡。如果我能先附上近照會更好，只是很抱歉，我也好久沒拍照了，根本找不出相片檔案，如果妳也方便告知特徵，我想我可以主動尋妳，免得妳女孩子萬一認錯人較尷尬，如何？

晚安。

P.S.附上我的手機號碼：0919-×××-×××，萬一臨時有任何變更或需聯絡時，可打給我。

宇成

很快我便將這組號碼輸入，並儲存在自己手機的通訊錄中，但在正式碰面前，我沒有讓自己按出這個號碼，因為，我還想保留些許的矜持。

對應他藍白相間的襯衫，好巧，自己也打算週日晚，將穿著一件長版寬鬆及地的淺藍色細格紋洋裝前往赴會，好遮住引以為恥的蘿蔔腿。

船到橋頭自然直，冷冽的教室終看到春天！

「曉蘋老師，下次的校外教學，可不可以請妳開車負責載偉偉，班上其他學生則由我來帶就好。」

接任小婷班專任老師的第一次校外教學回來時，班導洪老師突然這麼跟我說。

從開學歷經幾個月的「抗戰」下，好不容易學生的狀況較趨穩定，於是，我們便就緒，準備開始班上的校外教學。

記得第一次將學生帶出門時，阿亮媽媽因體恤老師，沒讓阿亮參加，於是就在幾乎全員出動的情形下，有驚無險地完成了教學活動。那還只是就近徒步到賣場的購物教學，或許是賣場內琳瑯滿目的東西，吸引了大部分學生的注意力，只有在結帳過程中，稍稍有點兵荒馬亂，除此之外，出乎意料，大家反倒比在學校時狀況穩定，就連小婷也很貼心，主動幫忙帶著偉偉逛賣場。不過回程時顯然就不太順利，或許是大家都累了，途中偉偉數度在原地定住動也不動，必須班導和我輪流使力拖拉才願意走幾步，最後好不容易才順利返回學校。

首次就近的賣場購物教學，只不過是個序曲罷了，接下來還有更多的校外教學，其中多半需配合搭公車行動，腳程相對勢必加倍，到時候阿亮和媽媽也會加入。

顯然，班導洪老師比想像中更杞人憂天了，首次的踏出校門，儘管回程時偉偉就時不時定格不動，說真的，那天我還不是累到不想動啊！何況是平常較少走動的偉偉，想必是太累了才不想走吧？不料班導突發奇想，竟要我以後權充偉偉校外教學的「專車司機」，難道就因為我有私人轎車嗎？何況家長都沒吭聲了，雖然我不確定偉偉媽媽是否知情，要是媽媽也希望藉機讓偉偉把走路當成復健訓練呢？

「嗯，我覺得不妥吧？怎能全班的學生讓您一人帶，即便再多個阿亮母親加入支援，而我這邊只能一對一全程專車載偉偉的情形，您我途中要是各自有什麼任何閃失的話，我想誰也無法扛起這重責大任，還是回歸到校外教學兩人協力同進同出，無論如何先讓偉偉跟著大家走走看再說吧！倘若真的不行，再看是否微調教學計畫、或申請校車等……。」以後要是照班導所說的去做，萬一和偉偉路上出事了，我這邊可是孤零獨自面對，求助無門啊！

還好，最後班導很快就捨棄了這個「專車接送」的想法，偉偉也都還能跟大家走完所有校外教學的路程。雖說之後的校外教學，每次都讓大家依然累癱了，一路下來，也都還能過關斬將化險無疑，小狀況難免，大狀況所幸倒是沒出現過。

另外值得一提的，班上素有「敏感公主」之稱的華華，平日在校內我們都會依循物理治療師的建議，用不同觸感的刷子或物品，幫華華做些「減敏感」的訓練，只是在校外教學時，華華依舊故我，休想別人牽她，哪怕是基於校外安全的理由。

結果，有一次校外教學，在華華身上便發生了一段小小插曲。

那是另外一次的購物教學，華華一如往例不讓別人靠近，我和班導只能若即若離地觀望華華，不管在途中、或是賣場內。出發前華華媽媽曾跟班導提過，那陣子華華愛上了某品牌沐浴乳的香味，每次在洗澡時，都會把沐浴乳整瓶幾乎全倒精光，然後把身體塗抹得香香的，因華華「玩」很大，搞得她們家三天兩頭就得頻頻「補貨」，那次剛好家中又缺貨了，所以媽媽相當配合地，打算藉校外教學的機會，讓華華練習買瓶沐浴乳回家。

當我們一進賣場，班導才正要介紹賣場環境時，突然華華便自顧自地往前衝，憑著自閉症特有的敏銳直覺，一路就跑到擺放沐浴乳的地方了，然後迅速達標，喜孜孜地拿了一瓶跟家中一模一樣品牌的沐浴乳抱在身上。眼見華華順利完成目標，班導和我對華華的「心防」，不知不覺也跟著鬆懈了下來，轉而把教學重心放在其他同學身上。最後大家也都順利地完成了所有的購物和用餐，愉快地搭公車返校。

返校後，按例我們和學生回顧做檢討，順便確認所有學生的花費和購買商品，班導尚且都還來不及跟華華核對時，就聽到小婷那邊開始大聲嚷嚷：「老師，華華身上怎會有一瓶沐浴乳？」

「哎唷，小婷，華華的購物單上本來就是要買沐浴乳的，沒錯啊！」班導忙著在跟其他同學做確認，隨便回應了小婷。

「可是，華華旁邊的購物袋裡，還有一瓶沐浴乳啊！」小婷又大聲說了一次。

「真的假的？拿起來給我看一下！」班導不相信。

小婷乾脆將掛在華華椅上的購物袋，直接拿到導師面前。

「天哪～這是怎麼一回事？怎會多出一瓶沐浴乳？今天班上只有華華買這品牌的沐浴乳，而且only one，只有一瓶啊！華華不是一開始就拿了一瓶嗎？曉蘋老師，能否請妳幫我確認一下，是不是有其他同學搞錯了？我來看一下華華的發票……。」此刻，班導才驚覺「代誌大條」了！

「其他學生沒人買這沐浴乳喔！」我也跟著確認。

「發票上面也是只有一瓶沐浴乳啊！咦，華華哪來的神功啊，什麼時候趁大家不注意，偷偷把這另一瓶沐浴乳給藏在衣服內啦？是說沒被我們發現就算了，她怎麼能躲得過出口的『嗶嗶』叫的？天哪～」班導邊說邊覺不可思議。

「這怎麼辦？」

「嗯，沒辦法，都快放學了，不太可能再大老遠跑一趟把這瓶沐浴乳拿回店家去，何況連我們也被搞糊塗了，怕到時候解釋不清，越描越黑，我看這次就這樣算了，雖然有些對不起店家……。」班導師來不及想太多，因為放學鐘聲已響了。

寒假過後，隨著華華舉家遷移外縣市而轉校，那起意外事件，也就跟著石沉大海不了了之了。

班上少了華華，從此不再有「口水」戰爭，而少了一位「死對頭」的阿亮，喝生水的習慣也逐漸被糾正了，於是我們轉而開始訓練阿亮，教他練習從事先裝好的茶壺水倒水喝，有時阿亮乾脆嘴對嘴就把整個水壺全灌完了，不過比起他喝水龍頭的生水，也算是一小步的前進。在我看來，阿亮至少都還笑口常開沒啥情緒，我們也逐漸發現，他之所以會在課堂上離開座位，大抵也都有跡可循，後來當阿亮有需要幫忙時，即使不會說話的他，慢慢地也能拉著我們的手求助了。由於阿亮開始對我們老師產生的信賴感，後來的校外教學，除非媽媽對於行程內容感興趣，否則，我們就不給媽媽跟了，無非希望終日辛勞的她，也能有喘息的時候。

而情緒較難掌控的小婷，尤其在她「好朋友」來的第一天時，依舊搞得情緒相當躁動，媽媽也會酌情，讓小婷請假在家休息。後來聽說媽媽大概在家也受不了了，終於願意帶小婷前往看醫生，小婷狀況曾經一度控制好轉，可惜媽媽一見女兒狀況改善，便又擅自減藥甚或自行停藥，導致小婷的情緒，總是起起落落。

至於原本堅持讓孩子「不穿尿片」的偉偉媽媽，親師間也折衷取得了共識，讓他一早穿著尿片搭校車到校後，在校時老師們再依固定時間，讓他脫下尿褲訓練如廁。偶而媽媽工作取得休假，剛好遇上班上校外教學時，媽媽也會加入支援行列。

「兵來將擋，水來土淹」，船到橋頭自然直，班導和我漸漸地也學會隨時調整心態正向出擊。再說，人都是有潛力的，不論是學生或是我們老師。如今回想起來，一開始班導的種種預設立場，顯然是多慮了！

她終於遇見對的人？

「妳知道嗎？剛剛那曲《晚禱（Kol Nidrei）》，聽說原本是猶太教晚禱贖罪時在教堂所唱的聖歌，後來布魯赫（Max Bruch）把這首曲子改編成弦樂版本，讓這宗教色彩濃厚的感傷旋律，變得更加吸引人，直到今天，聽說依舊是布魯赫最受歡迎的曲子之一喔！」直到現在，我都還依稀記得，那晚在音樂廳，宇成邊推著眼鏡，不疾不徐說話的模樣。

或許是神經質的個性使然，每次跟人相約，通常我都是提早到的那位，第一次約好跟他碰頭的晚上，我也是比預估時間提早半個鐘頭出發了，沒想到路上一直找不到停車位的關係，結果，害我比預定的時間遲到了十分鐘左右，這下心跳顯然更加速了。當我氣喘吁吁好不容易趕到至德堂時，外面早已站滿了一些等待的群眾，左顧右盼正尋覓穿著牛仔褲的身影時，他，從某處緩緩走過來跟我招呼了！

「請問是田老師嗎？」

「嗨，不好意思，找不到停車位，讓你久等了！」當下我竟突然害羞起來，不敢直視眼前這位「交心」半年多的朋友，大概也為了避免初見面的小小尷尬，他趕緊說先去買份節目單，然後我們便匆忙步入了音樂廳。

一進音樂廳後沒多久，音樂會就開始了。

於是，從碰面到入場，嚴格說來，我都還沒正面仔細好好看他。

直到音樂會中場休息，我從外面的化妝室走進音樂廳，放眼望去黑壓壓的人群中，好不容易才認出那件藍白相間的襯衫，從旁邊走道一面走一面偷看他，老實說，他看起來並不是那麼起眼，頂多就像是帶點書卷味的文青。扣掉上洗手間的時間，剩下不多的中場休息裡，他就用當晚曲目之一的《晚禱（Kol Nidrei）》，揭開了初次面對面的話題序幕，接著我們開始聊了起來。

透過半年多e-mail的心靈交會，現在坐在旁邊的他，應該不算完全陌生，然而跟這樣「半生不熟」的朋友緊鄰而坐地聊天，對我來說，還是很不自在，不過很高興我們兩人有了共同的話題，化解些許尷尬。早在他提出音樂會的邀約時，從e-mail附件曲目中，一眼我就發現其中自己很喜歡的曲子——《晚禱（Kol Nidrei）》，很久前自從聽過麥斯基（Mischa Maisky）的CD演奏版本之後，我就愛上它了，只是聽現場的live，這還是頭一次。當然這次的曲目中更吸引我的，還有這陣子剛好我也在練習的《法朗克A大調奏鳴曲（Cesar Franck,Sonata in A major）》長笛曲子。

「我只聽說過《晚禱》好像跟宗教有關，不過不知為何，每次我聽了都會感動地起雞皮疙瘩，特別是第二段……。」我邊點頭附和說。

「我也蠻喜歡《晚禱》的，雖然我是基督徒，老實說現在幾乎沒去教會了，這曲子聽起來對我來說，感覺就是格外不一樣。不過，今晚的曲目中，我更喜歡法朗克的奏鳴曲，也許妳已經知道了，其實這原本是寫給小提琴的奏鳴曲，尤其最後一個樂章，讓全曲有個很完美的ending，據說法朗克為這曲寫時曾經說過：『我把所有的東西都放在這裡。』，我覺得真的很perfect！」萬萬沒想到，他像是可以猜透我心裡所想的，我們在音樂的欣賞方面，可真是「英雄所見略同」啊。

只不過，原本我都一直以為，法朗克的這首奏鳴曲是寫給大提琴的，當初一開始先是從長笛老師那邊拿到了樂譜，後來又在誠品書店發現大提琴版本的ＣＤ，當聽到他的這番見解時，才驚覺自己的孤陋寡聞，本來還想賣弄一下自己習吹這首曲子的心得，結果，音樂廳內的燈光開始漸暗了，才正想點燃的虛榮火苗，很快地，就在大家的熱烈掌聲之下完全被吞噬，迎接而來的下半場又是精彩的演奏。

「自從南下教書後，平常學校的事忙完，通常都很晚了，假日有時也需趕回台北陪我媽媽，我已經好久沒聽音樂會了，今天很高興邀妳出來聽，下次有機會的話，也許我們還可以再一起去聽音樂會？明天週一得上班，妳也該早點回去休息了，開車小心喔，晚安！」

當音樂會曲終人散，因著初次見面，他和我很有默契地都沒再「續攤」，何況為了保持良好的形象，整晚下來自己也是「ㄍㄧㄥ」到不行了，最後他陪著我走到停車場後，便自行騎機車離去。

在這場音樂會後，很意外地，我和「小天使」的見面，沒有「見光死」！

然後，我們彼此又回到日常，各自忙碌依舊，尤其他必須趕在暑假赴美前提報各項資料，早已是火燒眉睫了，不過，在這之後，我們之間原本聯絡的工具e-mail，已經緩不濟急了，我可以在想聽他的聲音時，撥個號碼透過手機就能聽見了，也用不著在電腦前苦苦等候他掛在msn線上，最重要的是，再怎麼忙，他都會努力擠出時間見個面，尤其遇到不錯的音樂會時，他都還會儘可能地排除萬難，和我連袂一同前往聆聽。就這樣，距離暑假前有段時間，彷彿我又回到過去大學那般美好時光，只是身邊的知交，從好麻吉的宜庭換成了他。

自從好友宜庭升格為人妻母後，已經好久沒能再遇到知音了，很高興能認識他，也讓我格外珍惜這個緣份。而且，他跟宜庭居然有好多相似的特質，以前我就很欣賞宜庭對於音樂的敏感度，而今在他身上，同樣也能挖到寶似地，尋獲自己所不知道的音樂世界。以前遇到心情不好時，宜庭總是靜靜地陪著聽我傾倒「垃圾」，現在他取代了宜庭，願意聽我發牢騷。他，雖然沒有亞仁大哥的帥氣外型，但，在他臉上總是可以找得到那說不上來的fu，這下我終於才能體會到人家常說的，「情人眼中出西施」。或許，他就是跟我對盤的人了！

單親家庭長大的他，道地的台北人，又是基督徒，要不是同學怡君的牽線，集結這些背景組合起來的他，基本上，這輩子跟我應該是沒有交會的。

「以後要找的對象，什麼人都可以考慮，就是絕對別嫁政客和外省人！」

「政客一點都不可靠，沒有誠信可言！」

「那欲選親家，就要選跟我們同款講台語的！」

不知為何，從我懂事以來，父親內心似乎存在根深柢固的省籍情結，當自己還在孩提時代，父親就不斷灌輸這個觀念。因此，在父親選擇女婿的口袋名單中，客家人完全不是選項，外省人更是千萬不可，至於從政者，那就根本連提都免了！只是，長期以來身為家具店資深職工的阿福伯，和家人關係一直都很好，我也是後來才知道，台語說得輪轉一把罩的阿福伯，其實根本就是「正港」的屏東客家，可從他身上，我完全看不出所謂的客家人或閩南人哪裡不一樣啊？至於迷信道教神祇的母親，無法接受「異教」的基督徒，更是不用分說了。

跟他的相識相知，宛若百年才得以遇見，正引以為喜的同時，隨著對他的熟識度與日俱增，一道無形的高牆，似乎也跟著若隱若現地出現在眼前，不知道自己和他是否有未來？倘若真要繼續和他走下去的話，在碰到這道高牆之前，肯定還會有更多的路障等著我們！

每次一想到那樣無形的屏障，我就又要徹夜難眠了……。

職場的大雨才停，情場就快要變天了！

「怡君，妳怎麼發現這巷弄裡美食的？」

音樂會結束後的一個週五夜晚，我和宇成，跟著我們的介紹人也是美食「巷仔內」的怡君，一起過來吃傳說中的「無菜單料理」。

「哈哈，沒什麼啦，我和我老公都喜歡吃美食，有天我們用完晚餐，因吃得太撐了，想說乾脆散散步順便消化一下，走著走著就意外發現了這家低調的餐廳，當時我老公相當好奇，直接就入內詢問，才知店家只接受事先的訂位，我老公等不及嚐鮮，當下便預約，然後等了好幾個多禮拜才終於等到，就殺過來大啖一番了，如何？感覺還不錯吧？」一提到美食，怡君打開話匣子便說個不停。

「嗯，真的好好吃，謝謝妳幫我們預訂。」宇成很快跟著附和。

「今天也是忙累了一天，中午依舊沒得休息，好高興可以在小週末晚上，品嚐到這樣的美味佳餚，真是太棒了！」美食當前，我那快撐不住的眼皮頓時全開了。

「我還不是中午都沒得休息，學生都會跑來辦公室找我，我也好累啊。不過再怎麼說，妳們可是公教人員耶，退休福利好太多了，哪像我們私立學校，真的差很大！」怡君半酸地說著。

「怡君，話不能這麼說，曉蘋老師她們平日照顧那些孩子，真的很辛苦，我們學校的學生其實是可以說的，像我都會叫他們若沒特別的事，別在午休時間進辦公室找我。」

平常我很少在人前抱怨自己的工作，想說都是自己的同學，才不經意地喊累，怎奈怡君的「哪壺不提哪壺」，乍聽之下真叫人有口難言，我純粹就是累了，沒想到同學話說得酸溜溜地，一副誰叫我們是待遇好的公教人員，理當付出辛苦代價似地，讓人很受傷！此刻聽到宇成跳出來幫忙緩頰，他真是個暖男啊！心中好不欣慰！

這時候剛好服務人員適時地上菜，並貼心地在旁說明，方才化解了一時的小小尷尬。

「對了，曉蘋，妳知不知道宜庭的孩子，聽說『有問題』？」怡君接著開始爆料。

「有問題？有什麼問題嗎？印象中的小仔仔很可愛，看起來就是個小帥哥啊……。」我才正準備舀湯喝，根本無心理會這個大八卦。

「妳不是跟她很要好嗎？難道妳都沒聽說？」怡君不可置信地追問。

「啊？小仔仔怎麼了？」

距離上次宜庭提及母親介紹男朋友的事後，我和宜庭又各忙各的，尤其自己每天回到家都快累癱，自顧不暇了！我們確實也有好一陣子都沒再聯絡，莫非小仔仔真有「狀況」了？不過我倒寧願這只是怡君的道聽塗說，打從心裡希望那可愛的小傢伙沒事。

「虧妳還是特教老師咧，聽說她兒子好像是『自閉症』，害她都不敢再生了！」怡君邊搖頭邊嘆氣。

「Oh My God！怡君，這消息是真的嗎？謝謝妳告訴我，坦白說，我和她也好久沒聯絡了，我才在想，是不是該找個時間跟她聚一聚哩！」

和宇成之間的事，其實很早就想找機會跟宜庭分享了，如果怡君所言屬實，小仔仔真的是自閉症的話……，那可真是造化弄人啊！當初宜庭和亞仁大哥交往時，就是因為他有個自閉症的胞弟，宜庭母親才會百般反對的啊！

「哇，吃得好撐，你們繼續慢慢吃吧，我待會還有事，不當你們的電燈泡了，今晚謝謝你們的招待喔！我得先走了。」怡君邊看手錶，然後拎著LV的名牌包轉身就走了。

「稍早前怡君說的那番話，妳可別介意喔，我相信她應該是無心的。」看到我若有所思的樣子，宇成以為我還在意怡君的話。

「你是說她對於我喊累不以為然的事嗎？唉，坦白講，聽到她這麼說我是有點嚇一跳，不過我跟她其實不是那麼熟絡，聽過就算了，倒是好友宜庭的事我會較care。」

「妳不是也正想找她出來聚一聚嗎？何不跟她碰個面，關心一下？」

「嗯，也好，我一直想找個機會讓你們認識，否則哪天她要是知道我們的事了，一定會罵我不夠意思，把你『暗亢（隱瞞）』這麼久，『暗亢』這台語，你聽得懂嗎？哈哈。」剛好逮住這機會，我也想知道，關於宇成卻難以啟齒的省籍問題。

「咦？我沒跟妳提過嗎？我爸是廣東人，媽媽是新竹客家出身，所以在我父母尚未離異前，我們家一直都是講國語的，不過自從我來到南部教書後，為了『入境隨俗』，也開始接觸了一些台語，大部分都還算聽得懂，但說的就不太『輪轉』了，我說的『輪轉』，對吧？妳剛剛說的『暗亢』，是什麼意思？」看得出來宇成是真的不懂而非裝傻。

「『暗亢』，大概就是暗中偷偷隱藏不讓人家知道啦，其實我們家都習慣講台語呢！哪天要是你跟我爸媽見面了，你這口破台語，豈不是要打結了？」我笑著試圖掩飾內心的不安。

「妳爸媽會介意嗎？」假裝沒聽到宇成的提問，我說是要去化妝室，便自顧自地走向餐廳後頭的廁所。

從化妝室走出來後，他已結完帳，怕他還會繼續先前的話題，於是我搶先一步說：

「你要直接過去車站？還是先回住處？最近幾次都讓你搭最後一班自強號回台北，真不好意思，時間也差不多了，別太趕了。」

「我待會直接過去車站，因為明天下午就得趕回來了，沒什麼行李，要不要再找個地方聊聊？」宇成每次都很珍惜我倆彼此短暫的相聚時間。

「我看不要好了，怕你這樣會太趕，也有點晚了，等你明天回來再說吧，要不要我載你過去車站？」看了下手錶，我擔心他會來不及。

「嗯，明天我回來時再聊，我直接騎機車寄放在車站就好，太晚了，妳自己開車路上小心喔！」顯然他也擔心我這麼晚開車回家。

「你趕快出發吧！明天你回來時，若方便再給我電話吧，你搭這班車到台北也會很晚了，抵達後就不用再給我電話，反正我應該也睡了。」我趕快揮揮手要他離去。

「OK，那就這樣了，晚安，路上小心喔！」宇成不忘來個飛吻後，騎上機車後還頻頻回首，直到轉過街角，再也看不到他的機車背影。

「該死！」

都怪之前自己沒事動不動就先杞人憂天，這下好了，擔心的事果真成為事實，一個外省就夠頭大了，偏偏又多了個客家的，沒想到宇成家的省籍背景還真是精彩啊！當然不到最後關頭，說什麼我都絕不可能告訴他，父母親對於既有省籍的偏見，因此我決定了，這種事還是得繼續「暗亢」下去。

原本自己也想等到時機成熟時，再跟爸媽提宇成的事，不料在這之後幾週表哥的喜宴上，父親竟全然不顧我的感受，當眾要求大家幫忙介紹對象，不得已才讓這件事浮上檯面提前曝光。

「在大專院校教書，聽起來不錯喔！」大概是頭一回聽到女兒有對象，一開始父親的反應還不差。

「同款做老師好是好啦，不過他是台北人咧，安捏咁好？以後妳若是要回來『後頭厝（娘家）』，不是好遠？他會住在高雄嗎？」母親也沒反對，倒是先擔憂起來了。

就這樣，為了逃避在表哥喜宴上突如其來的「逼相親」，有關宇成的事，我也只是為應付而應付地約略帶過，至於他是基督徒、還有即將赴美進修的事，都隻字未提，如今，最關鍵的省籍情結，更叫人難啟齒了！看來事情似乎越來越複雜了！儘管遲早要面對的事，但，怎麼開得了口？

哪會哪會同款情字這條路
給你走著輕鬆
我走著艱苦
……
不願承認未倘幸福
暝暝唸著愛的歌譜
不願承認前途茫茫看無路
不願提起消息攏無

此時，突然不自覺地哼起了潘越雲的這首《情字這條路》，世間同樣都是情路，一開始，死黨宜庭不也和亞仁大哥走得跌跌撞撞，走到最後還走上岔路分手，可後來宜庭和真命天子的老公，卻在情字的路上，一路順暢到底啊！另外高中同學怡君和科技新貴的老公，聽說他們情字的路上，連塊大石頭也沒，從一開始也都是艷陽高照，哪來的風風雨雨？

而今盼了這麼多年，好不容易終於輪到自己了，有機會遇到像宇成這樣可以攜手走情路的人，我們也才剛要起步，怎奈，擺在眼前的，好像就已經有無數的路障等著我們了？

以爸媽既定的認知，我知道這絕對不是庸人自擾，但怎麼也沒料到，這還只是冰山的一角，因為不久之後，另一頭來自宇成家的一場大風暴，即將就要發生了。

叮咚！「我抵達台北囉，晚安。」很快地，宇成已掛在msn上了。

儘管自己嘴巴叫他不用給電話，心裡頭還是惦記著他，他也知道我會等，於是，很有默契地，我們又在午夜的msn中再次相會了。

「OK，早點休息吧，晚安囉！」

這頭才剛回應，叮咚！宇成又飛快傳來了訊息：

「妳也是，晚安，明天見囉！」

唉，對於未來的這條情路，說實在的，我自己一點勝算都沒，也只能走一步算一步了……。

他是「星星兒」？

「喂，宜庭，妳最近好嗎？小仔仔還乖嗎？」

「啊，Apple嗎？妳怎麼有空？嗯，我還好，只是為了照顧小仔仔的事，忙得不可開交，妳呢？怎麼樣？有沒有好消息啊？」聽到宜庭那頭開心的聲音，我想絕對是怡君弄錯了。

「宜庭，我們真的是心有靈犀耶，妳怎麼一下子就猜出來了？我的確是有好消息要告訴妳喔。」

「真的嗎？什麼時候要請我喝喜酒啦？」宜庭興奮地大叫！

「妳嘛幫幫忙，八字都還沒一撇，喝什麼喜酒啦，不過我現在是有一位打算深入交往的對象了。」

我不清楚可不可以用「男朋友」三個字來介紹宇成，因為認識至今，我和他之間始終未明確「正名」彼此的身分，對於毫無戀愛經驗的我來說，真不知道以目前我們的關係，是不是可以算是男女朋友了？

「哇，真是天大的好消息啊！好想看看這位仁兄長得是圓還是扁喔，怎麼樣？咱們找個機會見個面聊吧！人家說的『擇期不如撞期』，妳看這個週末下午，如何？有約會嗎？」聽得出宜庭也有點迫不及待了。

「哈哈，不愧是我的好麻吉啊，連想約出來的時間都這麼有默契，這個週末剛好那位『仁兄』需回老家一趟，聽說他母親重感冒。」一講到「仁兄」兩個字時，連我自己都覺得好笑地噗了出來。

「老家？難道他不是高雄人嗎？那他是哪裡人？哇，妳們怎麼認識的？他做什麼的？是『小兒科醫生』嗎？」宜庭連珠砲似地拋出了一堆問號。

「哎唷，拜託妳別鬧了，什麼『小兒科醫生』？還糗我，厚～！等見面再說吧，免得妳通通都知道了，那我們見面還聊什麼啦！」我決定先賣個關子。

「沒問題！小仔仔可以請我老公或我媽帶一下，沒問題的。我家附近新開了家『星巴克』，一直沒機會進去瞧瞧，聽說現在的『文青』都流行去『星巴克』呢，要不我們先約在那裡，兩點左右？如果妳有發現更好的點，方便的話，儘量離我家別太遠，妳可以再隨時跟我說喔！不好意思，我要先忙了！」隱約聽到小孩子的吵鬧聲了，宜庭隨即也就掛了電話。

週末的午後，一如往例比預定時間提前赴約，一點四十五分左右我就抵達星巴克了，其實自己不太喝咖啡，早聞這家咖啡不便宜，再往內一看，沒想到裡面已坐滿了人潮，這些人都是所謂的「咖啡控」嗎？還是純粹前來朝聖「喝氣氛」的，只是不嫌吵了些嗎？在我左顧右盼時，宜庭邊揮手迎面便走了過來。

「Apple，妳想喝什麼嗎？妳要不要先去找位子，我來點就好。」宜庭識途老馬似地引領我到櫃台前。

「嗯，其實我也不知道要喝什麼？妳幫我點好了，只要咖啡因少些，我怕喝了晚上睡不著，還有，我不能純喝咖啡，要加牛奶的喔，順便幫我附上糖包，待會看多少錢我再給妳，謝囉！」我對咖啡實在一竅不通，完全看不懂眼前價目表上琳瑯滿目的咖啡名稱，反正交給宜庭點就對了。

「Apple，我幫妳點的熱拿鐵，這杯我請妳喔。」宜庭隨後端來了好香的咖啡。

「是喔？那怎麼好意思，謝謝啦，讓妳破費了，天哪，早知道我該喝小杯的就夠了，怎麼這麼大杯啊？」看到眼前馬克杯size時，我還真的被嚇到了。

「對不起，小姐，這裡沒有『小杯』size的啦，最小杯是『中杯』，我想說好不容易碰面，就點個『大杯』的，才能多坐久一點！妳能喝多少算多少，不要勉強，免得晚上睡不著覺。好了，趕快告訴我，有關於妳『仁兄』的故事吧！」宜庭顯然相當期待。

於是，就在店內鼎沸的人聲中，我還真像是在說故事般，描述了我和宇成認識的經過，甚至現今內心所擔心的那一塊，也都全盤托出來一吐為快。

「嗯，也難怪妳會憂心，聽起來好像有些複雜。我跟妳爸媽不太熟，不清楚他們長輩有多少的堅持，不過妳想聽真話嗎？如果可以的話，我覺得還是儘量選擇『門當戶對』，妳知道的，以前我哪會相信這一套？但婚後我才深深體會，不是說找對象，非得要找同樣的家世背景不可，但至少不要差太多，畢竟，結婚不是只有當事者兩人的事，而是會把兩個原本陌生的家庭給『綁』在一起的。」宜庭以過來人的身分說著。

「那，怎麼辦？我現在頭都開始剃了，總不能立刻喊卡就算了吧？何況，現在每天只要沒接到他的電話，我就會擔心或覺得哪裡怪怪的了……。」曾幾何時，每天至少一通電話，每週至少一次碰頭，這樣的生活方式，早已變成我和宇成的日常了。

「Apple，聽得出來妳應該很喜歡他，相信也開始投入感情了，我並不是要妳現在放棄，妳先別擔心，可以再觀察看看，等時機成熟，看有沒有機會帶他去跟妳爸媽認識一下，人家說的『見面三分情』，等看到他後，也許妳爸媽的觀念會改變也說不定。對了，他父母親知道妳的事了嗎？他們的想法又是如何？如果他爸媽沒意見，那就更單純了。」以前都是自己扮演旁觀者傾聽宜庭，沒想到有這麼一天，角色互換了，換成我困在感情的泥沼中。

「老實說，宇成來自單親家庭，好像在他還小時，父母就離異了，所以他算是媽媽拉拔長大的，他媽媽好像是郵局還是什麼銀行的主管，聽起來像是個女強人，目前一人獨居在台北，他媽媽的事，平常很少聽他提起，有機會我再試著瞭解看看。不過，再過幾個月他就要赴美進修了，所以他也超忙的，連我要跟他見面都不是那麼容易了，想製造機會讓他和我爸媽碰面，恐怕有困難。老實講，我完全沒把握我爸媽的『底線』如何，唉，再說了，很高興妳願意聽我說說，至少心裡頭感覺較不悶了。嗯，我的事就暫時先別提了，倒是好久沒看到可愛的小仔仔，他現在是不是很皮？宜庭，趁著還年輕，妳會想再添個小baby嗎？」終於有機會切入我關心的話題。

「再添baby？哈哈，饒了我吧！我被小仔仔都搞得一個頭兩個大了，嗯，好吧！讓我告訴妳，我可先講在前頭，妳別嚇一跳喔！」

「早在小仔仔還小時，憑著我第六感的直覺，他好像就有些怪怪的，叫他都不太理人，本來我還以為是不是自己太敏感了？可是，好幾次我都在他面前逗他了，他卻『視而不見』，我媽起初也認為我太神經質了，根本不以為意。

我還是不放心，而且越來越覺得不對勁，於是就先帶小仔仔去有認識的醫師那邊做初步的篩檢，結果醫生說聽力是沒問題的。等小仔仔都兩歲了，發現他還是不太發出聲音來，於是我鼓起勇氣，再帶他去給兒少精神科醫師看，妳猜結果如何？沒想到醫師初步認定，八九不離十小仔仔應該就是『自閉症』。其實不要說醫生的診斷了，光憑自己職業病的直覺，我的小仔仔就是哪裡不太對勁，只是自己不想太早去承認事實罷了！後來我們又換了家醫院做評估，得到的答案依舊。

當得知小仔仔是『自閉症』，對我媽來說簡直如晴天霹靂，然後她又舊事重提，怪我當初不該轉任特教老師，如今才會生下特殊孩子。我知道我媽已經失去理智了，才會把兩碼事混為一談。不過，除了我媽之外，我們全家所有人，也根本沒人能接受這殘酷的事實，包括我老公和老爸。每天看著小仔仔那可愛的臉龐，我就相當糾結不捨。

被醫師確診的那天，回到家後我哭了好久好久，哭到都沒氣力了，然後一看到小仔仔那張毫無瑕疵可愛的臉龐時，突然間一陣心酸，『老天爺為何要在這樣純淨的小孩身上開玩笑』？接著心中也即刻竄出了一個念頭，『別人家的特殊孩子我都能憑心盡力，教導他們踏出進步快樂的步伐了，何況是自己十個月肉身產下的小仔仔？比起那些學生，小仔仔應該更幸運了，因為，我確信我可以給他全部的愛』！然後心裡想，要是再這麼繼續哭下去，即便哭瞎了雙眼，也無法改變小仔仔是『自閉症』的事實。

也就是當下的那個念頭，讓我收起了負面的想法。那天痛哭之後，我和老公轉為積極，不再自怨自哀，開始尋求安排接下來小仔仔的早期療育。而且，我和老公也已經有了共識，無論如何，都要給小仔仔最好的教育，甚至不排除考慮舉家移民國外，讓他接受更好的教育環境。將來，我也不打算再添小寶寶了，妳知道的，我的體質不是那麼容易受孕，何況，我和老公打算用一輩子的心力，決定要好好陪小仔仔長大，等我們老了，小仔仔也絕對會是陪伴在我們身邊的小天使，所以說囉，我哪來的『三心二意』還能再去生個孩子呢？」

儘管眼前的宜庭依稀還泛著淚光，卻讓我見識到好友「為母則強」的一面，昔日貴為千金大小姐的那般嬌弱，在宜庭身上早已不復見。

「學校那邊有人知道妳的事嗎？如果有什麼我可以幫忙的地方，要跟我說喔！」此刻，再多的官場安慰，看來只怕都是多餘的了。

「Apple，有妳這句話就夠了！畢竟這是個人的隱私，所以沒必要我也不打算讓學校知情，平日我媽都還能幫我接送小仔仔上早療，需跟醫師會診或討論時，我也可以請假，不礙事的。謝謝妳！」宜庭相當安慰地抓著我的手。

「對了，妳目前的學生狀況，應該都還好吧？我們學校已經有好幾個較棘手的case了，我知道其中有一位好像是自閉症，聽說會自傷，老師也好像快疲於應付了，我現在專任的班上，也有情緒不穩的學生，很慶幸總算高三快畢業了，不過聽說以後我們學校高職部接收的學生，程度恐怕只會越來越重，因為輕度的學生可以的話，都嘛跑去高中職的綜合職能科去，根本不會來我們學校了。」換了個話題，這下輪到我唉聲嘆氣了。

「是喔？之前曾聽我們學校實習的老師說過，Apple妳們學校學生好像真的感覺較重耶，辛苦了！目前我班上倒還沒遇過較特殊的個案，不過，我有朋友在教育局，聽他說某國中特教班，現在好像有一位超『棘手』的學生，今年剛好國三，畢業後搞不好會去妳們學校就讀喔！他還說，你們特殊學校轉型是遲早的事，以後學生的類型勢必會變得更多樣複雜呢！」難得宜庭說起聽來的八卦消息。

「天哪～我接下來可是要接新生班的導師哩，妳說的那位棘手的孩子，要是真跑來我們學校，不就有可能讓我們教到？」我又開始窮緊張了。

這時，宜庭的手機突然響了。

「喂，喔，好，好，我這就回去。」聽說宜庭母親又搞不定小仔仔了，所以我們兩人的午後咖啡時光，只好匆匆劃下句點。

「Apple，感情的事就順其自然，有事想找人談時，晚上九點過後都可以call我喔，不好意思，我得先走了，掰掰。」

「OK，宜庭，妳自己也是，別給自己太大壓力嘿，心情不好時，也可找我聊喔！」

比起和宇成之間惱人的情事，頓時，更令人在意宜庭稍早前八卦的那位「棘手」學生，幾個月開學後，該不會就讓我遇上了？

我趕緊將剩下的拿鐵，一口氣喝完，只是心裡的五味雜陳，讓最後這一口的咖啡完全喝不出味道。然後這天的晚上，我又失眠了！

老師，妳上輩子欠他的！

「請問找哪位？」病房裡面那頭對講機傳來了聲音。

「不好意思，我是阿志的導師，前幾天已經有去電提前告知，今天會過來看他。」實在不習慣對著冰冷的對講機說話，我話才剛說完，「嗶」一聲，眼前的第一道鐵門就被打開了，等進入後，孰知眼前居然還有另一道鐵門擋著，正當我還在納悶是否該再按一次鈴時，裡面一位穿著白色制服的護理師，隨即便打開了第二道鐵門。

那是和宜庭碰面後的暑假，同事好多人出國的出國，度假的度假，我卻得單槍匹馬、獨自來到這輩子從未踏入的「精神科」病房，為的是要跟自己新生班的學生初次會面。當初宜庭口中傳聞的「棘手」人物，如今竟成了自己的「燙手山芋」，難道應驗了所謂的「莫非定律」？越是擔心的事，就越會發生？新生班抽籤的結果，這個世紀大「籤王」，好死不死就給我抽中了！

「田老師，妳抽籤前都沒去拜拜吼？」都什麼時候了，面對同事的冷笑話，差點害我想回敬一拳！

聽說阿志國中一畢業，在家就又「出包」了，結果就被救護車緊急送醫住院，新生報到時他還在住院中，因此，大家都未能一睹籤王的「本尊」，直到新生家訪時，我還是沒機會見到阿志本人，於是，好不容易才和醫院「喬」好時間，正巧專任的洪老師又有事不克陪同，只好落得獨自孤軍前往赴會。

「阿志，你好，我是你的高中老師，我是田老師。」護理師引領我來到他面前，我跟他做了簡單的自我介紹。

「妳好。」大概是有服用藥物的關係，阿志看似昏睡的神情下，勉強擠出了笑容。

「阿志，聽說你很喜歡畫畫，也會寫字，要不要畫一下給我看看？」然後我拿出一張準備好的A4空白紙給他，只見他很快地像「鬼畫符」亂畫一通，「好了」，說完後笑著就把紙交給了我，我看了當場傻眼，完全有看沒有懂。當下的他看起來只像是很疲倦，很難想像，國中老師和媽媽形容「發飆」時的他，駭人聽聞的模樣。

「不好意思，請問阿志目前的狀況如何？在醫院應該比較好些吧？」隨後我趁機跟護理長請教阿志的情形。

「其實稍早妳過來之前，他才大『發飆』過，也因此被暫時帶進個人觀察室約束。老師，他已經是我們這裡的『常客』了，這幾年來他總是進進出出的，對了，妳見過他媽媽了嗎？他爸媽現在好像分居了，媽媽好幾年前聽說就得了憂鬱症，然後爸爸好像都不太管事，平常阿志被送就醫時，幾乎都只見他媽媽獨自一人，我們看他媽媽挺可憐的，想說也是能幫就盡量幫忙。」看著護理長無奈地搖頭，讓我想起家訪時，阿志媽媽邊說邊拭淚的情景。

「老師，不好意思，我們家阿志需要讓妳們多費心了。不瞞妳們說，我這可憐的孩子，國中時就被好幾個學校像踢皮球似地，轉來轉去的結果，最後還好透過教育局的專業團隊協助，勉強有個國中願意收他，本來想說他只要有學校讀，我還能繼續改衣服的工作。老實說，也不怕妳們笑，他爸爸老早就有小三了，我們也已經分居，離婚是遲早的事，他爸爸根本已經無心在這個家庭了，還從以前罵到現在，說什麼千錯萬錯都是我的錯，怪說都是我的基因有問題，才生出阿志這樣的孩子。而且可惡的是，每次遇到學校通知阿志有事時，都是我自己騎著機車，趕往學校處理，他完全閃一邊也懶得管，還怕同事知道他有這樣的孩子。

為了我們家阿志，我曾經到處求神問卜，還跑去醫院檢查過，確定是不是我自己本身真的有問題。小時候的阿志，其實很乖，不太哭鬧，不知道是不是青春期叛逆的關係？記得他國一，第一次在家像瘋了似地把自己咬得血流如注時，我嚇到哭著去電到他爸爸公司求救，結果還被罵，說什麼他在開重要會議，要我自己先處理，最後也是我自己慌亂中叫救護車送急診的，從那時候開始，我就心寒了！當初要嫁他時，其實家人是反對的，後來我們『奉子』結婚，所以婚後娘家那邊也幾乎斷絕來往了，因此，只要孩子一出事，說什麼我也只能咬緊牙根，獨自一人面對。

隨著阿志『發飆』的次數越來越頻繁，『發飆』的情形也變得更嚴重，有一天我發現自己受不了，好想乾脆帶著他一起死了算了，幸虧是我改衣服的熟客，懷疑我是不是病了，好心地陪我去看醫生，才知道自己得了憂鬱症。

就這樣，整個家早就走樣了，我想乾脆離婚算了，只是一想到萬一離婚了，一時之間我帶著阿志還真不知往哪去，就又忍了下來。唉，大概是我上輩子欠他爸爸的吧？

阿志國中畢業前，老師就建議我把他送來妳們學校，說這是專門的特殊學校，老實說原本我對他都快放棄了，老師的話讓我又燃起了一線希望，看看他能不能在這裡專業的教導下，有所改變，我多少也可以減輕些負擔。我現在都不敢指望他爸爸拿錢給我們貼補家用，但是為了阿志，我都快沒收入了，工作有一搭沒一搭的，只要他一有狀況，跑學校或送醫的，遇到客人急著拿回衣褲，根本不會等我拖拖拉拉地修改，再說改衣服實在也賺不了多少錢，要是阿志能夠穩定好好在校上課，起碼我可以繼續修改衣服，或嘗試找份薪資較好的工作。」

「妳自己身體也是要保重啊！我們學校確實是比一般學校的資源多，有心理諮商及其他治療師等專業團隊，不過孩子的學習與進步，尚且需要親師隨時的配合，大家就盡力試試看吧。」記得家訪時，我是這麼跟媽媽說的。

才剛送走一個「比較級」情緒難掌控的小婷，如今又不得不面對可能「最高級」的阿志，伴隨而來的壓力，絕對是有過之而無不及，尤其阿志媽媽對學校及老師又充滿了期待，又讓我見識到另一位堅強的母親，儼然亞仁大哥母親的翻版，唉，難道全天下的男人，都非得要這麼虛偽自私不可嗎？阿志爸爸面對孩子的心態，簡直與當初的「楊伯伯」如出一徹。

「老師，大概上輩子妳也欠他的吧！」阿志媽媽有次半開玩笑說。

有沒有搞錯？到底是誰欠誰啊？阿志跟他媽媽的前世因果關係，干我何事！要不是念在媽媽想要拯救自己心肝寶貝的熱血沸騰，我才決定跟著潦落去。

「老師，阿志的手流血了！」

「老師，阿志狂奔到走廊去了！」

「老師，阿志把桌椅翻倒了！」

「天哪～他已經把身上衣服扒光了……。」比起之前小婷還會「分解動作」慢慢褪去衣衫，阿志彷彿「訓練有素」，一下子秒殺就脫個精光。

「我要去醫院，我要去醫院……，哇嗚……。」然後阿志失控大哭大叫了起來。

「老師，妳的作業單，被阿志撕個粉爛了……！」

「哎，今天的午餐真不好吃！」我才正要跟專任洪老師發起牢騷時，突然「碰」一聲，轉身一看，我的媽呀！阿志不但摔了桌椅，然後全身迅速又脫個精光了！

「老師，阿志今天一早的臉色就不太對勁喔，妳待會可能要小心一下。」要不是一大早校車隨車助理老師的來電預告，我鐵定會被眼前突然光著身子的他給嚇壞了，原來，阿志一下校車後，沿途就邊脫衣服邊進到教室來了。

開學前，我們老師就和學校專業人員，以及醫院的醫護人員和社工，不知做過幾次的商談和個案討論，也研擬了個案漸進式的處理ＳＯＰ，原以為自己早做好心裡準備，沒想到「本尊」阿志一現身，接二連三地「發飆」，簡直是疲於接招，而且都快要「破功」了！

每次阿志的大發飆，事前有時有跡可循，大部分情況幾乎都很難預測，他不僅秒間迅速扒光衣褲，還把自己的手狂咬得血流不止，那樣嚇人的場景，真的是自己從教以來首次所目睹，只能用「震撼」兩字形容！為了防止他再度自傷流血，每次都得動用包括自己至少兩三位老師，依ＳＯＰ步驟，啟動「約束衣[6]」的制約模式，然後一陣手忙腳亂後，好不容易才讓阿志穿上約束衣，等到他冷靜的同時，還得及時安撫其他早已被嚇得目瞪口呆的班上同學。

「你們班的阿志是怎樣？身材一定很棒吼？要不沒事幹嘛那麼愛秀自己body啊？」很快地，阿志一脫成名，在校園間迅速竄紅了！

「田老師，妳怎麼都不怕？好淡定喔！」

「我不怕？最好是！妳沒看見我在幫阿志穿上約束衣的手，都還在發抖呢？他前一秒還好端端的，後一秒說變就狂變，拜託，我也被嚇到了，好嗎？但我可是導師哩，如果我都驚慌失措的話，那其他學生該怎麼辦？」

阿志的「失控」，都是如此地震撼了，發生在學校或醫院，尚且還有七手八腳的人力協助處理，倘若是在家裡遇到了，實在令人難以想像，單憑阿志媽媽一人，是怎麼獨撐過來的？光是這點，讓我越來越同情他媽媽了，同時，也做好了隨時「長期抗戰」的心理準備。

6　約束衣通常有著很長的衣袖，以限制穿戴者上肢活動，目的在於保護他人及阻止自我的傷害。基於醫護人員的建議以及安全的考量，只有在迫不得已且在家長的同意書之下，學校才會使用約束衣。

有段期間，還好有輔導室其他的專業人員，秉持共同的革命情感，大家每週召開一次個案會議，每月至少一次總檢討，所以，我並不是孤軍奮鬥。只是身為第一線「執行者」的自己，經常像身處壓力鍋中，面對前所未有的壓力，後來甚至「內耳中樞失衡」的暈眩問題，還一度找上門。

「搞不好還沒等他跳樓，我就先跳了！」

聽說阿志國中時代曾有作勢跳樓的紀錄，當遇到自己壓力大到都快喘不過氣時，我也曾有過如此地自我解嘲。

就這樣，現實外在的壓力，和自己內心的鬥志，不時拉拉扯扯的情況下，眼見阿志的狀況似乎有了起色，孰料，暑假都還沒開始就功虧一簣，因為，阿志在家發生了緊急狀況，又被迫送去醫院報到了。

「老師，我終於和他爸爸ㄘㄟˋ了！為了『離婚』，我差點和阿志爸爸鬧上法庭，搞得自己心力交瘁，根本沒有心思去照顧他，有一晚，我和他爸吵到屋頂都快掀掉時，阿志大概也被那股瘴氣受影響了，突然像發瘋似地，又開始邊咬自己的手，然後咻～地立刻衝出了家門，沒辦法，我趕緊叫救護車，送他去掛急診了！」事後媽媽跟我抱怨。

於是，一切的努力，隨著阿志的「家變」，又重新回到了原點。失去了完整的家，阿志的媽媽嘴巴都說無所謂，自己都淪落「切心肝」的孤鳥了，哪有氣力在乎阿志是否正常鳴叫了？或許，被迫接受單親的事實，成了壓倒媽媽的最後那根稻草。

阿志的生活，依舊在鐵門內的病房居多，媽媽累了也倦了，曾幾何時，黯然地逐漸退出這場不知為誰而戰的戰役。後來，阿志到校宛如「沾醬油」般，「顧安全就好」，媽媽不再抱有任何的奢望了。

躲過SARS的風暴

「妳如果再有發燒感冒的症狀，記得，千萬一定要先回醫院做篩檢喔！」

有一天，我又因咳嗽去醫院報到了，比起舊疾的胃病，自己動不動就咳嗽的歷史，溯及起來可更淵遠了，早在還是國中時代，源自一場未完全治癒的感冒，以致成了慢性支氣管炎的後遺症，為此，好幾年的夏天，我都只能望冰品興嘆，差不多都快忘記剉冰是什麼樣的滋味了。

因此，自己早已是胸腔科的老病號了。那天當我離開醫院診間時，外面SARS的疫情儼然風聲鶴唳，此時，也止是北部和平醫院開始面臨是否封院的時候，我的主治醫師曾語重心長的叮嚀。雖然如此，自己可不認為會是SARS疫情下的某個「衰咖」。

後來沒多久，有一天週日在屏東老家，清晨醒來，突然覺得整個頭昏腦脹，翻箱倒櫃找來好久沒用的舊式體溫計量了一下，好像有又好像沒的發燒，當下無法證實是否發燒了，唯一可確認的是，整個身體軟趴趴的。

「りんご，妳ㄟ頭殼額仔（額頭）燒燒ㄋㄟ，我好湯載妳去病院，『包袱』嘛勢刷（順便）卡緊款款ㄟ，緩誰（搞不好）妳這一進去病院，就會被『關』起來了！」父親不像是在開玩笑，難得細心提醒我準備好住院的東西，我這才猛然想起最後一次回診時醫師所交代的話，於是慌亂中，隨便抓了幾件衣物，還帶著「壯士一去兮不復返」的覺悟，然後就搭上父親的車。

結果一抵達醫院，院方如臨大敵，緊急幫我量了體溫，確定發燒無誤後，即刻又做了肺部X光檢查，一旦肺部發現有浸潤，我大概就回不了家，所幸，只是虛驚一場，最後急診醫師判我「無罪」，得以脫身逃離醫院。

「好加在，如果妳真的叫病院『關』入去，嘛免想欲叨轉來（別想要回來）了！」父親這才如釋重負。等在醫院吊完退燒點滴，休息觀察後，我聽到了父親肚子的飢腸轆轆聲了，因為整個清晨的慌亂，兩人早餐都還沒吃呢！於是我們父女兩人就在回家的路上，隨便囫圇吞了早點，然後像是歷劫歸來。

那天從醫院返家後，燒是退了，還好自己不用被隔離，只是沒幾秒就牽動全身的咳嗽，輕則搞到全身汗涔涔，重則讓自己幾乎體力透支，最後不得已，只好隔天向學校請假。

「田老師，妳乾脆就多請幾天假，好好休息，阿志這段期間也剛好住院，班上應該較不用擔心，課務學校會幫忙處理，妳還是趁這時候好好把身體休養吧！」於是，就這樣，難得請了一週的病假，我留在老家屏東做自我隔離。

「田老師，還好妳平安返校了，否則，學校這邊還在考慮，是否該向教育局通報，準備全校停班停課了！」

當結束在家自我隔離返校後的某一天，學校主任這麼說。

一開始我還以為那只不過是主任的玩笑話，後來才聽說，原來當初我請了一週的病假，的確造成學校小小的虛驚一場，怪不得在自己休養的那段時日，三不五時總是接到來自學校「關切」的電話。

如果可以因為我的關係，讓終日辛苦的同事們，順便跟著「休息」幾天，那何嘗不是件小確幸啊！

特教的魔咒？

「曉蘋，妳有沒有可能考慮跟著我到美國去，我攻博士，妳也可藉機會再進修？」在宇成出發赴美前一個月的某個晚上，突然深情地望著我。

「啊？」這是所謂的求婚嗎？會不會太急了？我毫無心理準備，不知如何回答。

「哈，不好意思，有嚇到妳嗎？妳不用急著回答，我在想這次一去美國，不知幾年才會回來，學校這邊我打算只留職停薪一年，到時候再看看情況，有機會的話，也許就留在那邊工作不回來了，其實就算我最後拿了博士選擇回國，也可能不再回來現在的學校。當年要不是因為我母親身體的關係，現在我人應該還繼續留在美國吧？老實說，我較喜歡美國的環境，未來也許有變數，因此，我希望妳能考慮先過來，當然在妳決定是否一道過來前，如果有空，妳可以先飛來看看那裡的生活。」他自顧自忘我地編織起未來的藍圖。

「嘿呀，真的有被你嚇到了，坦白說，我從沒想過跳出現有的生活圈，何況如果我這一出去，目前學校穩定的工作勢必得中斷，這可不是開玩笑的事，讓我好好想一想。」事出有點突然，我心中卻已經有了答案。

「曉蘋，妳和宇成老師最近怎麼了嗎？你們現在到底是『ing』進行式？還是已經變成『過去式』了？這陣子我看他都來去匆匆，進辦公室後沒多久就又急忙趕往上課，然後臉上好像都擺著一張撲克臉，以前看到我都還會打聲招呼，現在感覺倒像是視而不見，我知道他離赴美的日子已經在倒數，很多事要忙，也犯不著這樣……。」自從居中穿線宇成和我認識後，本就不常聯絡的怡君變得稍微熱絡些，那晚她又來電。

「妳想太多了！宇成可能太忙或沒注意到妳吧？我和他還是老樣，他跟我說過這週前，得寄出快要截止的paper，大概是忙昏頭的關係吧。」怡君是同學中出了名的「大嘴巴」，想想實在也沒必要跟她報告我和宇成的現狀進展。

「曉蘋，看來妳真的不知道他家的事囉？」怡君開始故弄玄虛。

「他家發生什麼事啦？」怡君怎可能比我更清楚宇成家的事？

「哇咧，妳真的不知道嗎？這下叫我不知該不該說了？他這陣子好像因為妳的事，跟他媽媽鬧起家庭革命了！」怡君有點賣關子。

「真假？我沒聽他說。不過直到現在，我都還沒跟他母親照過面呢！怎可能因我鬧家庭革命？」實在有些聽不下去了，就算真的有事，我寧可親耳聽他從口中說出。

「聽說宇成母親知道妳和他交往後，氣得暴跳如雷喔！」怡君還不死心地繼續說。

「嗯，我知道了，謝謝妳告訴我這件事，有機會我再試著瞭解看看，我先忙了，掰掰。」

隨後，我便發了個簡訊給宇成。

「我有個好吃的點，今晚要不要一起去吃看看？」

「ＯＫ，我正好也有話想跟妳說。」沒多久宇成也回了訊息。

「不好意思，之前想邀妳一道赴美的事，就先把它忘了吧！」當晚，原本想伺機了解宇成和他母親的事，沒想到晚餐都還沒入口，我們進餐廳才坐下，他就給了我當頭棒喝。結果，那晚後來吃進去了什麼，我完全不記得了！

「先別提去美國的事，你還好吧？最近幾次跟你出來吃飯，看你胃口都不太好，所以我想說今晚的『義大利』，是不是可以把你的胃拯救一下，聽說廚師可是待過米其林餐廳呢！」

「嗯，這幾天除了忙還是忙，期末學校要交的學生成績，還有留職停薪前好多雜事需處理，最重要的是，美國學校那邊要準備的文件尚未備齊，本來想開始先打包委託船運到美國的東西，結果也沒時間整理，我在這邊都搞得焦頭爛額了，每天晚上還得聽我媽長途電話的叨念，每次聽完都像做了場惡夢，還沒躺下睡意全消，我都快抓狂了！」沒想到宇成開始宣洩快要潰堤的情緒了。

「有什麼事可以讓妳媽，碎碎念到你受不了的？」

「本來不想跟妳說，怕妳擔心，但這件事遲早要讓妳知道的，何況我認為妳我之間不該有任何隱瞞的事，所以我想，該坦白跟妳說，不過妳可要有心理準備，聽好⋯⋯。」從他口中讓人嗅出了不尋常的氛圍！

「妳還記得我們跟怡君吃完飯後的那晚，我不是搭末班自強號回台北嗎？那天夜半我回到家，我媽就和我起了爭執。我提了妳的事，哪知她光聽到妳是南部人，就沒好臉色，接著聽說妳是特教老師後，居然連續『嘖』了好幾聲！我說老師很好啊，妳兒子不也是老師？而且她還是公立學校的特教老師，很有愛心啊！後來我媽還想跟我碎念，因為我太累了，索性就關上房門倒頭大睡。

沒想到隔天一早，我早餐都還沒吃，她又繼續前晚的『說教』，接下來我說的妳可別在意喔，她說『特教老師的素質都不是很好，通常都是那些考不上普通學校老師的人，最後不得已才去當特教老師的』，然後又說我是碩士，將來取得博士學位後，起碼也得找個碩士學位的對象才適合。我知道我媽一旦生氣起來，不是一下子就可息怒的，後來我實在不想再跟她談下去了，所以，妳沒發現那個週末，我比預定的時間提早回來高雄嗎？」他越說越激動。

「唉，妳媽說得也算是事實啊！當初我要是考上師專，應該也不會繞這麼一大圈後，再來當特教老師了。」

雖然無奈，沒想到宇成媽媽竟在我的學歷上大作文章，這不禁使我想起向來對學歷也論斤論兩計較的姑姑，也曾當著自己的面毫不留情說過，「女方跟妳是同一所私立大學畢業的，根本不適合啦！想當我們家媳婦，至少也要國立大學畢業的」。當年有人想幫國立研究所畢業的表哥相親，就因女方跟我同樣係出私立學校，結果完全沒出線的機會，就慘遭被封殺！

「本來我還在想，是不是該在出國前，找個時間讓妳和我媽見個面，怎知那之後只要一聽到我提起妳，她就變得相當敏感，這陣子更變本加厲，她幾乎是天天電話中說著說著就哭了，昨天又哭得歇斯底里的，我真不知道該如何是好？」眼前的義大利麵都涼了，只見宇成眉頭深鎖，一口都沒吃。

為反對子女婚事而哭得死去活來的父母，好像只會在八點檔的戲劇裡看到，沒想到有一天這樣的情節，竟在自己的日常中活生生上演，真是太不可思議了！不過換個角度想，將來我爸媽要是知道，目前自己交往的對象，不巧正是他們排除的「異議」份子時，是不是也會跟著八點檔的劇本走，然後哪天甚至意外出現「斷絕父女或母女關係」的橋段？

話說回來，將來只要自己再去充電，基本資料的學歷一欄，想要加個碩士應該不難，另外，我若是再去補修幾個教育學分，哪天要轉任成為一般的教師，或許也不是不可能。如果有一天，只是為了要迎合宇成母親的需求，我也是可以做這些改變的。

「如果妳轉到一般學校，以後人家要幫妳介紹親事，聽起來也較好聽，妳說是不是？」

突然想起好幾年前，特教學分班蔡主任跟我的勸說，難道，他的那番話一語成讖，「特教」的魔咒上身了？即便如此，我想也不可能再回頭了。

那個難忘的夏天

自從那晚第一次知道宇成媽媽的想法後，在好幾次的午夜夢迴裡，心想乾脆放棄算了，我又何必無端成為他家的「加害者」，還得逼迫無辜的他，為兩個女人「夾縫生存」？但，坦白說又捨不得，畢竟自己好不容易才剛咬下戀愛酸甘甜的滋味。

「我媽現在每晚幾乎奪命連環扣，然後動不動就又聲淚俱下，大概她人在台北無法阻止我們見面，至少也要弄個我耳根不得清靜吧？唉，在我很小的時候爸媽就離婚，我對我爸幾乎沒印象了，或許從小就跟我媽相依為命，她對我的佔有慾很強，所以當她知道妳的出現時，就怕我會被妳給搶走了。

從小到大，在家很多事都是她說了算，其實我很早就受不了她的『獨裁』，當初出國唸書，一方面也是想跳出她的掌心，那年要不是因為她生病，我才會回國，然後不得已選擇離家較遠的高雄任教。

很多事我媽都想一手操控，我的感情乃至婚姻大事，自然也不例外，只是，我覺得她對妳似乎很有成見，總是為反對而反對，為此我曾跟她大聲說話惹毛了她！結果，一下子我媽不知打哪蒐集來的口袋名單，然後『每日一推』，積極慫恿我去認識不同的對象。坦白說，從小到大，我沒有一次鬥得過我家這位『慈禧太后』！現在光是處理接下來到美國的事，都焦頭爛額了，我也好幾個晚上沒睡好，根本沒心思和我媽天天對抗！

所以，我選擇投降了！看來我們恐怕只能先當朋友，我已經無法想到以後的事了，也許……，嗯……，先讓彼此心情沈澱一下吧！

不過曉蘋，等我去了美國，我們還是可以像以前一樣，用msn或mail，甚至用skype聯絡喔！」

那是他出國前，最後一次我們的通話。

然後當他搭機離台那天，為了避免跟他家的「老佛爺」大眼瞪小眼，我也沒出現在機場。隨著他悄悄的遠去，原本一開始盤算在他赴美塵埃落定後，趁著暑假順便來個赴美「探親」的計畫，自然也就跟著胎死腹中了。此刻的心情實在糟透了，宛如從天堂一下子掉入地獄般。就在自己差點要啟動「行屍走肉」的生活模式前，一件事情發生了！

「大哥，你怎麼右半邊臉一直抖動，要不要緊啊？」那天我才剛踏入屏東老家，正巧大哥也回來，旁邊的小姪子翔翔，手裡拿著好幾隻恐龍自己在旁邊比劃玩著，我一眼卻發現，坐在沙發上跟母親聊天的大哥，半邊臉異常地抽搐著。

「我上個禮拜開始，頭就覺得不太舒服，耳朵有時好像也不太能夠聽清楚，然後右半邊臉偶而的小抖動，好像昨晚才有的，之前我有先去讓我認識的家醫科看過，他說可能是什麼內耳中樞失衡，可是吃了一個禮拜的藥後，好像也都沒怎麼改善，我昨天又再去看了一次，醫生說這次再服藥看看，若沒改善的話，最好到大醫院檢查一下。」看得出大哥似乎仍不舒服。

「大哥，你今天有開車回來嗎？我覺得你現在這樣，最好別開車，太危險了！要不要回家時搭我的車回去？」

「今天是妳大嫂載我過來的，她先去跑案子，說好下午過來一起用餐後，再載我和翔翔回家。」大哥話剛說完，家裡電話鈴聲就響起來了，母親忙著接電話，不料旁邊的大哥嘉興，卻表情極其痛苦地摀著自己的耳朵！

「大哥，你怎麼了？」我大叫了一聲！

「我頭好痛，電話的鈴聲，讓我耳朵刺刺陣痛，很不舒服！」

「阿華打來的，說她已經結束了，會提早過來！」母親接著說。

「大哥好像很不舒服的樣子，大嫂，妳趕快過來，看是不是待會就送哥哥掛急診？」我直接搶過話筒便跟大嫂說。

後來，午餐都來不及吃，大嫂趕緊開車載哥哥直奔高雄的大醫院去，因為不放心，我隨即也開車緊跟在後頭。

「看來有點緊急，可能需住院進一步檢查，我們要確定他腦裡是不是有長東西，所以立刻需安排做超音波、電腦斷層，甚至不排除核磁共振的檢查。」急診醫師立即做出了回應。

「天哪，怎會這麼嚴重？還好及時送來急診！」大嫂嚇得眼眶泛紅。

「大嫂，先別擔心，醫師只是懷疑，讓大哥做個澈底檢查也好，今晚至少他人在醫院了，我們也較安心，妳要不要先回家幫他準備一下住院的東西？這邊有我先陪著。」我先試著安撫六神無主的大嫂。

就這樣，大哥嘉興在歷經種種的檢查後，醫師確定了他的大腦裡，長了顆超大的腫瘤。「你們看一下，他大腦的瘤，已經壓住了整個腦幹，就像是米老鼠的頭，只剩下左邊的耳朵沒被這顆瘤給蓋住，這應該是持續很多年了，才有辦法長這麼大！還好看起來像是良性的，不過，因為已經嚴重壓迫到他的臉部神經了，所以必須馬上開刀！至於開刀的部分，我還是得說明一下，最壞的結果，恐怕有百分之三十的機率，可能造成癱瘓甚至死亡。」

後來，主治醫師在我們全家包括當事者大哥的面前，邊看著電腦影像畫面，邊說明他這次手術可能面臨的風險。

醫師話都還未說完，大嫂早已別過頭偷偷啜泣了。當送走了憂心的父母親之後，正要走進病房前，我隱約聽到大哥窸窣的悄悄話，像是在跟大嫂交代後事。於是我只得暫時抽離病房，讓大哥夫妻倆獨處一下。

比起大哥嘉興接下來可能面臨生死一搏的手術，自己不久前的小小情傷，又算什麼？

由於事不宜遲，主治醫師術前開刀風險的說明過後沒多久，就在一個大清早，大哥被安排第一刀，送進了手術房。

在開刀的前一天，母親親手交託大嫂，囑咐要大哥開刀前，千萬務必喝下從「聖母娘娘」那裡求來的符水。當母親離去時，我還依稀聽到母親的喃喃自語。「妳這死查某囡仔，妳嘛嘎差不多ㄟ，我都幫妳『安搭』好啊，是按怎擱來找妳小弟的麻煩？」

大哥自被推入開刀房後，親家們也就是大嫂的爸媽全都趕了過來。結果歷經了一個上午，上頭的顯示燈，始終停格在「田○興手術中」。實在不忍父母親和親家四位老人家望眼欲穿的枯坐，我提議他們先行回家休息。於是手術室的家屬等候區，我們這家子後來就剩下我和大嫂，以及姪女小玫，至於小姪子翔翔，也跟著爺爺奶奶先回家去了。

掛在家屬等候室牆上的時鐘，每走過一分一秒，我們內心便多了份不安，「田○興」的燈號，仍舊繼續維持在「手術中」，相對於醫院內的等候煎熬，醫院外頭的世界卻過得好快，轉眼已經華燈初上，不忍大哥的「孤軍奮戰」，大嫂說什麼都要堅持守候，我只好先把姪女小玫載回家，再幫大嫂帶回晚餐。

慢慢地，家屬等候室從一早的門庭若市，隨著過了晚餐時間，一個個開完刀的患者陸續被送回病房後，只剩下我和大嫂，對於身旁邊擺放著的幾餐食物，大嫂幾乎都是食指未動，從早到晚，她都聚精會神邊唸著佛號、然後邊滑過一顆顆佛珠的手指卻從沒停過。我相信大哥一定會沒事的，只是牆上的鐘又悄悄地指向10的數字，眼見就將要走入黑夜了，「田○興」的燈號像是故障似地，持續停在「手術中」……。

終於在牆上的鐘走到快十二時，「田嘉興家屬請到手術房前等候」，儘管燈號仍顯示在「手術中」，一聽到呼叫家屬，我和大嫂立馬便飛奔到手術室前。

「很抱歉，我們已經盡力了，可是田先生的這顆瘤實在太大了，而且一不小心就有可能傷及腦幹的部分，所以我們儘可能小心地去處理，可惜，我們還是沒辦法把裡面的瘤一次完全清除掉，至於還有多少殘留，要等他清醒後，必須再照一次電腦斷層才能知道，之後不排除需再動第二次的手術。」主治醫師像是剛跑完馬拉松般，眼裡佈滿血絲疲憊地向我們說明。

這個夏天，大哥最後從鬼門關走了一遭。腦袋瓜開完刀，經過「重新啟動」後，有一段時間，大哥右半邊眼睛只能半張開著，同一側的耳朵聽力也受損了，不幸中的大幸，大哥算是撿回了一條命！

我之所以去不成美國，原來，老天爺早就安排好了，是要我留下來陪大哥的。

閨蜜的出走——從此離開特教圈

「曉蘋老師，妳有沒有保『教師責任險』？」在學校素有「保險達人」之稱的林老師，有天無意中跟我閒聊了起來。

「什麼是『教師責任險』啊？」對於保險這塊自己完全是門外漢。

「因為學校現在學生障礙程度每況愈下，而且學生的狀況越來越多，國中部不是有位出了名的阿慶嗎？聽說他會打人，不過妳知道嗎？他攻擊的對象不只是同學，那天他們班導陳老師，差點也被揮了一拳呢！我們當老師的，對於學生萬萬打不得，可是，難保哪天輪到我們也要挨學生的揍啊，到時候萬一受傷或怎麼的，那可是求償無門哩！

還有，因為學生的身體狀況也越來越糟，病弱的或坐輪椅的，也越來越多了，這些行動不便的孩子，更需要安全的顧慮，但是我們又不可能全天候盯著他們，萬一有什麼任何閃失的話，總是有保險有保障，我曾經問過我熟悉的保險專員，目前聽說好像還沒有業者，願意幫我們特教做這塊『教師責任險』哩！」林老師進一步說明。

林老師不愧是學校教師會的會長，頗有先見之明，只是沒聽還好，越聽越挑動了自己緊張的神經。

「林老師，如果你有找到這方面願意配合的保險業者，麻煩跟我通知一聲，我也想加保喔！」

「沒問題！如果有找到適合的保險業者，必要時，我考慮是否也在大家開會時公布此訊息，讓其他有意願的同仁也能加保。」會長頗以為此事攸關老師的權益。

才剛聽完教師責任險這回事，沒多久，好友宜庭那邊就出事了！

整個夏天，我心思幾乎全都放在大哥身上，等他逐漸復原後，自己腸胃又ㄍㄧㄥ出了毛病，只好再去找宜庭爸方醫師報到。

「我說曉蘋啊，妳大哥還好有妳的幫忙，不過自己的身體也是要顧好！尤其聽說妳們的學生越來越不好教，老師可不好當啊，像我們家宜庭，又不是不認真，前陣子居然被搞得烏煙瘴氣的，我們想說，反正家裡也不缺她一人賺錢，勸她乾脆離職算了！妳應該已經聽說了吧？她和我女婿要移民去美國了。」難得看到方醫師有些情緒。

「宜庭要移民喔？方伯伯，發生什麼事了嗎？很抱歉，前陣子忙我大哥的事，一直沒跟宜庭聯絡，我記得以前宜庭有說過，想讓小仔仔受較好的教育，不排除到國外去，怎麼說移民就要移民了，這麼突然？」我一直都很佩服宜庭向來的「行動派」，只是沒想到她決定移民的消息來得這麼快。

「看來妳真的不知道她發生什麼事？她九月中就要出去了，我女婿會先一塊過去，短時間內，他還是會美國台灣來來去去，這裡的牙醫工作還會繼續。還有，宜庭她媽媽不放心，我想說是不是也該退休了，所以，我大概會趁這機會順便把診所給收了，然後全家都搬到美國住。曉蘋，有時間去陪我們家宜庭聊聊吧，前陣子她還蠻鬱卒的呢！」於是看診完，我順道又過去看宜庭。

「Apple，太好了，我還以為出國前看不到妳了呢！妳都聽我老爸說了吧？不好意思，到現在才讓妳知道我們要移民到美國去。其實，一放暑假沒多久，我曾想試著跟妳聯絡，但心想搞不好妳跟妳男朋友出國去了，之後自己也忙，所以想也許等我去美國安頓好後再跟妳聯絡。妳這個暑假後來有去美國嗎？」一看見我，宜庭似乎一掃過去幾個月來的陰霾心情。

「唉，別提宇成的事了，我跟他應該over了！說來話長，以後有機會再慢慢跟妳說。妳知道我大哥開腦嗎？其實整個暑假，我都忙著我哥的事，所以也沒時間找妳，還好今天去找妳爸看腸胃又聽說妳的事，否則妳這一去，我們不知道何時才能碰面了。妳爸說妳們要移民，所以，妳連工作都辭了嗎？」

「唉，要不是期末學校發生的那件事，我也不會這麼快就決定出走。」宜庭立刻又浮現淡淡的愁容。

「到底發生什麼事了？」

「那是我們在星巴克敘舊完的事吧？有天，在學校的最後一節課時，小仔仔醫院早療中心那邊突然來電，說他有點異狀，一直生氣頻頻咬自己小指頭，怎麼轉移都無效，早療中心的人希望我能提早過去接他，那天最後一節其實我沒課，不過因擔心我若提前去接小仔仔，大概會來不及返校協助學生放學，於是我就口頭先麻煩任課的王老師，幫我看一下放學，然後我邊去電人事告假一個小時，打算隔天回校再補假單，接著趕緊就邊發動車子，直接往醫院去了。

結果聽說那天放學時，我班上一位過動生衝著急欲離開教室，王老師怕那位學生橫衝直撞發生危險，趕緊跟在後頭追，可是她沒注意到這頭剛走離教室穿矯正鞋的另一學生不小心被擦撞了，於是連同旁邊協助牽她的班長，像骨牌效應連番倒了下來，班長只是小小擦傷，但穿著矯正鞋的那位學生，則因重心不穩倒地後站不起來！王老師發現後，緊急請學校其他同仁協助，把學生扶起後迅速送醫！隨即無辜的王老師，還和學校主任一起跟過去醫院，當下王老師也用手機聯絡了我，那時我才剛抵達小仔仔醫院的門口，只好又臨時去電給我媽和醫院，改叫我媽過來接回小仔仔，然後自己才直奔學生被送往的醫院。

當我趕到醫院時，稍早被通知已趕到醫院的學生爸爸，便氣急敗壞地破口大罵！『妳這導師怎麼當的？學生放學時人跑去哪了？我女兒在急診室都這麼久了，妳現在才出現！妳看要怎麼賠償我們？妳一定要負起全責，否則我要告到教育局去！很差勁ㄋㄟ，妳這老師怎麼當的？都不管別人家女兒的死活！』家長緊咬我放學的第一時間不在現場，才會造成他女兒受傷。哎，怪就怪在放學時我確實人沒在現場，妳說，我還能說什麼嗎？那時候，我無法形容蠟燭兩頭燒的心情，於私，我都不確定我媽那頭是否已搞定，心裡頭還懸著小仔仔，於公，我也只能頻頻跟家長賠不是，不敢再說什麼。」一宜庭邊講邊委屈地掉下淚來。

「後來呢？事情有圓滿解決了嗎？」

「憑心而論，每次的放學，我都是陪著那位學生，等到最後才被家長接回去的，就這麼一次不得已因小仔仔的事，我才破例請王老師代勞放學。平常那學生的爸爸，其實都不參與或關心孩子在學校的事，聯絡簿不看就罷了，就連當初幫他孩子申請補助矯正鞋的資料，都還讓我三催四請差點逾期，想跟他討論有關專業團隊復健的事，爸爸也都不理不睬，如今，為了這場意外，他馬上就跳出來，左一句右一句，她爸爸說什麼都要我賠償，我自認理虧當然也責無旁貸，不過，後來他大概有聽說我醫生世家的背景，老公又是醫生，所以最後竟趁機敲竹槓似地，來個『獅子大開口』呢！」宜庭邊說邊嘆氣。

「妳那位家長索賠多少？」

「妳知道嗎？她爸爸一開價，居然就是五十萬耶！說什麼醫療費，還有後續的復健費用，加上女兒被嚇到的『精神補償費』，還說如果我不答應，他會鬧到教育局，甚至讓我上媒體！」宜庭邊回憶邊搖頭。

「我學生的皮肉傷是事實，不幸中的大幸，還好沒有骨折，因為醫生擔心是否撞到頭，才建議留院觀察一天，所幸最後檢查都無大礙，但她爸爸那邊還是不肯罷休，在學生出院後，爸爸堅持要讓孩子先在家休養，說什麼怕一回校萬一又有個閃失，同時明示暗示，必須等到這件事有個『圓滿交代』後，他才放心讓女兒返校歸隊。

學校主任及校長也都出面協調了，最主要平常我就不是來混的老師，但一時之間依舊擺不平，搞到最後不得已，還是我媽商請議員介入，結果才以二十萬元『成交』，學生爸爸還說『勉為其難』接受，事情才算平息告一段落。

這事件讓我相當心寒，同時也讓我意識到，隨著小仔仔的長大，將來可能會面臨更多的問題，我也擔心自己無法兼顧工作和小仔仔的教育，因此，我和老公商量後，毅然決然辭掉這份老師的工作，婆家和我娘家家人也都相當支持。辭掉工作後，我希望能全心放在小仔仔身上，也相信移民他邦後，對於小仔仔、對於我，都將會是好的。」宜庭臉上又恢復昔日的自信樣子。

「天哪！我都不知道妳發生了這麼多事，那段時間想必很煎熬吧？還好妳都撐過來了！我想現階段，的確沒有比找到適合小仔仔教育環境，更重要的事了！其實小仔仔很好命耶，出生在妳們家庭，有妳們這群家人的支持和呵護。宜庭，妳離開這樣紛擾的工作環境也好啦，真令人羨慕啊！離開台灣前，如果有什麼我可以幫忙的，別客氣，要跟我說喔！如果妳還可以擠出一點丁的時間，咱們再找個時間，讓我好好跟妳餞別吧！」錯失了跟宇成好好送別的機會，我可不想再錯過跟閨蜜好友的話別。

「曉蘋老師，我找到有人願意做『教師責任險』了，這裡有份加保的資料，妳填寫完先交給我，等資料送齊後，保險公司的葉小姐專員，會過來再跟妳收錢，ＯＫ？」就在跟宜庭深長談後沒幾天，教師責任險的加保也終於有譜了，會長林老師第一時間，親自送來了加保的申請資料。

沒有好友宜庭家優渥的背景，我知道自己的人生只能靠自己，可不容許有什麼二十萬元的閃失啊，所以，我毫無猶豫地，很快便填完了加保的資料。

接連從天而降的意外禮物

「拜託，病院的機器是不是有問題啦？這小數點應該是點錯了吧？哪有可能數字破百？」暑假大哥住院開刀時，醫院剛好打出「爸爸節正子攝影優惠價」的廣告，也不想大家都在兵荒馬亂的節骨眼了，看著廣告的父親，居然嘴裡念念有詞說要給自己爸爸節的禮物，沒想到後來，父親還當真買了這份「正子攝影」的優惠禮。

不做攝影檢查還好，檢查的結果出來了，聽說攝護腺的部分有點黑影，醫院便建議父親找院內泌尿科醫師做進一步檢查。

或許是冥冥中注定的吧？就這樣，繼大哥之後，家人旋即又展開另一段意想不到的醫院之旅。

醫院推薦的泌尿科主任，讓父親做了抽血ＰＳＡ篩檢，結果數據顯現罕見的三位數123.5超標，父親一開始東扯西扯，一下子歸咎醫院機器故障了，一下子怪說是小數點點錯了，可是，即使真的小數點點錯位置，數據也未免太不尋常了，於是，他又跑趟住家附近認識的檢驗中心再抽血看看，檢查的結果同樣都呈現三位數，這下可好了，說什麼也不可能湊巧遇上兩邊檢驗的機器，同時都出現「秀逗」吧？

那段期間我也偷偷上網查詢，不查還好，整個上午搜尋下來，發現父親極有可能罹患攝護腺癌時，連我都被嚇到了，不想先驚動父親，本來至少該陪他去醫院聽報告的，偏偏開學在即，學校那邊我無法分身請假，不得已讓父親單槍匹馬，前往跟醫師的約診。

「我一進診間沒多久，醫生說PSA的數據值偏高，必須做切片進一步檢查確認，沒想到話才剛說完，當場馬上就抓我去做了，妳知道嗎？痛死我啦！吼～差點還讓我痛到沒辦法開車回家！」當晚電話中，父親訴說在毫無心理準備下，立即做切片帶來前所未有之痛，害我很後悔沒能請假陪他去看診，心中同時也有了不祥的預感。

大哥嘉興開刀前被剃了的光頭上，這陣子方才慢慢冒出短短的髮芽，出院時除了一耳聽力受損的後遺症外，身體外觀大致恢復得差不多了。然而接下來沒多久，他將再度被安排電腦斷層的檢查，以確定腦中殘留多少尚未清除的腫瘤。就在大哥這頭尚未完全解除警報的同時，父親的切片報告也出爐了。

「唉……，哎唷喂，醫生判我『死刑』啦，說什麼我得了『攝護腺癌』！我才不要接受什麼化療啦，那會很痛苦ㄋㄟ，唉！」向來意氣風發的父親，那天聽到醫師的「宣判」時，讓他整個人跌落谷底！或許因為叔叔，早在好多年前就是死於攝護腺癌，聽到父親有如此的反應，我一點也不訝異。

「爸，現在醫學很發達，聽說所有癌症裡面，特別是『攝護腺癌』，早期發現是可以治癒的，卡早以前叔叔是因為發現太晚，癌細胞都擴散了，就算做了化療也都無效，而且你咁災（知道）？人家日本天皇也曾經得過『攝護腺癌』耶，開刀完都好幾年了，現在還不是好好的，何況你又是早期發現，醫生嘛嘸說要化療啊，醫生不是也說開刀就可以了嗎？」聽到父親有氣無力近似絕望的聲音，我趕緊安慰他。

「真的厚？連我『拜把兄弟』天皇，都跟我同款『攝護腺癌』喔？嗯，醫生嘛有說看我身體夭擱不錯，年歲嘛不算老，所以建議我開刀，恁阿叔當初發現癌時，嘛真正都已經是尾期，而且都擴散到骨頭裡去了！」很高興自己抬出日本天皇的這招奏效了，讓會日文的父親，一聽到連日本天皇都跟他得同樣的病，多了些安慰的心理作用。

「爸，安啦，會沒代誌啦，你只要跟著醫師腳步走，很快就會好起來的。我有從網路上印出來一些相關資料，這個禮拜六回家時，再拿給你看。」為了給父親一劑強心針，老早我就整理好攝護腺癌治癒的相關資料。

就在滿腦子塞滿了如何勸服父親開刀的念頭，壓根忘了自己長尾巴的日子竟已悄悄到來，就在生日的前夕，我突然收到來自美國的一份牛皮紙袋，打開一看，沒想到是庫勞《Kuhlau, Op.83. No.2》的長笛奏鳴曲琴譜！

「第一次聽到庫勞的長笛奏鳴曲就覺得驚艷，不管是長笛solo或伴奏的鋼琴部分，分開來聽其實就很優美，長笛鋼琴兩個樂器一起合奏起來，套句人家說的，簡直就是『琴瑟和鳴』，有機會的話，自己也想吹看看⋯⋯。」

以前我曾和宇成分享過庫勞的長笛奏鳴曲CD，原來他一直把這件事放心上，即使他人在美國，還特地找來了庫勞長笛奏鳴曲的樂譜，作為我的生日禮物。這也讓日後的自己意外地成了庫勞的粉絲，從那時候起，我便開始集結庫勞相關的長笛琴譜，這位德裔丹麥作曲家的音樂，在接下來我這段家裡醫院往返的歲月裡，彷彿是沙漠遇到綠洲般，帶來及時的甘泉與欣慰。

讀完我準備的資料後，父親像是電腦又重新啟動開機般，終於有了全新的能量，可以坦然接受開刀的事實。於是，大哥出院後不久，我就又投入父親住院開刀期間的看護事宜，很幸運地，手術如預期般地順利完成，當父親還在醫院恢復休養之際，大哥嘉興那頭電腦斷層檢查的結果，卻傳來必須二次動刀的消息。

「因為田先生腦內腫瘤的面積實在太大了，第一次開刀時，儘管我們竭盡所能想去除乾淨，很遺憾的是，電腦斷層結果顯現，我們才只清除掉其中的三分之一，腦中剩下大約三分之二的腫瘤，其實位置也是在風險較高的腦幹周遭，這部分恐怕非我能力所及……。」對於一直以來謙卑謹慎的主治醫師，我們也只能心存感激，同時大嫂也早已打聽到北部這方面的權威醫師，在家人和這邊主治醫師的樂見其成之下，就等大哥體能恢復OK後移師北上，期盼北部該位權威醫師團隊，能將大哥腦內剩下的腫瘤一舉殲滅。

因此，就像是說好的接力賽，父親出院後沒多久，大哥又在大嫂的陪同下，前往台北準備接受第二次的開腦手術。

看著庫勞《Kuhlau, Op.83. No.2》的第二樂章快板的琴譜，我越吹越欣喜，身體也不自覺跟著擺動了起來，只是這份禮物，可惜後來就此成了絕響，最後竟成了我和宇成最美好的紀念。

然後，眼前突然掃過擺放在客廳玻璃櫃內的那張全家福照，那是農曆年初父親的心血來潮，吆喝大家在相館內正經拍下的大合照，每張燦爛的笑臉之下，沒想到在幾個月後，輪番換成一個個的愁眉苦臉。這些的病痛與折騰，一定是老天爺要凝聚我們一家子的向心力，才故意一唱名送來的禮物吧？

隨著父親身子逐漸恢復穩定，我也利用週末假日北上，與隻身在北部的大嫂，輪流守護術後在加護病房觀察的大哥。

此時此刻，學校裡學生的追跑喧叫，暴衝的或情緒失控的，早已不構成威脅了，而對於遠在異邦的宇成，什麼時候會從電腦的skype跳出來say哈囉，我也無心去care了。這段時日，我把所有的焦點，幾乎都關注在家裡的這兩位男人身上，絲毫沒發現一直坐冷板凳的母親，實際上，也已經越來越奇怪了。

又見那道鐵門——母親的治療之路

「妳這死查某囡仔，嘎妳說過幾百遍啦，我攏幫妳『安搭』好啊，找恁小弟麻煩嘟好刷去（才剛結束）』，今麥妳又擱來找恁老爸算帳？妳嘛嘎差不多ㄟ！」

看著那陣子先是大哥，然後是父親等家人接二連三地動起大刀，而母親這頭自言自語的情形，也變得越來越嚴重了。

「妳咁功（難道）一定要我親自出馬『教示』，電厚妳金細細才會行……？」

那天週末回屏東老家的夜裡，從隔壁母親的房內，傳來陣陣像是打蚊子、又像是拍打床鋪的聲響，好不寧靜。自從當特教老師之後，母親早已跟父親分房睡了。就在父親出院後的幾個週末，每次我回老家過夜，好幾個夜裡，都會發現，母親像是在跟什麼東西奮戰，吼得聲嘶力竭地，然後白天看到的母親臉龐似乎是日漸憔悴。突然間我才警覺到，該不會……母親也病了？

「媽，妳昨晚有睡好嗎？我好親像聽到蝦米聲音，到底發生蝦米代誌？」

「哪有蝦米聲音？妳滴『憨眠』喔？」母親完全否認。

「嘸妳咁有睡好？」我還是不死心地，想找出任何蛛絲馬跡。

「我幾暝都嘛在『戰』，跟妳那『無形』的阿姊仔戰卡慘死，哪睡ㄟ好？她害恁大兄和爸爸都住院了，我叫她『嘎差不多』ㄟ！」母親終於吐出夜夜「奮戰」的實情了！

記得小時候曾聽母親說過，在大哥嘉興出生前，原本還有位大姊，不幸在出生還沒滿月，就意外夭折了。然後就在我懂事之後，有一次不小心在父母親房內鎖著鑰匙的抽屜內，發現了一本老舊的家庭族譜，其中確實記載著在大哥嘉興上面，還有一位大姊「曉薇」，後面並註記了「歿」字，應證了母親當年所言屬實。會不會因這位大姊的過世，長期以來讓母親暗地裡就一直活在自責中？後來好不容易遇到了「聖母娘娘」，才成為母親尋求慰藉的「救世主」。隱約中我還有印象，母親好像甚至花了一筆錢，曾經遠赴郊區某寺廟「安厝」大姊的亡魂，按理說，大姊的事，老早就塵埃落定了。

「媽，妳安捏每一暝都睡不好，而且妳看起來越來越瘦了，甘未（要不要）去看一下醫生，厚妳嘎好睡ㄟ？」母親該不會精神方面出問題了？

「三八咧，我阿沒破病，看什麼醫生？」母親完全不認為自己有病。

不忍母親的夜夜「征戰」，又勸不動老人家去醫院，於是我只好偷偷先跑去精神科尋求解答。

「有可能是『妄想症』，不過最好還是帶本人過來看診。」精神科醫師建議說。說得也是，沒看到患者本尊，就算是神醫應該也無法確診啊。

「りんご，恁老母最近怪怪喔，磕袂著（動不動）就找我相罵，連看人的眼神都很壞，那天擱無代無誌，隨便罵來店裡的人客，家具店的生意攏已經很歹做了，這樣下去，人客都要跑了了啦！」那晚照例我打電話回老家，父親霹哩啪拉便在電話那頭抱怨起來。

「爸，其實我最近回家，晚上都會聽到隔壁房媽媽的咒罵聲，早就感覺不三對（不太對勁）了，我嘛有勸她是不是要去給醫生看麥，她都說她沒破病，是按怎叨要去看醫生！」我也跟父親提起，母親晚上都沒睡好的事。

因為我都只有週末假日才得以返回老家，聽說父親成天外面趴趴走，老是和山友跑去爬山，一想到精神科醫師說母親可能得了「妄想症」，像這樣經常放著母親一人在家，哪天搞不好會出事。那時候剛巧母親都嚷說頭不舒服，我和大哥費盡一番唇舌，有天好說歹說地，終於把母親連哄帶騙到醫院診間。趁著母親看診前上洗手間時，我先請大哥事先進診間，把簡述母親狀況的紙條，遞交給醫生。

「我哪有不『爽快』？都嘛是那個『死杏某囡仔』，每一暝攏跑來尬我『戰』，害我整暝沒法度睡！才會頭殼痛！」一進診間醫生都還沒開口，母親就自顧自地唸了起來。

整個看診過程，母親話都一直沒停下來，醫生還得趁她吞口水時，才能趁機插話詢問。「妳回去只要按時吃藥，頭痛的問題應該可以慢慢好起來，至少先讓自己晚上好睡些。」第一次看診結果，醫師只得配合「演出」，先給母親一些藥物的治療。

我和大哥天真地以為，母親既然都願意去看醫生了，只要按時服藥，病情應該可望好轉，只是我們太小看母親了，完全沒料到她也不是省油的燈，怎可能就這樣乖乖被「收服」？當我們安心地各自返回高雄後，前腳才剛踏出家門，母親立馬就把那些藥給全扔了！

「拜託ㄟ，我阿沒破病，叨不是在『騙肖』ㄟ？我沒病吞蝦米藥啊？」母親喃喃自語，卻說得理直氣壯氣。

「媽，醫生給妳的藥，呷了有卡好睏嘸？」我依舊天天去電關心母親的睡眠狀況。

「有啦，有啦，躺在眠床就睏去啦！」母親居然呼攏我。

然後那個假日，我又回到了老家，遍尋家中就是看不到醫師給的那藥袋。

「爸，你這幾天有看到媽媽在吃藥嗎？」知道問了可能白問，我還是探了一下跟母親一起生活的父親。

「りんご，恁老母有在吃藥嗎？我哪ㄟ攏嘸看過。」父親完全狀況外。

「媽，那天從病院拿回來的藥妳吃完了嗎？」我只好直接問母親。

「早就伹（丟）了！」母親答得超爽快。

「蝦米？醫生要讓妳好睏的藥，妳攏嘸吃就伹（丟）了？」

「阿明明就沒破病，叫我吃啥藥？拜託ㄟ！有病的人，我看是恁老爸啦，店的生意好親像不打算要做了，一天到晚爬蝦米山？騙肖ㄟ！都嘛是尬那個『查某』出去，是恁老爸在『起肖』啦！」真是哪壺不提哪壺，不說還好，母親越說越激動起來了。

於是，我只好代替母親，再度隻身前往精神科。

「如果妳媽媽願意按時服藥最好，現在看來只得暫時改用『滴劑』，可在三餐的飯菜內滴入，不過滴劑的效果，坦白說比較差也很有限。下次如果可以的話，最好還是能帶妳媽媽本人前來看診。」醫師邊拿著滴劑樣本示範說明。

「我媽很固執，而且一直說她沒病，請問一下，萬一最後還是沒辦法帶她過來就醫，該如何是好？」

「需要來這裡的病人，通常都不會承認他們有病的，如果可以的話，當然還是希望能勸妳媽媽過來，再不行的話，最後也許就是動用救護車送來，當然這是最壞的打算，希望妳們用不上。」我聽到這裡，心都涼了半截，突然想起以前的學生阿志在家大發飆時，聽說媽媽最後也都是打119了事的，實在很難想像那樣的場景，哪一天可能在自家上演。

手裡拿著滴劑，「這絕對是不可能的任務了」，我心想！平常只有父親和母親兩人在家，自從開刀的身子復原後，父親又開始成天趴趴走，大白天總是看不到人影，根本沒有人可以執行滴劑的任務。

「媽，最近學校卡閒，我看妳暗時幾瞑攏嘸睏好，嘟鈎仔（偶而）我下班就轉去（回去）陪妳，然後隔天再擱直接從屏東開車來上班。」儘管嘴裡這樣跟母親說，事實上我哪來的空？平常煩人的課務之餘，我還得編輯教材，以及整理擾民的校務評鑑資料，每天都忙得快要喘不過氣來了。但，這恐怕是唯一想得到的辦法，除了我，沒人可以找出機會，像是電視劇常有的下毒藥劇情般，事前在母親飯菜內「下手」滴下藥劑。

「りんご，恁老母聽說昨天跑去銀行尬人黑白大小聲，我今天出門時，隔壁厝邊偷偷阿跟我說ㄟ，最近她對我嘛是黑白亂發脾氣，我叨位惹到她啦？暗時恁老母連看電視嘛是一面看一面罵，越看越奇怪……。」那天我剛好回家的晚上，父親又告狀了。

母親的症狀聽起來似乎是越來越糟了，看來不趕緊就醫是行不通的。突然間我眼睛一亮，發現客廳桌上擺放了一份健康檢查的報告。當年母親就是從衛生所的例行性健檢中發現零期的子宮頸癌，後來她便養成了習慣，時間一到都會去衛生所做例行性的抽血檢查。

「媽，妳最近有卡好睏嘸？阿這是啥？妳又擱去衛生所抽血檢查嗎？媽，妳的報告好多『紅字』ㄋㄟ，阿檢查了後醫生有說什麼嗎？」晚餐時在母親情緒穩定的狀態下，我臨機一動。

「有啦，叫我吃東西要注意，卡油啦糖份的東西儘量麥呷。」

「媽，妳的報告蓋多『紅字』，我嘛是真替妳煩惱，卡早妳不是子宮抹片一發現怪怪，馬上就去病院檢查，然後開刀，妳看現在攏無代誌了，所以，咁未（要不要）我擱陪妳去高雄的大病院，擱做進一步檢查，看ㄟ『紅字』到底有要緊嘸，好不好？」我開始敲鑼打鼓，慫恿母親接受我的「祕密計畫」。

「嘛是好啦，最近攏睏不好，妳先幫我掛號。」真是謝天謝地，沒想到母親這次如此爽快答應。

於是，那天我和大哥再度陪母親前往醫院，然後應該說拜母親不太識字之賜？兩次前後的門診，母親都沒有留意到診間斗大的「精神科」三個字，當我們再度踏入診間時，我用眼神又先跟醫師打了個暗號。

「……，您應該失眠很久了，看您抽血報告中有好多紅字，最好住院進一步澈底檢查，才能趕快安排腦部的超音波、還有電腦斷層等各項的檢查。」醫師想安排母親住院檢查並進一步治療。

「醫生，你說住院，今天嗎？好是好啦，我知影我報告有很多紅字，嘛攏睏嘸好，我的頭殼做個澈底檢查嘛是好啦，但是你說要住院，我蝦米行李攏不款咧！」出乎意料，這次母親居然完全照著我的計畫走。

「媽，這妳不免煩惱，我先回去幫妳款款ㄟ，尚好看妳ㄟ當安排到單人房，我暗時嘛可以陪妳在病院睡，妳放心！」只要能讓母親好好治療，陪母親在醫院睡幾天我都願意。

出了診間沒多久，等辦理好住院手續，一位護理師便引領我們前往病房。

只見該護理師用磁卡「嗶」一聲，眼前似曾相識的一道鐵門立刻被打開，不禁讓我又想起第一次跟學生阿志在醫院的初相見，然而，此刻自己的身分，從探望的第三者轉換成病患的家屬時，真叫人五味雜陳。

因為病患的特殊情形，後來我才明白，這裡的病房哪有「單人房」？結果母親被安排在健保的四人房，基於安全理由，就連家屬探視開放的時間，也都有所限制，母親即將被貼上「精神病患」的臨場感，也越來越真實。

「りんご，聽說這是『神經』病房咧？妳們是按怎尬帶我來這？」傍晚探視時間，我帶來了母親住院的簡單行囊時，母親便追問了起來。

「聽說這幾天住院的人太多了，妳看連單人房嘛攏無啊，所以嗯才安排妳來這所在，而且聽說從這過去照腦的超音波和斷層檢查卡方便，嘸要緊，今暝我會陪妳在這睡。明天就排到要去照超音波了，明天透早大哥嘉興會過來陪妳去檢查，我再擱去學校上班，下課後會擱過來陪妳，妳安心在這好好阿休睏做檢查。」一神來一筆的靈感，讓我胡亂瞎掰安撫了母親。

「りんご，我看妳麥擱來陪我睡啦，我身邊都是那種『神經病人』，我自己在病房就好啦。」一那天照完超音波後，本來打算繼續陪母親睡住在病房，隨著母親願意接受治療，情緒慢慢趨於穩定，母親也不忍女兒我陪她耗在這樣的住院環境。

很幸運地，最後我們完全沒勞駕119，母親從願意就醫到住院檢查，一切出乎意料地順利，總算母親也獲得了適當的治療。雖然那段住院期間，每次的電療後，母親都像是歷經千山萬水的跋涉，神情疲憊至極，讓人看了相當不捨。

好不容易，原本日漸消瘦的母親，露出了難得一見的笑靨，不知「征戰」折騰了多少個不眠的夜晚，母親和我，終於都可以好好睡個覺了。

她們只是特教老師，不是貼身管家

「請問是田老師嗎？妳是不是有位學生叫李俊豪？他現人在這裡閒晃，我是警察，妳要不要過來把他帶回家？」有一段時間，曉蘋都會在放學後的夕陽西下運動健走，有一次正當她才開始起步做運動時，手機卻傳來奇怪的電話。

「我是李俊豪的老師沒錯，不是都已經放學了嗎，他怎麼了？」剛開始她還以為是詐騙集團打來的，差點想秒切手機。

「我在這附近巡邏時，看到他一個人在外面遊蕩，問他話又答不出來，看起來怪怪的，剛好他手裡握著一本『聯絡簿』，才知他是念特殊學校的，裡面又有老師妳的聯絡電話，所以想說打給妳問一下。」那頭自稱是警察的男子解釋說。

「嗯，警察先生，我這學生平常都跟阿嬤住，現在都放學了，他應該只是在住家附近晃晃，聯絡簿裡有他家電話和住址，你要不要先撥個電話找他阿嬤看看？」曉蘋請警察協助聯絡阿嬤。

「我剛剛就有先打電話過去他家了，但是沒人接。好吧，我先照著住址帶他回家看看，謝謝。」聽得出警察有點不好意思地掛電話了。

都什麼時間了，按理說所有學生不是都早該搭校車返回家了，難不成他放學時沒搭上校車？突然心裡頭有點納悶與不安，隨即她聯絡隨車的助理老師再做確認。

「老師妳說俊豪嗎？他有搭校車回家啊，我看著他阿嬤親自到站接他回家的啊！」

助理老師的話讓她放心了，後來警察也沒再來電，曉蘋想應該就是沒事了。隔天一早到校，才剛踏進辦公室，辦公室內的電話就響了！

「喂，田老師嗎？」

那一陣子幾乎每早七點三十分左右，俊豪人未到，阿嬤的電話就會先「報到」，一點不誇張！

「阿嬤呀，昨天妳家俊豪……」趁其他學生尚未到校前，曉蘋也想順便瞭解一下，昨天究竟發生了什麼事。

「哎唷，阿我昨天去醫院拿藥，想說一下子就回來了，就把家門鎖起來，讓俊豪一個人在附近的公園玩，很多次我出門時他都會在那邊玩，住這附近的人都認識他呀，然後昨天我很快就回到家，誰知道家門口俊豪旁竟多了一位警察，我也是搞了半天才弄清楚怎麼一回事，厚～，那個警察真正有夠閒咧！」阿嬤說得一派輕鬆。

拜託，把一個特殊孩子獨自丟在公園裡，難怪引來警員的關心，不過若據阿嬤所言，俊豪三不五時經常就都會被放在那裡「爛爛蛇（閒晃）」，那警員要不是新來的，八成也是菜鳥吧？是說她這位俊豪「天兵」，出去閒晃就算了，幹嘛還隨身攜帶著那本聯絡簿？難不成他把那聯絡簿當「護身符」，只要一本聯絡簿在身，隨時遇狀況時，就可以天靈靈地靈靈、以應萬變了？

曉蘋突然慶幸著接俊豪新班時所做的決定，不單是俊豪，她在班上所有學生的聯絡簿裡，只留下自己的手機號碼，不再任意「附贈」家裡那組無法隨時關機的市話號碼，否則，恐怕將會夜夜不得安寧。

「老師啊，我家俊豪最近身體不太好，加上趕校車早餐都來不及吃，我有放了一罐克寧奶粉在學校他的櫃子裡，麻煩老師幫忙一下，每次記得舀取兩湯匙的量，沖泡時，記得開水不可太燙也不要太冷喔！」

俊豪每次放學回到家，阿嬤當晚一定不忘撥曉蘋手機，交代的事總是千篇一律，然後隔天一早，俊豪人都還沒到教室，阿嬤又會再度來電，叮嚀跟前一晚同樣的事，日復一日不厭其煩。

「俊豪阿嬤，能不能麻煩您以後有事的話，看是在聯絡簿上寫一下，或是隔天俊豪上學時，您再打到辦公室來，否則您前一晚交代的事，有時隔天到校我一忙就忘了。」

她知道年輕阿嬤是識字的，因此，若非急事，她認為大可利用聯絡簿交代即可，那本聯絡簿不就是要拿來「聯絡」用的嗎，不然要做什麼呢？況且，過度頻繁的來電，對曉蘋而言已幾近騷擾了。不過，這還是在跟阿嬤逐漸熟絡後，她才斗敢如此建言。

後來阿嬤每晚的來電，切換成晨間的辦公室電話聲，就像是上班前的「morining call」般，通常會在一早七點三十分的前後，有時甚至曉蘋都還沒抵達辦公室，遠遠就能聽到辦公室傳來催促的電話聲，曾經她連早餐尚且都來不及吃，就為了衝進辦公室趕接電話而差點踉蹌跌倒，「喂」了結果，換來的經常都只是些婆婆媽媽雞毛蒜皮的小事。後來她學乖了，索性等到校車陸續到校，校園開始播放音樂了，她才啟動老師的「開機」模式，正式受理阿嬤的來電。

曉蘋的狀況還算是小case，聽說有些家長就更誇張了，要求老師隨時stand by不可漏接或未接來電，一但不小心錯失來電，且沒有立即回應的話，哪可就代誌大條了！家長會覺得老師既不重視又不盡心，因為聽說在家長的認知裡，既然會去電給老師，亦即表示有重大急事，所以他們覺得身為老師的，說什麼都該把手邊事情拋一邊，優先處理學生的事。

她絕對相信每個孩子，在家長心中都是無可取代的寶貝。

曾經是班上的開心果貝貝，來自經濟富裕的家庭，記得彼時M牌手工的「潮鞋」正夯，曉蘋曾經看上一雙五顏六色純手工拼織而成的款式，卻因高價位讓她遲遲下不了手，有一天她發現，貝貝竟穿著她夢寐以求的同款式鞋子到校來了，「媽咪買給我的，好看吧！」「哇～超好看的！」當場簡直羨煞了她！不過既然連學生都穿在腳上了，向來不喜歡「撞衫」的她，更不會也想來個「師生同鞋」，於是，說也奇怪，垂涎好久的鞋子，就這樣讓她很自然地死心了！

平常在家都有外傭伺陪打理，貝貝一副就是生來吃好穿好、超好命的孩子，又是沒啥好爭的好脾性，「老師，我愛妳（你）！」貝貝的口頭禪不論男女老師通殺，下課時間，還經常會幫老師來個整套的「馬殺雞」按摩，曉蘋都不知道貝貝打哪學來的功夫？總之，貝貝就是很貼心的小孩，相當討人喜歡。可是貝貝經常拉肚子的腸胃，就一點都不可愛了，她總是來不及在第一時間進到廁所內，因此，「善後」的處理常弄得她灰頭土臉的。另外，每當「好朋友」報到時，貝貝就會發揮「唐寶寶」頑固如石的特性，經常和她大搞「拉鋸戰」，不到最後一刻，貝貝絕不輕易更換衛生棉墊。

為了因應上述的兩個「非常」時期，多準備幾套備用的衣褲，對貝貝來說是需要且無庸置疑的，平日曉蘋也都會提醒所有學生及家長，多放幾件衣褲在個人置物櫃內，備而不用。

就在事情發生前的好幾個禮拜，貝貝的櫃子裡早就空無一物，曉蘋不斷口頭告知並在聯絡簿裡提醒，怎奈「散仙」一枚的貝貝，和總是不知在忙什麼的家長，沒人把這當一回事。

那天，上課中的貝貝又突然喊肚子痛，直奔廁所後遲遲未出來，「哇~又沾到了！」等曉蘋覺得大勢不妙衝入廁所後驚見，只有一個「慘」字足以形容，不但地上一場糊塗，貝貝內外褲也都「淪陷」了！怎麼辦？總不能叫個小女生光著屁股出來見人，於是，曉蘋只好暫時跟班上其他同學借來現有大尺寸的衣褲救急。

然後，她想起媽媽在聯絡簿上，好像寫著中午會過來繳午餐費，於是臨機一動，她連忙去電給貝貝媽媽，請媽媽順便多帶幾套衣褲過來。

「老師，可不可以請妳先去幫貝貝買個內褲和外褲，今天公司臨時要開會，我沒辦法過去了，買了看多少錢，我再給妳。」貝貝媽媽是上市公司的主管，完全一副交代下屬辦事的口吻。

「貝貝媽媽，不好意思喔，我還得上課呢！哪有辦法偷溜出去幫妳女兒買衣褲啊？」此刻，曉蘋的臉上豈止是浮出三條線，只差就要爆出青筋了！

「喔？」一聲後，那頭貝貝媽媽自顧自地說著，像是她公司忙得要死哪來閒工夫去搞這件事之類的，然後手機那頭最後竟轉入語音信箱了。沒辦法，最壞的打算，也許就勉為其難地，讓貝貝穿上同學大一號的衣褲回家了。

「田老師，妳班上學生家長寄放衣褲在警衛室，有空麻煩您下來拿喔！」沒想到，午餐休息時間，貝貝媽媽叫人送來了兩套還掛著標籤的全新內外褲來了。

「曉蘋老師，妳這還算好啦！妳要是聽到我班上『天王』阿威的事，豈不是要昏倒？」隔壁班的黃老師見狀，沒好氣地安慰她。

「哈哈，妳們家阿威又惹毛妳啦？」她早已聽聞阿威有千百個難搞。

「有天阿威上課時，帶點挑釁意味又來個『挖糞塗牆』，搞得整個教室真的「米田共」到處都是，一點都不誇張！光處理他的事，就耗掉我一整個上午，害我把其他學生晾在一邊，連課都無法上了。好不容易把他身體處理乾淨，用餐時間也到了，差點連幫學生的打餐都來不及，當下匆匆忙忙只能趕緊將沾到的內褲簡單去除穢物，然後就直接丟入塑膠袋讓他帶回家了。那一整天直到下班回家，我全身上下都還「糞味」猶存、揮之不去呢！

結果妳知道嗎？當晚他媽媽就來電嗆說：『老師妳為何沒先把阿威的褲子洗乾淨後，再讓他帶回？妳讓阿威帶回的內褲，沾到大便的污漬都乾掉了，叫我要怎麼洗？』那天被她兒子折騰得都精疲力竭了，他媽媽還嗆聲，我火氣跟著大了起來，就豁出去了！『光搞妳家阿威，我其他學生都擺一邊，課都沒辦法上了，請問，我哪來的時間去幫妳清洗？』妳說，妳聽了是不是覺得自己安慰些？」儘管事隔多日，仍聽得出黃老師滿滿的怒火。

「我都在黑板上寫著斗大的字，提醒自己別忘了帶小君上廁所，那天放學前才讓小君尿過，沒想到，聽說她才上校車沒多久就又尿了，下班後立馬就接到媽媽電話的興師問罪：『老師，妳為何沒讓我家小君搭校車前先上過廁所？妳知道嗎？聽說她在車上尿了，內外褲也全都濕了，回到家全身都尿騷味的，小君要是感冒了怎麼辦？』曉蘋老師，妳說，我『能怎麼辦』？」在一旁的楊老師，也跟著附和發起牢騷。

比起黃老師和楊老師遇到的情形，曉蘋的確該偷笑了！不過，對於貝貝媽媽長期以來自以為是她頂頭上司般的說話方式或態度，還是令她不敢領教。有一次為了這寶貝的「慶生趴」，她和貝貝媽媽之間，也險些擦槍走火。

「老師，這個週日我要幫貝貝慶生，想邀請同學到家中來，因為我跟其他家長不熟，麻煩妳去幫我聯絡好嗎？」沒有任何具體的邀請內容，貝貝媽媽儘管使出「一張嘴」，就又要求曉蘋「使命必達」。

「本來我們就都會幫班上每位學生慶生了，貝貝的生日，是不是也在校內慶生就好，不用勞師動眾，對大家也較方便？」其實她打從心裡不想接招。

「貝貝國中時，老師們都是這樣，幫忙邀請同學參加她的慶生趴的呀！」媽媽理所當然地補充說。

「貝貝國中唸的是特教班，同學程度都還ＯＫ，大家也都住附近，不過現在班上來自各個區域，還有遠在鳳山的呢！最重要的是，現在班上同學有的坐輪椅，也有人穿矯正鞋行動不便，我們每次校外教學一趟，都已經煞費周章了，您邀請同學前往參加慶生趴是好意，我只是擔心，對大家來說，會不會不太方便？」曉蘋覺得有必要讓一直狀況外的媽媽，了解班上學生實情。

「那有什麼問題，我可以開車去接送他們呀！」媽媽霸氣地回她。

「媽媽您忘了嗎？班上可是有十幾位學生呢，您真要一一去接送的話，豈不是太辛苦了！」她不是故意要潑冷水。

「……」

後來曉蘋私下也試著詢問過幾位家長的意見，「在班上慶生就好啦」、「幹嘛那麼麻煩」、「放假日耶，沒興趣」，大家各自表述的結果，意見多半傾向不認同，於是她委婉轉述部分家長的意見，原以為「慶生趴」的事就此可以終結，沒料到貝貝媽媽還是不死心。

「老師，要不然妳去幫我在班上弄個『buffet』好了，看多少錢都ＯＫ，反正就是讓大家都能吃到飽！」

媽媽以為是在幫自己公司慶祝尾牙嗎？還是非得要大把大把地撒花鈔票，才叫做「慶生」？然後，媽媽又一副只動動自己的嘴角，就要她自行去張羅什麼吃到飽的！

「貝貝算是班上的『資優生』，只是，媽媽您可能還不太清楚，班上不是每位同學都跟貝貝那般靈巧，他們多半是重度甚至極重度的孩子，用餐時不少是需要協助或餵食才能順利完成的，我們人力也不太夠，所以每次用餐都搞到像打仗般，坦白說，這樣的『buffet』慶生，恐怕會讓我們更人仰馬翻……」曉蘋只得據實以報。

結果，那年貝貝的生日，最後是媽媽買來了炸雞，在大家的祝福聲中歡樂度過。媽媽對她或許氣得牙癢癢的，可曉蘋也不是存心給媽媽軟釘子碰，她只是想「說清楚講明白」。當然，她完全能體會身為職業婦女的貝貝媽媽，想給寶貝女兒來點不一樣的慶生，因此，在隔年的某次校外教學，正好距離貝貝生日不到幾天，曉蘋主動跟媽媽提議之下，當天的校外教學時，她們順便在速食店龍頭舉辦了慶生趴，壽星貝貝在大家的「生日快樂」歌聲中，笑得超開心，也滿足了貝貝媽媽的用心。

「老師，十點過後，記得要幫我家小孩點眼藥水喔。」

「老師，我女兒『好朋友』來了，麻煩這幾天記得要提醒並協助她換衛生棉。」

「老師，午睡前請記得幫我孩子餵藥喔。」

「老師，放學前記得提醒我家寶貝上廁所喔！」

天下父母心，每位家長把孩子送到學校，無不希望自己的寶貝都能受到最好的照顧。在特殊學校裡，曉蘋清楚學生更需要「個別化」的教育指導，但比起一般學校的學生，同時她們還必須協助或處理學生「個別化」的瑣碎問題，雖然，她們多具備了所謂的「特教專長」，但，她們不會因此一夕之間就化身為Supermen（Superwomen），更不可能突然間就多出了千手千腳或好幾個分身，很多事她們也跟一般老師一樣，僅能量力而為，無法面面俱到。

「我一個人每天面對自己的孩子，都快受不了了，何況老師一個人得應付班上這麼多的學生，能不抓狂已經很了不起了！」

還好，大部分的家長，大都能抱持同理心體恤她們老師，說穿了，她們也只是上班制的老師，不是每個孩子二十四小時的貼身管家，就像每位上班族般，誰不渴望勞累了一天，得以在下班後好好休息？身為特教老師的她們，當然也不例外。

「俊豪，你的聯絡簿交回了嗎？沒繳回聯絡簿，可不能畢業喔！」

記得俊豪畢業的前一天，別的同學聯絡簿有沒有交回都不重要，無論如何，說什麼曉蘋都要追回俊豪走到哪帶到哪隨身攜帶的那本「護身符」，因此，她很早就不忘跟阿嬤和俊豪，來個千萬叮嚀加交代。

當那本外皮已經破損、還用透明膠帶黏著快不成形的聯絡簿，最後終於順利平躺回到她辦公桌上後，曉蘋這才大大鬆了一口氣，因為俊豪畢業了，放學後她終於可以放心地好好健走做運動，再也不用擔心可能會被什麼員警關切了！

天下的媽媽都是一樣的

「接下來，讓我們歡迎由田老師領軍的二年一班全體同學出場。」

「天下的媽媽都是一樣的，哦喔，天下的媽媽都是一樣的……」然後音樂隨即立刻跟著響起。

記得有一年的慶祝母親節大會裡，曉蘋在班上家長的協助下，領軍班上學生的「媽媽大扮裝」的表演，曾獲得好評。不過，節目表演前，意外發生了小插曲，差點「凸槌」無法進行演出。

那時候班上自閉症的阿宗，為了拒戴假髮，沒命似地大喊「我是男生，不要」，所幸在媽媽的好說歹說之下，於表演的幾秒鐘前，阿宗總算才點頭，跟著班上其他的男同學頭戴上假髮喬裝媽媽，女同學則有的穿戴圍裙、有的手持鏟子掃把，人家一如排演前順利地又唱又跳，把整個場子炒得好不熱鬧！

「媽媽大扮裝」落幕後，隨即舞台上傳來悅耳的鋼琴聲，很快現場便跟著安靜了下來，看著不會說話的自閉症小芬，卻能精準地彈下每個音符，與江老師的小提琴合奏演出，台下小芬的母親，眼角早已泛著喜悅的淚光。

「哎唷，我都不知道我們家小真這麼會扭啊！」

「我家小宇也真愛現啊，哈，他到底在唱什麼碗糕，我都有聽沒懂啊？還搶拿麥克風呢！哈哈！」

「老師，我來打粉底，妳先幫其他同學整裝！」

「老師，辛苦了！飲料給您和學生喝！」

每年的五月份，學校照例會舉辦母親節慶祝活動，其中少不了像這樣表演的餘興節目，節目的演出單位，有些來自外界的民間團體，大部分「歌舞團」演出的班底，多半還是來自校內的師生。近幾年來，校園裡也都快要找不到像這樣可以唱唱動跳的孩子了！因此，台上學生的演出，哪管其音準是否到位，更別說他們是否能跟得上節拍，看在台下母親的眼裡，孩子賣力的載歌載舞，就是她們最好的療癒了！

其實整個慶祝場子的主角，該是每位勞苦功高的母親，結果，不少的家長，反倒藉此機會，轉而向曉蘋她們老師致謝，平日總是母雞帶著一群小雞的她們，此時同樣也倍感欣慰。

「老師，那位同學從剛剛就一直哭個不停，怎麼了？」阿宗媽媽平常難得出現，一旦出席班上或學校活動，都會「愛屋及烏」關心班上其他的孩子。

「小甄是單親，媽媽平常得靠市場擺攤的賣衣服維生，因此，媽媽幾乎不曾露過臉，但是媽媽的配合度很好，也很關心小甄，大概是因為看到別的同學媽媽都有來，小甄才難過大哭吧？每次逢班上家長出席的時候，她都一定人哭。別擔心，待會就會沒事了！」曉蘋邊安撫小甄，邊跟阿宗媽媽解釋。

「老師，我媽咪說今天要過來的……。」此時貝貝也嘟起嘴、兩手插腰生起氣來。

「是喔？」大忙人的貝貝媽媽，若沒記錯，印象中通知單的回條也是勾選「不克參加」的。

有媽來參加活動的孩子，臉上掛滿了笑容，看在沒媽陪伴孩子的眼裡，多少還是會吃味的。其實，在那些「歌舞團」的慰勞表演之前，表揚模範母親，才是整個慶祝活動的重頭戲，曉蘋不清楚其他學校是如何慶祝母親節，印象中每次學校的表揚大會裡，大家幾乎都會被逼哭，因為每位模範母親的背後，盡是充滿「洋蔥」的故事。

「現在讓我們歡迎，三年一班的模範母親，黃淑美女士進場！黃女士是洪美麗同學的媽媽，從小美麗……」

當穿著矯正鞋的美麗，一跛一跛地跟著年輕的媽媽一同進場時，都還沒走到會場中央，就聽見她嚎啕大哭的聲音了！

美麗雖不是曉蘋班上的學生，在學校可是轟動武林、無人不知曉的「大咖」級人物！只要情緒一來，招牌的動作，就是賴在地上大字一躺，然後使出強而有力的丹田聲，經常呼天喊地「演」很大！據說單親的美麗，伴隨有情緒障礙，即便有萬分的耐心，也難保不被她的哭叫磨到破功，三不五時不是媽媽呼叫救護車將她強制送醫，就是媽媽崩潰受不了對她的狂打，然後美麗會伺機撥打家暴電話還擊，可憐的媽媽，最後被「磨」出了憂鬱症，沒辦法正常工作，生活全仰賴低收入戶的補助金，即使如此，媽媽依舊不離不棄。

「現在讓我們歡迎，一年二班的模範母親，林芳美女士進場！林女士是張光盛同學的媽媽，光盛小時候……」

緊接在後是坐著輪椅的光盛，瘦弱的媽媽推著他一起緩緩步入會場。聽說光盛因為出生時缺氧，經急救搶回生命卻傷了大腦，終身癱瘓只能靠輪椅行動，平常都得餵食進餐，同樣行動不便的父親僅能靠賣彩券維持家計，照顧光盛的重擔，只能落在弱不禁風的母親身上，但母親毫不怨天尤人，樂觀開朗地陪伴支持光盛，讓我們得以看到陽光般的他，更難能可貴的是，聽說母親每天都還陪同他到校上課，數年如一日。

其實，每年學校要推舉模範母親時，都會讓曉蘋相當為難，因為一次只能提名一位，然而，天下的媽媽都是一樣的，在她遇到的家長中，每一位都像是要用盡一生的心力，以求彌補對自己孩子的缺憾。別看自閉症小芬台上光鮮亮麗地彈奏鋼琴，即便經濟寬裕的家庭背景之下，小芬母親一路走來據說也是茹苦含辛，不知背負多少家族異樣的眼光和壓力。還有之前提過的，被迫將家裡冰箱鎖住的阿亮媽媽，早就拋棄自我的生活，幾乎跟外面的世界脫節；而那位經常醫院家庭蠟燭兩頭燒的阿志媽媽，為了阿志，丟了婚姻也差點賠上了自己的健康；另外，一路走來始終在背後默默支持的阿義媽媽，以及對孩子如廁訓練永不放棄的偉偉媽媽等等，即便是全職工作的貝貝媽咪，想要讓自己寶貝受到最好照護的心，都是一樣的。當然，校內還有其他更多「隱藏版」的勞苦母親，每天無不是都為著自己孩子，默默寫下感人肺腑的故事。

曉蘋也常想起遠在美國的好友宜庭，拋下台灣的一切，只為自己寶貝「星星兒」的小仔仔，尋求更好的教育環境，當然，她格外緬懷，昔日舊鄰亞仁大哥已故的母親，一生無怨無悔付出的結果，最後卻走上了不歸路。

對於來不及長大的大姊，長期以來在母親的心中，那份愧疚與自責，想必也是一輩子難以抹滅的吧？於是母親才會不惜花掉大把的鈔票，與其為了所謂的「安搭」大姊的亡魂，或許，也想藉個宗教儀式，撫慰自己「為人母親」卻無法守護孩子的那破碎的心靈吧？

不論孩子如何，用盡一生的愛，想要永遠守護自己寶貝的那顆心，她相信，全天下的媽媽都是一樣的。

Un Sospiro（嘆息）——昔日舊情已枉然

「『電療』對於年輕的患者很難說，但對於年長者效果反倒是較好的，透過這樣的治療，他們往往可以忘掉短期的記憶，再配合按時服藥，通常大都可以控制住病情的。」記得母親的主治醫師曾如此表示過。

就如同醫師所言，後來母親壓根不記得當初的就醫經過了，重點是母親終於有了病識感，知道自己生病了必須每天服藥，隨著母親得以好眠且情緒漸趨穩定，與父親間的互動也改善不少。

「今年暑假我會回台，也許我們可以找個時間碰面！」

距離上次宇成的赴美還彷如昨日，沒想到時間已悄悄過了一年，這一年來家中除了自己以外無人倖免地，骨牌效應般住院的住院、開刀的開刀，在家裡的那段混亂時期，我都快記不得上次電腦前skype和他聊天是什麼時候了，一聽到他即將暫時返台，坦白說，內心猶如一灘死水，連個怦然心動的漣漪也沒。

「我將回台兩個禮拜，期間會回高雄原來的學校辦離職手續，我決定不回去教書了，等我去高雄時，我們就可以找個時間碰面。對了，去年離台前，我順便就把手機給停掉了，筆電會隨時帶在身邊，所以我們還是可以繼續用skype通話，我也給妳台北家裡的電話，以備聯絡之用。」宇成返台前，skype通話中這麼跟我說。

以前宇成人還在高雄時，我們大都是靠著電腦或手機聯絡，即使是用市話聯絡，通常也是他主動撥打過來，久而久之我早已習慣處於被聯絡的狀態，因此，我從未想過，哪天會用得上他家的市話，尤其是台北的。

沒多久，在宇成返台後，知道他人還在台北尚未南下的某一天，自己突然心血來潮好想知道他正在做什麼，於是，第一次撥打了他給的市話號碼。

「喂」，當一聽到對方是女性的聲音時，八成是宇成的母親，結果我什麼話也沒說，竟有點心虛地，慌慌張張便掛掉了。連打個電話都怕被他母親發現，像極了小三怕「地下情」曝光般，突然覺得自己好悲哀！

就這樣，在他返台短暫兩週的時間裡，自從匆忙切掉他母親出聲的電話之後，我還是跟以前一樣，只能被迫處在被聯絡的狀態，然後一週過了，離他回美國時間也開始倒數，我的手機和市話，卻始終沒有傳來他任何「喂」的聲音，由於日子未免太過安靜了，一度還以為，他要嘛不是沒回台、不然就是之前我接到skype的網路詐騙電話了？

「嗨，曉蘋，今天傍晚有空嗎？我們可以吃個簡餐敘敘，然後大概我就得趕火車回台北了！」

終於，在他離台前一天，他的聲音，好不容易才從自己的手機裡跳出來。闊別一年，當我們再度碰面時，還是被他發現到我的憔悴。

「曉蘋，妳看起來好像變瘦了！妳家人這陣子都還好吧？」

「你確定要把高雄的這份教職給辭掉了嗎？」不想過問他待在台北那幾天的日子，因為台北的部分，我認為那一直是他母親所「管轄」的。只是好奇，他是否真的鐵了心，打定將來旅居美國。

「嗯，我不想一直『佔著茅坑不拉屎』，最主要將來是個未知數，所以這次回國，想想乾脆就順便把離職的手續給弄好，省得以後還需特地找時間回來辦理。這一年在國外，讓我心情沈澱不少，也開始慢慢思考未來。同時我也發現，我媽越來越難溝通了，當然這跟妳無關，我深深覺得，我跟我媽之間，需要一個距離與空間的緩衝才行，因此，我認真考慮過，以後可能留在美國不回來了，也許，先拿個綠卡再說吧。」他若有所思地說。

原來，在他未來的規劃裡，根本沒有我擺放的位子，對於我們之間的情愫，或許，早在他離台前已然槁木死灰了。

那個晚上，我和他就像又回到以前，我們約在老地方，同樣點吃著彼此最愛的簡餐，不同的是，他的話變少了，以前他都會幫忙吃掉我吃不完的雞排，結果那晚，他就連自己盤中的紅燒牛肉，幾乎都完好如初，根本沒動過幾口。

然後，那天用餐結束，如同昔日假日約會完他北上返家般，照例我都會載他前往火車站，然後「到了台北再給妳電話」，以前他都這麼跟我說，但那一晚，我永遠記得，他只說了聲「再見」，隨後頭也不回，便像個壯士歸去般地走入火車站內，直到被後來的人群所吞滅，再也看不到他的背影。

一直到他隔天搭機離台，我不再接到他任何一通電話。

「在美國雖然也忙，日子過得倒是挺自由的，只是，我都逃得遠遠的了，我媽還能透過教會的朋友，依然千方百計試圖幫我介紹女友，這次回來，我原以為可以稍微轉換情境透個氣的，沒想到我媽還在『以死相逼』，說我回來若再跟曉蘋藕斷絲連的話……。要不是學校這頭，我必須親自跑一趟辦理離職手續，否則，恐怕連這次也無法下來高雄了。」幾天後怡君來電，又八卦了宇成說不出口的話。

聽了令人有如棒頭當喝，覺得自已該醒了！在宇成母親的心目中，我彷彿就是破壞別人家庭的小三沒兩樣，還好，那天沒在給他的電話裡出聲露餡了。

突然，若有所思地我想到一件事，於是走進了書房，順手就打開了電腦，然後沒有任何猶豫地，便將網路電話skype的軟體給移除了，最後，宇成的mail帳號，也隨即在通訊簿裡消失。這時候，突然從網路radio流洩出李斯特的降D大調練習曲《嘆息（Un Sospiro）》，此時此刻，再怎麼輕嘆都只是枉然了，還是把這段往事塵封吧！心裡頭這麼沉思時，然後很奇妙地，在我臉上，並沒有留下任何一滴戲劇性的眼淚。

母親的重生

「りんご，阿妳蝦米時候在高雄買厝啊？我哪ㄟ攏嘸知？」

母親歷經多次的電療，每次腦內一些好的不好的短期記憶，一時間都像是被橡皮擦給擦掉了，所以，母親完全不記得，曾幫我出了頭期款買房子的事。

父親和緋聞小三的事，這塊對母親而言，算是長期以來想忘卻忘不了的記憶，不知是否也暫時被丟入「資源回收桶」了？抑或是母親突然想要好好休息，選擇了睜一隻眼閉一隻眼？於是，母親出院後，不再像昔日苦苦follow父親相關的緋聞，少掉過去慣有的雞飛狗跳，家裡一下子變得清靜許多，後來好幾次我回老家的夜晚，隔壁房間不再傳來母親自言自語的叫囂聲。

母親猶如獲得重生般，展開了新的生活。

可能是受藥物的控制吧？有好一段時間，感覺母親完全像是變了個人似地，這大概是自我懂事以來，第一次感受到她的溫和，原本與父親日漸冰凍的關係，也彷彿機器開啟新的齒輪般，重新在微妙的氛圍中磨合。

「妳母親的情況看起來相當不錯，除了病人願意按時服藥外，家人的支持，應該也是讓她穩定的原因之一。」醫師對母親的病情預後極為看好。

過去母親一味只聽信「聖母娘娘」，唯有娘娘所賜的符水，才能一解其心中的煩悶。如今重新開啟新的生活後，母親說不出得了什麼病，只知道自己身體中哪裡怪怪的，注定得吃一輩子的藥。剛好在此同時，輾轉傳來小學同學阿泰的母親，也就是「聖母娘娘」代言人乩子去世的消息，加上阿福伯早已年邁，連家具店的工作也逐漸交出他的大兒子接替了，在沒人可以差使的情形下，那段「聖母娘娘」的記憶，很自然地，也被母親的橡皮擦給擦掉了。

後來，當遇到晚上睡不好時，母親轉而會向醫師詢問，變得非常信任主治醫師所說的話，只差沒把醫師當自己的「聖母娘娘」拜了。記得每次的回診，說什麼母親都要親自從屏東提著大包小包的「伴手禮」前往醫院，上至櫻桃水梨等高級水果，下至一大顆市場買來的高麗菜，然後每次都瞎掰說是自家種的，好讓醫師當面沒有理由拒收，壓根忘了住院治療前幾次的門診，她都是怎麼臭罵人家醫師的。不過母親執著的個性，倒是沒有多大的改變。

然而，家裡好久沒有的溫馨人和，卻溫不熱家具店生意長期以來的低潮，最終還是抵擋不住關門大吉的命運。因著原木料的取得不易，還有敵不過外面日漸興起的家具賣場、系統家具等潮流，加上大哥本已無繼承衣缽的意願，和大嫂另起代書爐灶也是事實，看著店裡資深員工阿福伯日漸佝僂的身影，即使後來加入他兒子這牛力軍，已然乏人問津的老家家具店，早就有一搭沒一搭地苟延殘喘的了。某一天，恰巧遇到願意收購店內所有家具存貨的蔡老闆，父親於是做了決定，讓家具店走入歷史。就在卸下當年父親和阿福伯親手打造的木製招牌時，看著我長大的阿福伯，比父親更激動地留下了不捨的眼淚，在屏東打著數十年老字號的家具店，從此吹下熄燈號。

看著人去店空的景緻，原本冷清的家裡，越發變得更寂寥。

「乾脆把爸媽都接來高雄住，我們也好照應。」

大哥嘉興曾經不下好幾次提出這樣的建議，然而，兩老寧願透天厝的爬上爬下，就是不想住進上下還得按電梯的大樓，「住入去就親像『關犯人』同款」母親曾叨念著，對於向來足不出戶慣了的她，其實到哪應該都沒差吧？而父親對於移往高雄的生活也顯得興致缺缺，最大原因該是放不下那早已曝光的地下情吧？若繼續留在屏東，他至少還能和小三藕斷絲連。

就這樣，我父母親依舊選擇待在屏東老家。

最重要的，幾十年來母親精神上長期的自我鑽牛角尖，一直陰情不定的情緒，逐漸豁然開朗起來，開始願意嘗試走出戶外。在全新的生活裡，一開始我常會陪伴他們，免去父母兩人同行出門的尷尬，於是幾年下來，三人行的足跡，走踏了許多屏東附近的鄉間小路，好久沒當司機的父親，也甘願載著我們母女，經常往返只需幾十分鐘車程的黃昏市場，哪怕只是為了買幾條魚，然後興致一來，父親或母親隨口會咬下市場裡便宜的客家草仔粿，那些看似再普通不過的日常，在母親開心的笑靨上我卻看到，長期以來，她從未有過的甜蜜奢侈。

後來回想起來，當初母親住院和電療時所受的折磨，也算是因禍得福，一切都是值得了！

隨著父親的興致一來，我們甚至還曾驅車前往台南關廟，來個尋根之旅。

「我母舅的厝，咁是那間白色ㄟ透天厝？」

「不知影恁母舅仔擱在ㄟ嘸（還在不在）？」母親附和著。

看著母親和父親一起跌入只有他倆才知道的回憶中有說有笑，母親露出難得的幸福笑靨。然後，一路上我還能聽著父母親細說各自日據時代的童年，以及婚後胼手胝足一起走過的艱辛歲月。

以前一提到母親「出遠門」，頂多就僅止於幾哩外「聖母娘娘」的神壇，很高興新生活裡，宅居多年的母親願意「破繭」而出，於是我們打鐵趁熱，剛好此時正逢高鐵開始試跑營運之初，就這樣我們一行三人，開始展開數十年來母親真正的遠行計畫。

後來的暑假，做夢也沒想到，母親終於可以跨過濁水溪，遠征到台北甚且過夜。

「哎唷，你ㄟ鞋底哪ㄟ『分屍』落下來了！」

記得那年夏天，我們三人一早從台北東區搭捷運來到剝皮寮，附近的服務中心才剛開門沒多久，早起的我們卻已逛完電影《艋舺》拍片的場景，就在父親俯首坐下來想休息時，父親那雙老牌牛皮製的休閒鞋，居然「ㄏㄨ」掉斷裂了。

「早不壞晚不壞，竟然在這個時候壞去，卡緊來去買一雙鞋子，慶菜（隨便）蝦米鞋攏好，嘸看要按怎擱走路？」父親話一說完，三人便相視大笑！

「等我退休了後，嘎擱帶恁們出國趴趴走。」

「到那咧時，不知道要變成安怎了！」

在這段不算長的日子，我常歌頌著「我的家庭真可愛」，一方面更貪婪地編織三人行出國旅遊的美夢，另一方面也祈求老天爺能再給我們腳本，好讓這樣溫馨的家庭劇情，可以在家裡繼續演下去。

只可惜，那年夏天父親說過的那句話，似乎早已預知了未來，計畫好像永遠趕不上變化，還沒等我來得及退休「告老還鄉」，三人行之旅，就在那次台北回來後便從此停格，我們再也沒有機會可以一起到處趴趴走了。

Around 40的怪怪老師？

前不久曉蘋才剛從學校的電腦研習中，學會部落格的發文，哪知彼時大家已開始流行「加入好友」，然後臉書悄然迅速竄紅，成了網際網路上大家交流的新寵兒，二〇一〇年初，她也成了「ＦＢ」的新手，學會和朋友互相按讚分享。

也許是彼此都加入了共同朋友怡君的關係吧？某一天，曉蘋在她ＦＢ「你可能認識的朋友」中，意外跳出了「David Huang」，自從和宇成逐漸走向平行線後，那算是第一次空中虛擬的交會，不過還來不及讓她想太多前，曉蘋便點了「×」將畫面給刪除，同時，那段差點被挑起的記憶，瞬間也跟著被移除！

自從和這位前男友也不是的「緋聞朋友」不再有任何交集後，其實曉蘋遇過幾次的「紅鸞」星動，「桃花」也曾經願意為她開過，只可惜最後都僅止於曇花一現，一下子就無疾而終了，偶而她會想起當年「仙女下凡」的無稽之說，不過諷刺的是，如今依舊小姑獨處的她，就是因為「仙女」才結不了婚，反而成了自己理所當然的慰藉。

數算無情的歲月，不知不覺中，讓她終究還是走到了不惑之年，唯一讓曉蘋還可以偷笑的是，即使未能守住凍齡的臉蛋或曼妙身材，至少沒讓自身飄出「大嬸」的氣味。然而「家中尚有待嫁老女人」，一直以來像是身為她人父的奇恥大辱，曉蘋父親人前人後總是細說她這老查某仔興嘆，不過父親自從生過那場大病後，好不容易才體會到女兒未嫁未必是禍、反而有女賴在旁照顧才能擁有的幸福，而對於父親長期感情的背叛、始終無法從婚姻中獲得快樂的母親而言，隨著神壇「聖母娘娘」的代言人乩童的過世，女兒「仙女」的命定之說，似乎也從記憶中逃之夭夭，母親對她將來的婚與不婚早已看開，只要曉蘋經濟上能獨立，母親也逐漸默認，她過著單身又何妨的事實。

少了父母親的壓力，對於自己婚不婚，曉蘋似乎更是無所謂了，除非1＋1能大於2，否則她寧可「only1」，也不願盲目「脫單」，墜入萬劫不復的生活。

「阿這咧水姑娘仔是蝦郎（這漂亮姑娘是誰）？」有一天她又陪父母親去探望姑姑，開始失智的姑姑看著她迎面而笑。

「內桑（阿姊），是我查某子（女兒）りんご啦！」父親笑著說。

「阿夭未嫁（還沒嫁人）厚？」姑姑應該早已不認得她了。

「我說曉蘋啊，人不管活到幾歲，最好還是有個人來相伴，現在不是介流行姐弟戀？那個什麼歌星王菲的，和小她好幾歲的男星，不也正大光明談著戀愛？如果有機會的話，姐弟戀妳嘛嘸免拒絕啦！」面對姑丈沒來由的這番打岔，直叫人傻眼！回想當初，姑姑和姑丈管她表哥擇偶就算了，連她那份也都算在內插手置評，如今她老大不小了，姑丈還不忘說教，真是夠了！

「田老師，妳真的沒有男朋友嗎？我有位親戚相當優秀，妳有沒有興趣認識？不過他人在台北……。」

「曉蘋，我有位朋友很優秀喔？雖然離了婚，還有小孩，要不要我幫妳介紹？」

「田老師，妳眼光是不是長到頭上了？要不然怎會到現在都還沒把自己嫁掉？」

「人老了，還是有個伴較好照應，幹嘛不結婚？」

「田老師，我有個同學條件不錯，就人家說的『黃金單身漢』，跟妳一樣也很會挑，哈哈，他對同齡的沒興趣，倒很想認識妳，可是他大妳十歲，妳會介意嗎？」

在這個兩性根本就不公平的社會，男的若還單身條件又不差的，「CP值」可高了，都說是「黃金」單身漢，即使年過半百或離過婚的，都還能被說是酒越陳越香，行情照舊「水漲船高」。反觀女人單身越久，可憐地就只能被冠上「剩女」的份，一但過了「警報」線仍孑然一身的，人家就會用怪怪的眼神看妳，而且瞬間即刻「貶值」，即便擁有著不錯的條件和經濟能力，人家只會視妳為「敗犬」。同樣的年紀，即便是老男人，所挑的對象，range還是很大，老少配早就見怪不怪了，要是換成女性來說，「某大姊」的婚姻卻反而常被拿來當作笑柄，這幾年雖然也興起姐弟戀，大部分還僅見於演藝圈世界，尚且還被用放大鏡檢視了，若發生在平民百姓的女人身上，絕對更容易拿來做文章。在這樣兩性不平等的社會，一過不惑之年的單身女人，最好要有自知之明，只能「被人挑」，或認份選擇別人用過的「二手貨」，這種奇怪的男女婚姻觀，真是差很大！

「我從未對老師動怒過，唯一一次就只對我家小琪以前的那位國中老師，她好像有點怪怪的，而且聽說都四十好幾了還沒結婚，對學生動不動就亂發脾氣，有次對我們家小琪……。」

記得班上小琪的阿嬤，有次不經意地在曉蘋面前發過牢騷，如果阿嬤單純說是老師對學生亂發脾氣也就算了，她不明白，為何阿嬤還要強調人家「年過四十都沒結婚」，還加上「怪怪」的兩字，假如該位老師已經結婚了，不知道阿嬤還會不會說人家怪？阿嬤要是知道她剛剛好也是「年過四十沒結婚」時，會不會把這句話給吞回去了？

「恁查某子真孝順，攏會陪你出來散步。」

「這是你在高雄教書的查某子吼？真好，陪爸爸出來走走。」

曉蘋只要一有空回老家，晚餐飯後都會陪著父親，到附近公園散步走走，通常她們看到來運動或散步的長者，多半是孤家寡人的踽踽獨行，當看到那些老鄰居一臉的羨慕時，她也看到了父親滿足快樂的笑容。

忘了是誰說過的，「沒有必要為了吃一根熱狗而養一頭豬」，坦白說，她都已經走到這樣的年紀了，哪天要是真的披了婚紗走入婚姻，屆時恐怕會順理成章地，成了婆家照顧兩老的免費「台籍看護」了，倘若如此，那又何必自找麻煩呢？當她看到母親的右腳，不知從何時開始，已經漸漸失去使喚，一步挨一步走得相當吃力時，對於自己日漸衰老的雙親，承歡照顧都來不及了，曉蘋實在無法想像自己會有「愛屋及烏」的美德，可以把原生的父母親拋一邊，或還能心有餘力再去照應另一半的長輩。

德國一位人氣的關係與婚姻諮商師愛娃（Eva-Maria Zurchorst），曾在《愛自己，和誰結婚都一樣》中提及，「不管躺在床另一邊的人是誰，你一生真正的伴侶，是你自己」。

既然她都跨過四十大關的年紀了，若還是沒有機會遇到1＋1大於2的「好康」，說真的，還是愛自己卡實在。

到現在曉蘋依舊未婚，說實在的，她，何必一定要結婚呢？

玩到掛的畢旅（一）

畢旅，在許多人的學生時代裡，想必都曾經令人期待過，對於曉蘋的學生來說，當然也不例外。

平常她們學生便鮮少有出遊的機會，因此，畢旅帶給他們的興奮指數，絕對是足以破表的，如果有機會能夠滿足他們的期待，固然是件好事，然而，看在必須率團領軍的她們這些人師眼裡，可就令她們又愛又恨了！因為，一趟過夜的畢旅，往往像極了考驗她們體力和耐力的極限之行，尤其和學生「當我們在一起」的時間，簡直沒完沒了時，很多情況，絕非老師們一瓶接一瓶喝下「蠻牛」，便能立即上路了事的。

其實曉蘋她們的畢業旅行，一直以來，都是可以二選一的，也就是選擇當天往返的一日遊，或是兩天一夜之旅。這樣「二選一」的裁決權，大部分也來自老師們的協調決議，因此看最後是要「找死」或「尋活」，通通都可以由老師們自我做決定。

「選擇一日往返的，請舉手」，因為每次只要過夜的畢旅，都讓曉蘋無法入眠，因此在好幾次畢旅「二選一」的表決時，她都好想勇敢地舉手表示「一日遊」，可惜最後都還是寡不敵眾，只能服從多數，跟著大家「潦」下去。

因此，印象中曉蘋跟學生的畢旅，都是「過夜」版的。

記得好多年前的一次畢旅，她們甚至還破了學校有史以來的紀錄，和學生「當我們在一起」的時間將近七十二小時。那年，適逢台北舉辦花博，正巧又有提供外縣市特殊學校師生免費的門票，衝著這難得好康的機會，曉蘋她們踏上了學校史上從未有過的，三天兩夜之旅。當她們跟學生「綁」在一起的時間變多了，伴隨的狀況也跟著層出不窮。

那次畢旅，為了趕在隔天一早抵達花博現場，她們依照計畫，第一天就準備衝鋒殺到台北，沿途僅在中途集集火車站小憩半晌，和學生搭著懷舊火車拍照過過癮，同時解決學生上廁所和用餐等民生問題。

由於在遊覽車上，不能像在校內隨心所欲、隨時隨地想跑廁所就能解決，好幾次，她們不得不對習慣牛飲又頻頻尿遁的學生，控管其喝水的情況。

結果，結束集集小站的走馬看花後，才上車沒多久，同車自閉症的小芹，出其不意地在車上又蹲又跳，甚至作勢要脫褲子。

「不會吧？妳想尿尿嗎？」

「老師，我也要尿尿！」連平常寡言的阿源，此時也緊急湊一咖，顯然快撐不住了。

「不是才剛上完廁所嗎？」張老師才皺起眉頭，小芹再次又將外褲往下拉，於是，司機先生只得緊急在休息站停車，讓大家再度下車解決，才即時制止車內恐怕成「河」的尷尬場面。

接下來因著必須趕路，唯恐小芹再度上演尿遁的情事，不得已逼得張老師使出最後一招，就在小芹下車順利「解放」後，讓小芹穿上了備用的尿片。然後穿上尿片後的小芹，和車上其他幾位同是自閉症的學生，像是體內裝了永續電池般，持續精神亢奮，時不時還會發出怪聲，除此之外，其他的學生，一下子全陷入昏睡的靜默中。

到此為止，這些挑戰，都還算是小小的「前菜」罷了，接下來真正的大考驗，方才剛要開始。

就在遊覽車過了桃園的國道路段，外面突然變天了，開始下起雨來。後來當她們順利抵達木柵動物園時，所幸雨停了，學生依序下車後，在入園活動前，大家按例都會再進洗手間。

「咦，小芹呢？」在助理老師協助下取出尿片後，小芹趁著助理老師上廁所之際，竟神不知鬼不覺地消失了。最後好不容易才在男廁被發現，小芹還一副樂在其中地玩著水龍頭的水。然後大家隨著魚貫的觀光客，依序進入園內一睹「圓仔」貓熊和無尾熊的風采，曉蘋和班上黃老師也趁機幫學生捕捉紀念的鏡頭，拍完跟「圓仔」的大合照後，才一轉身，換成班上的阿玲不見了！

學生像這樣輪番上陣「搞失蹤」的戲碼，稍不留神就會在畢旅途中上演，總要在算齊人頭數、然後大家平安坐回遊覽車後，她們老師才能暫時鬆口氣！可是老師身上緊繃的發條，並沒有因此而鬆懈，所謂關關考驗關關過，接下來的「好戲」還緊跟在後頭呢！

每次光是住宿過夜的「洗澡」這關，就足以讓老師們忙得團團轉。平常大家看似簡單的盥洗動作，其實對於曉蘋她們的學生來說，卻並非每人都能順利到位，還有，即便可以自己沖澡的孩子，面對家裡以外不同的蓮蓬頭，也是需要她們的示範指導。於是，好幾次的經驗下來，老師她們通常都會搞得像消防隊員救火般，甚至親上火線幫忙搓洗，往往搞到最後，自己都還沒下場淋浴，就弄得分不清身上噴濕的，是自己的汗水還是學生的洗澡水。那次畢旅，同樣毫無例外地，好不容易把大家都洗得香噴噴了，最後才能輪到曉蘋和同房的黃老師，撐開快闔上的眼皮，準備盥洗。

「阿玲，那是我的洋芋片哪！」黃老師才剛從浴室走出，都還來不及將濕了的頭髮吹乾，便驚聲尖叫！

這時曉蘋正巧從其他房間巡視返回，一聽到尖叫聲，還以為黃老師發現房內有「小強」，或是看到不該看到的東西，原來，黃老師私藏的零嘴包，已被眼尖的阿玲撕開了！那些零嘴，最後一位結束洗澡的黃老師，原本打算睡前，邊看電視邊解饞用的，哪知自閉症的阿玲，用「貴妃醉臥」的姿勢好整以暇地半躺在床上，然後一手將已剩下半包的洋芋片，送進自己嘴裡還咔滋咔滋地沒停過，另一手則悠哉地拿著遙控看電視。這樣享受的畫面，想必原本該是黃老師出浴後自己的影像，眼前卻變成了阿玲樂在其中，然後，袋裝的洋芋片幾乎就快見底了……。黃老師氣炸了！

「我說阿玲，妳嘛幫幫忙，不可以再吃了，把電視關了，趕快去刷個牙，準備睡覺。」聽得出黃老師的三聲無奈。

生氣歸生氣，因為太了解阿玲，很快地，黃老師也不計較了，然後像是想到什麼似地繼續說：

「曉蘋老師，我這次特別準備了褪黑色素『祕密武器』，聽說空姐調時差睡不好時都吃這味喔，我知道妳向來不好入睡，快，趕快吃吃看，保證妳一覺到天亮。」

黃老師轉身就從自己的背包，拿出「祕密武器」的藥丸給她。

平常在校，就因學生有的沒的狀況讓她很難午休，更別提帶學生出外夜宿了，所以曉蘋才會排斥「過夜版」的畢旅。接下黃老師的那顆藥丸後，她吞過便即刻鑽入被窩，並祈求當晚能讓她藥到迅速見周公。

結果，才躺下後沒多久，不知傳來阿玲、同床隔壁的學生雅芳、還是黃老師的磨牙聲？同時還夾雜陣陣的打鼾輪番「伴奏」，難道連「靈丹」在她身上都失靈了？曉蘋只好「土法煉鋼」開始數羊，數著數著天都快亮了，還是遇不到周公……。

「吼～這死阿玲，吃了我的洋芋片就算了，昨晚好幾次她的大腿還『爬』到我肚子上了，害我整夜就忙著把她大腿『推』回去，根本沒睡好啦！」向來號稱站著也能秒睡的黃老師，昨晚同她吞下了那顆褪黑色素，不過，看來好像也「破功」了！

經過了一晚的休憩，學生們各個又是生龍活虎，而那幾位「馬力超強」的自閉症，彷彿再度蓄滿電池般，連吃個飯也又蹦又跳地，反觀老師們，一個比一個像極了黑眼圈的熊貓，前一晚大都沒睡好。

「田老師啊，妳們班的阿源，是不是都『做仙』沒在睡的啊？」被分配跟班上阿源同房不同床的林組長，聽說前一晚，幾乎是眼睜睜地到天亮，沒有片刻入睡。

「妳知道嗎？昨晚才上床沒多久，阿源就像見鬼了，猛戳我的背說：『老師，有人！』起初我還信以為真，跟著起床，確定根本沒人，我就叫他趕快睡覺，結果他躺下後，很快我又是一陣背戳，『老師，有人！』這回我就懶得理他了，哪知沒多久後房內竟傳來了哭聲，我以為真見鬼了！又起身確認，原來，阿源把整條被子給搶走了，害睡他旁邊的耀廷沒被子蓋，才委屈地哭了，我只好充當和事佬，解決床頭紛爭。就這樣一夜折騰下來，好不容易我正要闔上眼休息時，天色就亮了。

我想反正也睡不著了，乾脆趁學生尚未清醒前，先來個平日習慣的慢跑。這次畢旅，我還自備慢跑的短T，結果當我正想要更衣時，『老師早！』後面突然傳來像是『摸心那』的聲音，原來阿源也醒了！然後接下來的事，差點害我下巴掉了下來。妳知道嗎？妳們家阿源身上不是常常有濃濃的汗臭味嗎？睡過一覺後，他全身上下更是異味十足，我被燻得只好叫他趕快把穿了一夜睡覺的上衣給換掉，於是，他從自己的背包裡抽出來一件短T，沒想到居然比他身上穿的那件，簡直更臭氣逼人，而且，那件上衣根本不堪一碰哪，整件上衣就像是酥餅碎片般，開始ㄏㄨ掉了，弄得滿地都是……。我的天啊！這件爛破T連拿去回收搞不好都會被拒絕呢！阿源是沒有其他衣服了嗎？

我東翻西找，從阿源背包內確定已沒有可換穿的衣服後，我還能說什麼呢？只好忍痛把自己那件慢跑T割愛給他，他算是賺到了！那件全新短T，我可是一次也沒穿過呢！最後，我的慢跑，當然也沒跑成啦⋯⋯。」林組長細說前晚的「驚魂記」，依稀看得出一臉的倦容與無奈。

怪不得一早，曉蘋就看到難得阿源身上有了像樣乾淨的T恤，只見阿源完全不知發生什麼事地大啖早餐，她突然笑到彎腰，也或許唯有在「過夜版」的畢旅，才能發現班上「天兵」那些看不見的日常吧？

玩到掛的畢旅（二）

和學生「當我們在一起」二十四小時過後，曉蘋和其他老師又開始啟動第二個二十四小時的發條，準備迎接另一個不一樣的旅程。

隔天一早，她們便展開這次畢旅的「重頭戲」，前往花博館免費參觀，可惜老天爺一大早就不賞臉，車窗外的雨勢滴滴落落，始終沒有停歇過。

當她們一抵達花博館現場，各個展覽館前，已經湧入了一片傘海，好多學校的師生，早就提前她們卡位排隊了！「小芹！」一下子又聽到張老師的怒吼，「阿玲，跟好！」一下子換黃老師的頻頻交代，頓時，雨聲還夾雜著此起彼落老師的呼叫聲，好不混亂！眼見雨勢越來越大，大家好不容易終於擠進了隊伍中間，只是都還沒進入會場，不只她，所有為學生撐著傘的老師全成了落湯雞，而套在輕便雨衣下的學生們，各個頭髮濕亂，狼狽的樣子也沒好到哪裡去！

想必來自四面八方的特殊學校師生，都全在這一天衝著「免費逛花博」而擠入，沒想到卻遇到這種鬼天氣，搞到快接近中午，她們一票師生方才勉強寒進了館內，最後也是走馬看花草草結束。大雨的攪局，大家狼狽不堪也就算了，連日的大雨讓會場內的露天美食攤位，也全被迫暫停營業，結果暴雨「炸」到她們差點連午餐都沒著落！後來學校緊急應變代訂便當，大夥才像難民般，全躲到一處稍微可以遮雨的地方，然後已經完全沒有形象地，各個捲起半濕的褲管席地而坐，扒著大雨中遲來的午餐。

「曉蘋老師，妳的腳有沒怎樣？我的腳昨天就開始起水泡了，天殺的！這場雨到底要下到什麼時候啊？ＯＫ繃有貼跟沒貼沒兩樣，全掉啦！說什麼鞋子好穿，我還狂買三雙咧，這下可好啦……。」看著黃老師腳上的淑女款布希鞋，上面還裝飾著她精挑細選的小花，原本被雨澆成瘋婆似的彼此，相視大笑了！

早在出發前幾週，天候就一直不佳，尤其北部，她們祈求畢旅能遇到好天氣，另外她們也都做了萬一大雨不歇的最壞打算。於是，曉蘋出發前事先就買了淑女款的布希膠質涼鞋，以備雨天可以一鞋兩用。無獨有偶地，黃老師也網購揪團買布希鞋，因貪圖便宜，還一口氣直接網路下單買了三雙。結果，沒想到連日來的大雨加上新鞋的不適感，再多的ＯＫ繃，也止不住黃老師滿腳的水泡！

結束難民般地囫圇吞肚後，雨停了！大家坐上遊覽車，才一離開台北，天氣也跟著轉晴，先前的那場大雨，彷彿故意衝著她們來亂的，閃雨搏命擠入會場亂逛一通的結果，根本沒人記得花博展些了什麼？

在車內的午睡過後，很快地大家又變回了一條龍，各個摩拳擦掌，準備接下來前往逢甲夜市朝聖，大啖美食。

夜市的那一晚還算平靜，除了林組長為了協助與他重量差不多的輪椅生阿吉從遊覽車下車，不小心閃到腰，險些擦出小意外，途中儘管遇到有人跑廁所，幾經波折也都順利解決了，再怎麼樣還好都沒早上在花博的亂，所幸也沒人「搞失蹤」，結果，曉蘋和班上學生依著事先準備好的口袋名單，沿路大快朵頤傳說中的夜市美食，總算才回到畢旅該有的fu。

歷經了一天的勞累，那一夜，她像是半夢半醒，史上頭一遭的「突發狀況」卻發生了！

「喔咿喔咿……。」

曉蘋先是聽見救護車的聲音，而且感覺聲音越來越近，像是駛進飯店附近，「發生什麼事了嗎？」那時大概還沒十二點吧？就在她還來不及搞清楚到底是不是夢境時，很快她就被設定的鬧鐘吵醒了！

隔天，她從其他老師口中才得知，前一晚的救護車鳴笛原來不是夢境，聽說輪椅生安安半夜被抬上了救護車！本來體質就較虛弱的她，加上可能在花博被雨淋和勞累，結果夜半高燒不退，臉色慘白，就在主任和組長全程陪同之下，緊急送醫掛急診！安安在醫院打了退燒針後，還繼續吊點滴留院觀察，折騰到清晨近五點左右，一行人才又返回飯店，原來昨夜不是只有她沒睡好，主任和組長更慘，根本是徹夜未眠！

好不容易，不論夜半沒睡好或徹夜未眠的，和學生「當我們同在一起」的時間，開始進入倒數的最後一天。

畢旅第三天，大家跟著遊覽車，一早就「殺」到台中近郊的九族文化村。

一抵達九族文化村，學生根本無心欣賞「迎賓舞」精彩的載歌載舞，等聽到迎賓的鳴炮聲後，她們兵分兩路，心臟無力的「膽小組」就歸曉蘋她管，選擇像是「輕量級」的旋轉木馬意思意思一下；不怕死的「hifh翻天組」則跟著黃老師或林組長，從「阿拉丁廣場」的海盜船，一直玩到「金礦山探險」，甚至是「UFO自由落體」。每次她都發現，那些平常看起來溫溫弱弱的孩子，一玩起「重量級」的遊樂設施時，意外地都比她處變不驚，完全面不改色的。

隨後，她們跳上往日月潭的纜車，再搭上這趟旅程最後壓軸的日月潭遊輪，潭邊美景盡收眼簾後，幾近七十二小時的畢旅，也即將進入尾聲。

「玩得開心嗎？」

當遊覽車把大家安全護送回到學校後，一群久候在校園的家長們，引領長盼後，你一言我一語地，開心迎接寶貝們的歸來。

「超好玩的啦！」

安安像是還沈浸在興奮的氛圍，全然忘了那夜被救護車送醫的驚魂。

終於，曲終人散，老師們也「活」著回來了，三天兩夜跟學生的「當我們同在一起」下來，每位老師們都快要高喊「亞蘭亞蘭虛累累」了，然後，大家似乎都很有默契地，不忘帶回買一送一的「伴手禮」熊貓眼，作為畢旅的最佳紀念品呢！

奇妙的打字溝通

「我成功啦！」

曉蘋高興地大聲驚呼！因為眼前她抓住學生大雄的手指，就像是玩「碟仙」般地，在「紙鍵盤」上移動拼出了「ㄨㄛˇ ㄅㄨˊ ㄧㄠˋ（我不要）」三個字。

記得先前的那個週末，她去聽了場有關自閉症「打字溝通[7]」的研習，只見台上數位低口語或無口語的自閉症孩子，在家長的「扶手」協助下，彼此間做了一場無聲勝有聲的交流。

那天，當她看到台上那群沒有口語能力的孩子們，他們那好幾雙的眼睛，有的甚至連鍵盤看都不看，就自顧自晃頭晃腦地，然後透過每一位媽媽的「扶手」之下，便在電腦鍵盤拼打出字句來，那樣的場景，很奇怪地，不禁讓她聯想到過去陪母親到私人道壇，目睹小學隔壁班阿

---

7 國外行之有年的Facilitated communication（FC），亦即促進性溝通（或稱為「支持性溝通」，指溝通障礙者靠著協助者的肢體支持、情緒鼓勵、及其他溝通支持，使用鍵盤打字母的一種策略），以及美國的自閉症家長Portia Iversen大力推廣的Informative Pointing Method（IPM），曾經證實了許多低口語自閉症者可透過點指文字符號來自由表達，並顯示真實的內在能力。——截自二〇一二年四月十五日官育文《低口語學生打字溝通的介紹》課程講義。

泰的母親代言「聖母娘娘」，即使到現在依舊令她難以置信。不過，研習當天那些「隔空」的交流對談，若說是那群來自四面八方的家長，事先套招合演的戲碼，也未免太過於逼真了！

身為特教老師以來，她最怕遇到情緒障礙的孩子，而今「進化」為老鳥的她，更怕不會說話且帶有攻擊行為的孩子，不論是自傷或傷及他人。

記得有次分組上課，曉蘋就曾經被隔壁班自閉症無口語的圓圓，沒來由突然莫名其妙地「賞」了好多巴掌，面對比她高胖好幾倍的圓圓，毫無預警地出手，她甚至連圓圓的大手都抵擋不住，完全無法招架，還好圓圓班上較「精光」的阿明即時出現，她才顧不得老師形象，狼狽地請他儘速去討救兵，隨即圓圓導師火速趕來才幫她順利解危。事後曉蘋曾認真想過，要是臉上完全「不著痕跡」的圓圓，能夠透過某種溝通方式，或是事前適度表達她的情緒，哪怕是喊出「生氣」或「走開」幾個字都好，只要讓曉蘋有心裡準備，說不定就能閃過被摑掌的份。因為不知如何溝通，從那之後，只要在校園一看到圓圓，她就像見鬼般，大老遠自動閃一邊，免得無端再吃上意外的一拳。

其實，長期以來在學校，曉蘋不是沒遇過語言障礙的孩子，也嘗試用過不同的方法，舉凡字卡圖卡啦、電腦輔具等，甚至藉由當年流行的「快譯通」，試圖協助可以拼音的學生做溝通，可是諸如此類的溝通方式，不是溝通工具攜帶不便，就是圖卡字卡的製作費時甚或不敷使用，還有遇到抽象概念時，那些圖卡用起來更是卡卡的，根本窒礙難行。

於是，當她第一次聽到另類的「打字溝通」時，她便抱著寧可信其有的想法，心想若能藉由一張輕便的字卡，就能打通她和無法說話學生之間的管路，即便算是「死馬當活馬醫」，也是值得一試。

因此，在研習後沒多久，曉蘋便開始展開試行策略，好不容易就在數個月後的某一天，她扶著班上大雄的指尖終於動了起來時，就像是中了樂透般相當開心！

從此以後，她便藉由一張「鍵盤字卡」，開始從自閉症的孩子，乃至班上其他無口語或低口語能力的學生身上，協助他們溝通表達。

「真假？大雄真的能『說』出這些話？老師，我看八成都是妳自說自話的吧？妳看，大雄眼睛根本連字卡都沒瞄一眼哩！」

「小惠，妳『說』，老師有沒有打妳？」

「老師，我家品華又沒學過注音符號，哪可能拼得出字來？」

曾經有好幾次，曉蘋在家長面前試著使用「打字溝通」，結果遭到不少家長的懷疑，甚至學校其他有些老師，同樣對這樣的溝通方式，也不以苟同。

「我不喜歡田老師，她都會罵我，能不能叫出老師滾蛋，離開這個班級，我不想上她的課！」

有次她在經常鬧情緒的淳美媽媽面前，扶手打字唸出這段話後，媽媽當場愣住，也感到很不好意思，就連曉蘋本身都嚇了一跳，說真的，如果「打字溝通」就像前面家長所言，都是老師（協助扶手的人）自導自演、自說自話的情況，她應該不至於笨到選在家長面前「自揭瘡疤」吧？

這樣的溝通方式，除了曉蘋之外，其實還是獲得不少老師的認同，有一段時間在校園內跟著流傳了起來，學校甚至還廣印「溝通字卡」讓大家使用，也引來了一些家長的趨之若鶩。不過同時間，這種尚未被科學驗證的溝通方式，伴隨的爭議依舊不斷。一時之間，這種「打字溝通」，在她校園內逐漸形成兩大流派，演變成所謂「信者恆信、不信者恆不信」的局面。

面對後來「打字溝通」的種種非議，她曾試著討教過語言治療師，結果，治療師倒樂觀其成，並不否認其作為輔助溝通的存在性。因此，倘若無傷大雅，只要能協助孩子的表達，以及透過溝通改善其人際關係與交流，這樣的溝通方式，又何嘗不可行？

當不斷地使用「打字溝通」的結果，曉蘋意外發現，那些向來被迫坐冷板凳、長期以來被忽視的極重度無口語的輪椅生，透過這樣的溝通方式，才有機會去理解他們的心聲和感受，也因為有了這樣的溝通，讓她恍然大悟，很多時候為何大雄會無故暴衝出教室，其實都是事出有因的，同時她也藉此試著去了解其他失控的孩子為何而躁動不安，透過這樣的扶手溝通下，曉蘋終於明白，學生的哭鬧，很多時候絕非單純的無理取鬧等等。

漸漸地，對她而言，別人怎麼看待「打字溝通」已不重要，有道是「有不算美好的溝通工具總比沒有的好[8]」。

[8] 張欣婷：《紙上談「溝通」，打字溝通真的有用嗎？》（愛彌兒，愛我們的孩子），二〇一九年，國立東華大學諮商與臨床心理學系。

她便靠著這帖「武功秘笈」遊走校園，幾年下來，箇中的滋味，唯有親身體會過的人最清楚，透過這種溝通的方式，彷彿幫不會說話的孩子打通了任督二脈，除了協助他們傳達想「說的話」，也讓他們情緒的紓發有了對口，她覺得最大的收穫是，藉由這樣的師生互動方式，的的確確拉近了她和學生之間的距離，同時讓她看孩子的角度有了改觀，過去她對於班上那些弱勢中的弱勢孩子身上，可能抱持的無所適從或無力感，也隨之變得雲淡風輕。

曉蘋常想，只可惜在她可以運用「打字溝通」時，當年突襲她的圓圓已經畢業了，否則，她真想扶起圓圓的手試問，那時候在她臉上突襲的那幾個巴掌，終究是為哪樁？如果有機會的話，她也好想跟昔日的鄰居亞文溝通看看，聽一聽他內心想的是什麼。

和學生「搏感情」

「田老師，聽說大雄在妳們班喔？妳事前都沒去拜拜嗎？恭喜妳又抽到『籤王』啦！」記得當初剛抽中大雄班上時，同事又跟曉蘋幸災樂禍了。

只要帶班當導師，每三年總要經過一次心驚膽跳的抽籤，以決定接手的新生班級。因為一抽「定江山」，抽到的班級，將決定接下來三年的命運，聽說有些老師在抽班級前，真的會慎重其事到廟裡去求神拜拜，祈求別抽中「籤王」或難搞的學生，以及接下來的三年「國泰民安」。不過一切彷彿冥冥中就注定好的，既然每班都會均分到「大咖」級人物，曉蘋既抽中大雄，也只能認了。不過說也奇怪，自從她學會用「打字溝通」後，就像是有了「護身符」般，只要跟孩子「搏感情」誠心以對，她相信，即使不用親自跑趟廟宇，所有的神明也都會自動靠過來幫她的。

記得一開始的新生報到時大雄沒出現，開學前的家訪她也沒能遇上本尊，直到開學第一天，曉蘋才有機會親睹，傳說中班上的這位「大咖」級人物。

那天為了恭候大雄，曉蘋便如臨大敵般戒慎恐懼，早早便來到校車前，然後像是要掩飾自己「糾咧等」的心情，她故作鎮定地小手牽著他的大手，宛如攙扶著老佛爺般亦步亦趨、小心翼翼一起走到新教室，同一時間在大雄毫無表情的臉上，她完全摸不清楚，一開始他葫蘆裡會賣什麼，空氣中整個凝聚著詭異的氛圍……。

後來與大雄相處下來，曉蘋開始納悶，究竟他是憑什麼「本事」何以能名列校園「大咖」？因為說穿了，大雄外表看似魁梧壯碩的身材，只不過是好看頭而已，了不起力道強大的捏人功夫，嚇嚇和他初識過招者罷了，私底下的大雄，除了跟大部分的星星兒一樣，有著自己固著的行為模式，其實還是個不折不扣的愛哭鬼呢！

說起大雄的固著行為，每天一早到校，就會看到他啟動自己的「大雄模式」，三年來如一日，一下校車之後，非得要巡視「檢測」過學校所有的電梯及飲水機，然後他才會心甘情願地走進自己教室上課。

而對於學生凡事對錯立場向來鮮明的曉蘋來說，當了解大雄每天上學的「啟動模式」後，從一開始的屢次規勸制止無效，到後來只要情節無傷大雅的話，她選擇睜一隻眼閉一隻眼，因為對於自閉症堅持的事，你若明地訓斥，他依舊可以暗地照做，換言之，一旦他例行性的「晨檢」被阻止，一整天下來他還是要逮住機會溜去「巡檢」，否則絕不罷休。然而大雄的這番舉動，卻常常引來其他不知情老師的側目甚或投訴。

「你在幹什麼？還不趕快回教室去！」

某天一早，方老師從他背後這麼突如其來地吼叫，於是「巡檢」的工作被中斷，大雄只好一路哭啼啼地走回教室……。

班上同學和其他老師都搞不清楚發生什麼狀況了，不過對於大雄愛哭的事，大家早已見怪不怪，也就懶得理他。

「大雄，你又怎麼了啊？」看著好一個大塊頭卻哭成淚人兒樣，曉蘋強掩快爆笑的嘴角，跟他打字溝通。

「我好委屈啊！我剛剛被罵臭頭了，你幫我去跟那老師說一下啦！」大雄很快就「打」出滿腹的委曲。

「你是不是又去玩飲水機了？絕對是你頑皮，否則老師不會隨便罵你，看你下次還敢不敢再去玩飲水機。吼～還有辦法哭成這樣？笑死人了！」為了顧及老師的形象，她繼續忍著沒笑出來。

後來經過曉蘋的關心與溝通後，大雄總算止住淚水。

像這樣，別人看大雄像是無來由地啜泣、或是取鬧，曉蘋都會藉由打字溝通試著了解端倪，也讓他的情緒有宣洩的出口。另外，大雄不算是完全無口語的孩子，有時他還是可以講出簡單的幾個單字，因此，她希望打字溝通只是一個輔佐，同時她都還是不忘刺激大雄，要他用「說」的，簡單表達出來。於是每天一到校，她一定先從大雄嘴巴逼出「老師早」三個字，上課前也會和他哈拉一下，曾幾何時像這樣字卡溝通的「搏感情」，不知不覺三年下來，也成了曉蘋和大雄之間相處的模式。

當然，一開始曉蘋和大雄之間的互動，並不是馬上就「琴瑟和鳴」的。在最初的磨合時期，屢次她惹得大雄不爽時，曉蘋也會被他先「捏」奪人，而且那時候只要一被捏，她就會反射動作地，大聲怒斥「好痛喔！不可以捏人」，沒想到演變到後來，大雄竟把這當遊戲玩了起來，每次一出手捏她，隨即他便伸出自己的大手心，等著接招討曉蘋她那小手拍打，而且樂此不疲。

當發現大雄捏人的習性非但沒改、反而引以為樂玩了起來時，曉蘋索性來個策略大轉彎，任憑大雄使勁捏她，準備來個面不改色也不還擊，沒想到卻引來大雄加倍使出吃奶的力量，像是期待她再次喊痛後，等著再拍打他手心陪他玩。結果試行幾次後，好不容易大雄才死心不玩了，不過，她卻付出了極大的代價，因強忍被捏之痛而造成的手腕受傷，害她後來花了好一段時日做復健。

「大雄你看看，老師都被你捏去做復健了！答應老師，別再亂發脾氣捏人了！以後生氣時，學著深呼吸，不要再動手了，知道嗎？」後來曉蘋每每刻意秀出紮著復健帶的手腕說著。不過，已經好幾年累積下來的捏人慣性，要「死硬派」的大雄，一下子說改就改不是那麼容易，曉蘋還是鍥而不捨，試圖糾正他不爽就捏人的惡習。

「老師，對不起，我不想再讓妳受傷，可是妳不要讓我生氣，否則我會捏人！」每次大雄都會似懂非懂地邊點頭，邊「打字溝通」跟她道歉。

但說也奇怪，在幾次曉蘋帶傷動之以情、曉以大義後，大雄慢慢地像是開竅了，然後看得出他開始努力想控制，後來，當他不小心做錯事又被她罵得火冒三丈時，在她面前竟變得像「俗辣」，真的氣不過時，偶而還是會隨便抓個旁邊的「替死鬼」，捏個同學一把以示洩恨，或是轉而裝模作樣、盛怒徒手拍打牆壁嚇人。從此之後，即使有什麼事讓他氣到發飆大叫，對於曉蘋，哪怕是一根寒毛，他真的都沒有再碰了！

誰說自閉症的孩子，都像「牛」一樣，就算牽到北京還是「牛」？其實人都是感情的動物，人情箇中滋味大雄怎會沒感受？誰對他好，大雄他當然是最清楚的了。

學校的美髮義剪

「啊……不好意思，她是『女生』啦！」現場此起彼落的剪刀咔嚓聲中，突然傳來黃老師的驚叫聲！

「真假？他不是男生嗎？我看家長同意書上寫說『照原樣剪短』，還好老師妳提前說了，否則，我這推刀就準備要推下去了咧！」所幸黃老師的及時喊卡，才沒讓他們班上的女生，在剪刀手下秒變為男生。

忘了從什麼時候開始，學校幾乎每個月一次，舉辦來自美髮工會的義剪活動。在活動開始幾週前，學校按例都會先發下通知單，通知家長並調查學生剪髮的意願。早期的學生像是阿國仔、「報馬仔」的小雲，乃至後來的帥哥宥勝，都曾經是美髮義剪的常客，儘管「帥」或「美美」的定義很籠統，「幫我剪帥一點喔！」起碼有交代就算，阿國仔他們每次都知道先跟美髮師照會一下。「阿姨，我要剪像郭富城那樣！」甚至還有學生會拿著偶像的照片，要求設計師比照辦理。

然而，學生的程度早已今非昔比了，能夠定位坐得住剪完頭髮就算很了不起了，越來越多學生的表達能力也已不靠譜，於是美髮義剪的標準，最後幾乎僅能靠著那張通知單上家長附註的白紙黑字說明，「三分頭、照原來樣子剪短、甚至光頭……」等，如果家長沒特別說明，那就是設計師或老師的「自由發揮」、看著辦了。

話說「照原來樣子剪短」，光是「剪短」，到底是多短？這個尺度的界線與拿捏，其實也是挺模糊曖昧的，尤其當美髮設計師萬一弄錯性別的情形下，一個順理成章「推剪」變短，絕對是情有可原的。

「那設計師也真是的，也不看看我學生那豐滿的胸部，就知道是個女生！」事後黃老師半開玩笑說。原來聽說該學生的家長，基於安全考量，長年刻意幫孩子「偽裝」的情形下，恐怕也只有班導黃老師才能清楚自己學生是個「花木蘭」吧？否則一看活脫就像是個男孩子模樣，連曉蘋一看也都認為是男生無誤了，何況是來去匆匆的義剪設計師？再說一般髮型設計師，恐怕只會留意眼前的那顆腦袋瓜，誰會去注意腦袋瓜以下的胸部豐滿與否呢？

「老師，她真的要剪『三分頭』嗎？」此刻，換那邊的設計師躊躇半天，對著小萱萱的這顆頭遲遲下不了手。

小萱萱是曉蘋隔壁班的學生，因罹患罕見疾病，外表小隻又瘦弱，長年坐在輪椅上，可愛的臉龐下，頂著又厚又多的三千煩惱絲，偶而還會不自主地流下口水，因家人很難帶出去整理頭髮，長期以來，都是靠著學校的美髮義剪打理。

「嗯，沒關係，妳就照著家長同意書上面寫的『三分頭』剪吧！我曾跟媽媽溝通過，甚至提議幫她女兒改變造型，好還她女兒清秀可愛的本色，不過基於好整理與安全的理由，媽媽寧可讓女兒看起來像男生，所以就剪『三分頭』吧。」隔壁班的周老師無奈地說。

「惠如，妳不剪嗎？」當看到在旁幫忙周老師，小心翼翼地撐住小萱萱身體的惠如，曉蘋忍不住好奇地問。

「才不要咧！我媽都會帶我去外面剪得漂漂亮亮的，媽媽說學校這種剪免錢的，不好看！」惠如誇張地邊甩弄頭髮回答。

「哇，志明，讚喔！乖乖地坐著讓美髮師剪髮喲！」主辦義剪的組長，對平常根本坐不住的志明笑著說。

另外，班上大雄每次也都會參加美髮義剪，家長對於髮型基本上沒有太多意見，那天曉蘋原本「相中」一位酷哥設計師，打算請他幫大雄剪髮，熟知沒多久後，那位酷哥隨即收拾他的行頭，然後轉身咻～地，飛也似地直奔向另一頭的教室去了！

「啊？義剪不是才剛開始沒多久，他就要離開了嗎？」望著那漸去的年輕背影曉蘋不禁大嘆。

「田老師，不好意思，國中部的自閉症阿慶，他是出了名的難搞，相信妳也早有耳聞，因為沒有人可以把他帶出來理髮，只有那位酷哥設計師『罩』得住他，所以剛剛一聽導師說阿慶在教室了，便通知他趕過去幫忙剪髮。」

這讓曉蘋想起了有次校慶，阿慶走過身旁，冷不防直接就從她背後胡亂拍打一通，阿慶個頭雖小，一但情緒躁亂時，活像小泥鰍般滑溜，聽說往往需要出動好多壯丁才能夠抓得住，相較之下，同樣是自閉症，她覺得班上塊頭壯碩的大雄，反而「親民」可愛多了。

「大雄，下次我們再讓那位大哥哥剪好了，來，我們請這位大姐姐幫你剪成『周董』的造型，OK？」

事前她便跟大雄「打字溝通」過，大雄表示要剪像「周董」的髮型，平常上課屁股也坐不住的他，最後竟也安靜地剪完頭髮。

「哇，大雄，好酷好帥喔！」返回教室後，大雄不忘頻頻攬鏡偷笑，經曉蘋這麼一讚美，他更是開心地又蹦又跳。

愛美是人的天性，看到自己換了造型變帥了，就連大雄都宛如大象踩地般歡喜蹦跳，方才一副苦瓜臉的小萱萱也露齒笑了，然後兩顆咕嚕嚕的眼神，彷彿在說：「臭大雄，我也好想變漂亮」呢！

大哥將三度動刀？

「大哥，你右側邊邊的牙齒怎麼斷了一截？」大哥第一次腦瘤術後出院時，我就發現了。

「りんご，不知道說了妳信不信？那次我開刀時，整個感覺就像不斷做了一場又一場的夢，渾渾噩噩中，有時夢到我是哪個王后的前世，有時我又變成是個小沙彌……。還曾經有好多的『冤親債主』過來找我，為了甩開這些債主冤親，我拼命地咬緊牙關向前逃，他們就跟在後頭死命地追，可能我太過用力的結果，牙齒就這樣硬生生地被咬斷了一截！

夢境中還出現過『閻羅王』，攤開生死簿一一在唱名，然後被叫到名字的人，一一坐上『死亡』的列車，突然間死去的阿嬤，也在不遠處呼喚我，叫我趕快跟她過去。很玄的是，當下我還能想到大聲念『阿彌陀佛』……，醒來之後，才發現自己躺在加護病房內。」

大哥侃侃談起自己走過生死關的經驗，我邊聽邊起雞皮疙瘩，還好，大哥能夠從瀕死的浩劫中平安歸來。

大哥第一次的開腦術後，在加護病房內，的確曾聽護理師提過，雙手被約束帶及醫療手拍束縛著的大哥，在半寐半醒中急欲掙脫的同時，有好幾次還大喊著「阿彌佛陀」。

聽說，歷經大腦手術的人，很多都像是電腦遇到當機，然後再次開機前，都會先經過腦內一番的「重整」，才又能開啟大腦的功能，而且重新「開機」之後，很多人十之八九，性情都會因此有所改變。

大嫂擔心動過刀的大哥認不得人，那時候每次趁著加護病房探視時，一定不忘每日一問大哥「我是誰」。然後大哥甦醒後，第一次被大嫂開口問「我是誰」時，聽說罕見地用著從未有過的口吻，還粗聲粗氣地對大嫂叫了聲「安某ㄟ（我的老婆）」。

所幸，隨著大哥身體狀況日漸恢復，以前大哥的樣子也回來了，不過原本無肉不歡的他，轉而開始每天茹素的日子，而過去時髦講究且喜歡享受的大哥嘉興，開刀完後卻整個人變了似地，甘之如飴地每天虔誠禮佛，並過起簡單質樸的生活。

記得第一次的大刀開完沒多久，為了剷除殘存的腦瘤，大哥又北上挨了第二刀，很幸運地第二次的開腦手術，較之第一次順利多了，另外已有過開腦經驗的大哥，也似乎較能夠坦然以對。遺憾的是，最後腦內的腫瘤，還是無法一舉殲滅，據說還餘留微乎其微的一小部分，那一小部分因為是最靠近腦幹的「地雷」區，除非日後生活受到影響時再說，否則即使是開腦權威的醫師，誰也不敢自找麻煩隨便誤觸。

距離大哥嘉興兩次的開腦手術，也已過了好幾年了，或許是曾經歷過生死關，大哥對於宗教的熱誠越發強烈，儼然從腦瘤的病人，一下子蛻變成佛教的宣揚者，時不時就跟大嫂驅車前往高雄的大崗山，「請」了一箱又一箱的佛書和光碟，對於平時上門請辦代書的客人，不論對方接受與否，「這些佛書和光碟送你」，美其名說是與人「結緣」，在我看來倒像是強迫他人中獎，大哥這樣的舉措，會不會嚇跑了上門來的客戶？對於素不相識的客人，大哥都如此慷慨分享了，「好東西就是要跟最摯愛的家人分享」，有好長的一段時間，也不管我是否有所需求，對於唯一的親妹妹，大哥更是絕不錯過盡情分享那些「結緣品」了。難道，這就是人家說的，大腦「重整」過後，所謂的性情改變嗎？

「大哥，你的腦瘤，後續還有定期北上追蹤嗎？」

第二次開刀完，大哥經常還會在大嫂的陪同下，一日高鐵北上醫院回診，後來的幾年，我都只看到大哥對於宗教的熱心奔走，不記得他是否按時例行性的追蹤。

「其實早在幾年前，我就放棄北上追蹤，又改回到高雄的醫院回診了。」大哥若無其事地回著。

「怎麼不再上台北追蹤了？目前你腦裡殘存的瘤，到底還有沒有再繼續長大啊？」即使是良性的，聽說開刀後腦瘤又變大、然後再動刀者大有人在。

「剛開始我都乖乖地在妳大嫂的陪同下，趕著高鐵上去，然後看沒幾分鐘的回診，又得趕著高鐵回來，坦白說，既浪費錢又浪費時間，後來我想說乾脆再跑回原來高雄的醫院，給第一次幫我開刀的陳醫師追蹤。然後大概在前年吧？陳醫師說電腦斷層好像有看到陰影，懷疑我腦裡殘留的腫瘤有再變大，當時他是有建議，叫我最好再回台北給黃醫師看。」

「結果呢？你有再北上去給黃醫師看嗎？」

「妳大嫂幫我網路掛號掛了好幾個月，好不容易終於掛到了，要不是她一直碎碎念，我實在懶得再北上去看診。結果，在當初不敢動刀的部分，腦瘤好像有長大了一些些，黃醫師說這次若再動刀，大概得啟動『伽馬刀』，且因位置非常靠近腦幹，就算腫瘤全部移除，也極有可能造成一些後遺症。」

「是喔？所以，你又得開第三次刀了嗎？」

「唉，我不想再動刀了！目前我生活上還沒受到任何影響，這次若再動刀，我的體力已不像從前了，而且萬一動刀後，帶來什麼後遺症的，恐怕苦了自己，也會影響到家人。最重要的是，自從我虔心唸佛後，心中變得較無罣礙，現在兩個小孩也都長大了，哪天腫瘤真的大到嚴重影響到我生活，甚至危及生命時，我想，那就是我的時候到了，到時候阿彌陀佛會來接我，我就跟著祂一起到極樂世界去。所以，以後，我只想用自己的念力去改變事實，不打算再手術了！」

唉，看到大哥堅定自信的眼神，我又能說什麼？

無與倫比的美麗——偶像歌手在校園出沒

旋律。

有沒有聽錯？有天從班上自閉症大雄的嘴巴裡，曉蘋的確聽到他哼出這首《小星星》的

「一閃一閃亮晶晶……。」

而且她還發現，好不容易自己才搞清楚「蘇打綠」根本不是什麼飲料或餅乾，而是時下正夯的偶像團體時，人家大雄早就會用他的方式，從電腦的YouTuBe裡，知道如何變出蘇打綠的經典曲《小情歌》來聽了！

那些看似行為能力低落的低口語或無口語的孩子，如果你以為，他們也全都是一群「音痴」的話，那就大錯特錯了！

曉蘋她們學校的學生，普遍在智力方面雖處於弱勢，但，一點也不影響他們追逐音樂潮流的心，在這部分，反倒是聽慣了古典音樂的她，顯然有點不上道了！

記得第一次從學生口中說出《追追追》這首曲子時，曉蘋臉上立即三條線，甚至完全狀況外，以為同學是不是說好一齊「口吃」了、才連講三次的「追」字？當再問及歌手是誰時，學

生尚且還能零零落落地答出「皇妃」？「黃飛」？還是什麼「非」的？她沒好氣地誤認為學生一時間都來亂的，熟知在電腦打下「追追追」三個字時，當真跳出歌手「黃妃」等一連串的搜尋結果，原來才知，學生根本就沒串通瞎掰，台語歌壇確實有這一名女歌手，而該歌手唱紅的這首《追追追》曲子，後來還被那幾位像是文青的「蘇打綠」翻唱過呢！

在流行音樂這塊，曉蘋不敢太小看學生，她經常還得利用上下班開車的空檔，收聽流行音樂，及時惡補自己在這方面的「音痴」。當時下開始流行聽誰的歌，很快地在校園裡，大家也會立刻瘋傳誰的曲子，像是謝金燕的《姐姐》，「姐姐」的電音招牌舞步，就曾風靡整個校園歷久不衰呢！後來，就連對岸唱紅的《小蘋果》，也意外在她們校園內爆紅，《小蘋果》的舞步成了大家爭相模仿勁跳之外，洗腦的旋律就連大雄都摀著耳朵，差點叫「不要不要」的了。總之，她們的學生們，在流行音樂這塊，大抵都跟得上時代潮流，而這些流行的音樂，恐怕也算是他們貧乏單調的生活中，最好的療癒了。另外，一提起蘇打綠這個音樂團體，可說是彼時全校最受歡迎的偶像團體之一，他們清新的嗓音、以及鄰家大男孩般地親民風格，尤其更能擄獲大家每顆小小的心靈。

學生們平常頂多就是透過電腦的YouTuBe，看著蘇打綠跟著哼哼唱唱，就能小小地乾過癮，他們做夢都不會想到，有一天，這幾位偶像，居然從電腦螢幕裡，活生生地走出來，而且踏進了他們的校園！

這是一首簡單的小情歌
唱著人們心腸的曲折
我想我很快樂
當有你的溫熱
腳邊的空氣轉了
這是一首簡單的小情歌
唱著我們心頭的白鴿
我想我很適合
當一個歌頌者
青春在風中飄著

那天，穿著志工背心素顏的蘇打綠，就在大家午睡過後的下午，悄悄地走進了她們學校。曉蘋早忘了稍早前校長和主辦老師是怎麼的串場，當青峰開始清唱他們的國民歌曲《小情歌》，然後阿龔的提琴樂聲也跟著被拉奏出來時，大家才如夢初醒般，這……可是真人版的《小情歌》啊！接著青峰邊唱、邊走、還邊跟大家握手……，天哪！，有誰能告訴她，難道是日本的整人爆笑節目嗎？否則超人氣偶像團體的蘇打綠，怎會大白天出現在她們毫不起眼的校園裡？孩子們各個無不睜了大眼，管它是不是搞笑整人節目，大家只管跟著又唱又叫，現場一下子既像是歌友會般，連平常都不太喜形於色的大雄，好像也藏不住詭異的笑容了。

接下來不可思議的事發生了！主唱青峰早已被人群團團圍住，好幾支手機及手臂，漸漸淹沒了她看蘇打綠的視線，場面好像越來越混亂……。

然後，曉蘋意外瞄到一個熟悉的身影，咦，怎麼連學校的保全先生也出現了？發生什麼意外了嗎？原來，他也聞風趕來，顧不得學校大門沒人看守，只為一睹蘇打綠的風采！學校較靈光的孩子，當然不想放過這天上掉下來的大好機會，紛紛簇擁想和偶像同框合影留念，剛開始老師們還「餓鬼」假意似地幫忙學生拍照，不過到後來，好多老師再也顧不得形象，通通暫時將班上弱小全擱一邊了，根本就是自顧自地湧上前頭，學校其他職員工也都放下手邊工作停擺了，大家萬頭鑽動趕來湊熱鬧，甚至搞不清哪裡竄出來的路人甲乙丙丁，消息靈通地跑來想捕捉野生偶像的畫面！好一個蘇打綠live出沒，塞爆了學校，頓時讓校園方圓幾里內的全民，為之瘋狂啊！

天上風箏在天上飛
地上人兒在地上追
……
嘿嘿你形容我是這個世界上無與倫比的美麗
嘿嘿我知道你才是這個世界上無與倫比的美麗

……

後來曉蘋才終於明白，原來，這場恍如做夢般的「歌友會」，其實是蘇打綠和校內一位陳老師，早在好久前就安排為這些特教孩子所鋪陳的梗，然後特地選在一個平常的午後，以「生命教育」講座之名，沒有大肆的宣傳，偶像們選擇低調地為這群孩子們，所行的歡樂之實。

結果，在大約一個半鐘頭多的時間，從頭到尾，蘇打綠好像就只唱了《小情歌》、以及《無與倫比的美麗》這兩首曲子，然而，「醉翁之意不在酒」，無論如何，蘇打綠暫時「解體」（主唱青峰總是強調他們沒有「解散」）前，那個午後的校園邂逅，相信一輩子會烙印在每位孩子的心中，而且將會是永遠「無與倫比的美麗」！

叫老師「姐姐」

跳針跳針跳針跳針跳針跳針
咚吱咚吱咚吱咚吱咚吱咚吱
不要再叫了，叫我什麼姐姐
海K你一拳，你還跟我謝謝
你說 I Love you
要跟我 Long stay
誰管女神宅男配不配

當歌手謝金燕《姐姐》曲子正夯的全盛時期，那股流行風也吹入了曉蘋她們的校園裡，每次逢K歌或學校重要場子，那膾炙人口的電音歌曲，幾乎必成熱門的點播曲子之一。

無獨有偶地，那段時間班上自閉症的大雄，似乎也跟著常常「跳針」，忘了從什麼時候開始，只要一見到曉蘋，大雄都管她喊「姐姐」，事實上，她和大雄媽年紀大抵不相上下，她當他的媽都綽綽有餘了，所以一聽到他叫她「姐姐」，當然她被逗得心花怒放。

只是「姐姐」這兩個字，對大雄而言，不知純粹是叫「心酸」好玩、還是諂媚？或甚至是他應付老師的一項「伎倆」？不知不覺中，不太說話的大雄，有一陣子經常掛在嘴邊，叫個沒完沒了……。

其實在更早的時候，大雄也常會從自己嘴巴裡發出「ㄇㄚ」的聲音，當時對著助理老師「ㄇㄚ」一聲，撞見每天前來學校的志工媽媽，也給她們「ㄇㄚ」一聲，對於天天和他搏感情的曉蘋，更沒錯過「ㄇㄚ」來「ㄇㄚ」去的機會。

就像許多自閉症孩子般，一旦發現自己感興趣的事物時，那種執著的熱度，通常都會持續相當時日且樂此不疲。於是日復一日，大雄總是興頭一來就「ㄇㄚ」個不停，「誰是你媽了？」，尤其一聽到對方有回應時，他就會更得意忘形！

有一次班上校外教學前，大雄又無來由地對曉蘋「ㄇㄚ」了好幾聲，因尚未搞定校外行前瑣事有些心煩的她，突然拉下臉來，警告意味十足地跟他說：

「大雄，今天出去校外教學，別再叫我『ㄇㄚ』了！再這樣『ㄇㄚ』下去，搞不好，當真會被別人誤認為我是你媽呢！」

「ㄇㄚ！」

都已經如此明示了，大雄還不識相，仍繼續大喊她「ㄇㄚ」！

沒多久，全班都還沒出發前，又聽到大雄來亂的「ㄇㄚ」聲，簡直快把她給煩死了！

「大雄，說好了不准再叫我『ㄇㄚ』了，懂嗎？叫我『姐姐』！」不知哪來的天外一筆，曉蘋居然脫口要大雄乾脆喊她「姐姐」。

大概從那次之後吧？雖然是當時她無心的一句話，大雄莫名其妙硬生生就被迫改喊她「姐姐」，剛開始時或許還不適應吧？偶而他還是會喊溜了嘴，「ㄇㄚ」了曉蘋幾聲。然後說也奇怪，對於其他助理老師或志工媽媽，大雄竟能自動切換，變成叫「ㄇㄚ」，對此相對較年輕的助理老師而言，自是心生不滿，虧起大雄的「差別待遇」，同時開玩笑也央求大雄一視同仁改喊她們「姐姐」，然而，大雄對這部分的「份際」似乎清楚得很，「姐姐」只有曉蘋她一人才能喊，可見平日打字溝通的搏感情，顯然沒有白費，她暗自竊笑。

然後，記得在一次例行性的班級打掃活動，那是個艷陽高照的日子，又是好死不死的blue星期一，一如往常，照例大雄必須負責提水讓同學拖地。當時曉蘋忘了反覆叫大雄提過幾次水，搞到後來終於把他給惹毛了，索性大雄將水桶丟一邊，逕自把身子靠牆邊休息，一副「老子我不幹了」的模樣！

「大雄，怎麼了？」曉蘋見狀隨即就跟他打字溝通。

「我都快熱死了，不要再叫我去提水啦！」大雄顯得很不耐煩。

「大雄，這兩桶水都髒死了，趕快去換水，快！」曉蘋沒注意到大雄臉上超難看的表情，還拼命催促他！只見他猛搖頭，同時作勢要捏她，自從讓她傷及做復健後，大雄好久都不敢在她太歲上動土了。

「大雄，你今天怎麼了？剛剛很厲害捏，都是你幫忙換水的，就剩這幾桶了，加油，忍耐一下！」眼見打掃工作近尾聲了，她希望他一鼓作氣結束。

「姐姐」，此時大雄突然喊了她。

「厚～，跟我來這一招？這時候叫我『姐姐』，沒用啦！我知道天氣很熱，你熱我也熱，大家都熱，但是沒有人想偷懶呀！」她差點快笑出來。

結果那天，最後還是沒讓大雄「得逞」，在曉蘋好說歹說的堅持下，大雄還是乖乖地換水提水、做完份內該做的事。

不過，或許是基於良心的不安吧？後來，她覺得不該混淆視聽，誤導學生錯亂身分，於是這樣口口聲聲的「姐姐」，在尚未讓大雄變成口頭禪之前，曉蘋決定停止他這樣的招呼。

「大雄，以後你不可以再叫我什麼『姐姐』了，還是叫我『老師』吧！」

有一回當大雄再度獻諂媚喊她「姐姐」時，她即時更正了他。

這下又被糾正的大雄，一開始當然還是不習慣，還好，隨著大家對謝金燕《姐姐》的新鮮感逐漸褪去之際，曾幾何時，大雄也不再喊她「姐姐」了，就連之前的「ㄇㄚ」聲，也隨著大家的不在意之後，再也聽不到了。

發現生命中的「未爆彈」

「二十六號田曉蘋小姐，請進。」阿義媽媽跟曉蘋短暫話別後，帶著不孕的女兒看診去了，這頭的她，剛好也輪到被叫號。

「田小姐，請問今天有哪裡不舒服？」女醫師問。

「嗯，我想請教醫師一下，這陣子我常常會感到胸悶，不知是否因快更年期的關係？」

「妳已經更年期了嗎？停經了沒？更年期因人而異，有些人的確會胸悶，不過胸悶也極可能跟心臟有關喔。」女醫師一開始這麼說。

「幾個月前我的月經停過，至今都沒再來。我記得幾年前健檢時，報告中曾顯現『心室肥大』的問題，當時看報告的醫師只表示可能跟老化有關，那時候我才三十好幾，根本不以為意，後來也就沒有再做任何的追蹤……」曉蘋話都還沒說完，醫師立刻插話。

「如果是更年期引起的胸悶，不會要人命，但要是跟心臟問題有關的話，那可是會要人命啊，建議妳還是先去看心臟科再說。」

不久前父親一下子掉鑰匙，一下子弄丟身分證，等重新申辦證件後舊的身分證卻又跑出來了，然後要不起床時暈眩撞壞了旁邊的藤椅，要不就是開起車來，總是越開越偏離車道，常令坐在車上的曉蘋膽戰心驚。

老爸該不會是「失智」提前報到了吧？

因著合理的懷疑，曉蘋暫且把自己的問題拋一邊，先陪父親跑了趟醫院，拜會腦神經內科，順便安排做心臟方面的檢查。

「記憶稍微有退化，不過還算是正常的老化」。

歷經腦神經以及所有心血管科相關的檢查後，沒想到年近八十的老父親，都通通過關。對於他的身體狀況，難道，又是自己杞人憂天了？

搞定父親的問題後，曉蘋才終於有時間，開始正視自己胸悶的問題。

「妳停經了嗎？應該是屬於更年期的胸悶吧？」和父親同樣門診的心血管科醫師，卻只看了她一下，立刻便說。

「我的胸悶，尤其睡覺時較明顯，還有，當我快走運動完，也會胸悶，去看過婦科，是醫師建議我來心臟科檢查的……。」突然間，曉蘋感覺自己像是婦科不要、心血管科也不愛的「人球」一般，有點尷尬……。

「好吧！那就先幫妳安排全套的檢查，先抽血，照X光、一般心電圖，然後再安排時間做超音波、二十四小時心電圖、以及運動心電圖的檢查。」

那個暑假，周遭的同事都忙著出國度假去了，只有她反而比平常上課時更忙碌，整個夏天，為了父親，也為揪出自己胸悶的「兇手」，自己成了醫院的熟客，不停來回奔波。

「恭喜妳超音波一切正常，我看妳心血管應該沒問題啦！」記得才做完超音波的檢查，醫師就一副打包票先跟她道賀了。

「那，我後面的檢查還需再做嗎？」

「既然都做了，就把整套的檢查給做完吧！」醫師到底是想賺錢、還是真心的建議？不免令曉蘋有點存疑了。

後來她選擇繼續「撩」下去，一不做二不休，先把二十四小時心電圖的儀器揹回家再說，然後又像是在健身房跑跑步機般，接受了運動心電圖的檢測，直到自己跑得上氣不接下氣……。

「二十四小時心電圖OK喔，再來看看運動心電圖的結果……，妳那天檢測跑完會喘嗎？」醫師邊說邊從電腦叫出檔案。

「會啊，會喘！」就是因為平常運動完會喘，才來看病的啊！她心想。

「嗯，等等……，報告的結果發現明顯『缺氧』耶！妳平常會不會喘到呼吸不過來？」這下輪到醫師開始比她緊張了。

「抽血檢查結果，發現妳的膽固醇有些偏高喔，看來妳的血管可能有些塞住，我先開個藥給妳，同時最好進一步安排做心導管的檢查。」醫師看起來不像之前的一派輕鬆了。

「心導管檢查？那是什麼？」她第一次聽到這個名詞。

「那是從動脈進去的侵入性檢查，必須住院一兩天，透過心導管才能看出妳血管是否塞住了，如果塞得太嚴重，必要時也許需做像是放支架之類的處理，待會護理師會讓妳先看個衛教影片。」醫師馬上便開立心導管檢查的同意書。

前幾秒曉蘋還在懷疑自己怎可能膽固醇過高？沒想到整起看報告的過程，讓她越聽越糊塗了，等看完衛教影片後，自己像是從這一連串的錯愕中醒了過來。

「Oh My God」！怎會這麼嚴重？聽起來自己的心血管，居然比高齡的父親還糟？

之後的幾天，曉蘋不斷上網google，不看還好，因為越是google，無疑是直接挑戰自己心臟的跳動。

「現在很多人都有放支架，其實是很普遍的，不過我岳母以前做心導管時，聽說很恐怖，妳若做了覺得不舒服，看能否跟醫師打商量別做了？」這下好了，又多了大哥的加碼爆料，她人都還沒經歷檢查，「心導管檢查」的可怕指數，在她心中瞬間竄升破表！

眼見胸悶的「兇手」就快被找出擒拿了，此刻豈能說卡就卡、拒絕做心導管的檢查呢？心情雖然忐忑不安，最後，在開學前夕，曉蘋還是住進了醫院，勇敢地接受檢查。

「哇～」

當血管成功被扎入心導管的瞬間，那種怪怪的異物感她還都來不及言喻，突然就聽到醫師的大叫！

「發生什麼事啦？」

這到底是蝦米情形？整個檢查過程其實曉蘋都是清醒的，因此，她聽見醫師和心導管小組其他成員，就像是探險員走進深不可測的密道洞穴內，然後意外發現了什麼「寶藏」似地，開始你一言我一語地熱烈研究起來，整個帶點詭異的氛圍下，引來了一陣小小騷動，結果，唯獨躺著動彈不得的她，完全狀況外。

「田小姐，妳的心血管看起來有些複雜喔！我的病患中，一年頂多一例像妳這樣罕見的case，妳年輕時候是否得過『川崎症』？KAWASAKI，聽過嗎？妳血管有幾處阻塞了，也較偏硬，還有些血管瘤。在外面的家屬是妳的誰？我得先出去說明一下。」醫師邊解釋邊嘖嘖稱奇。

「年輕」時候？她看起來是有多老了嗎？不過此刻也沒心情跟醫師計較這些了！

「我不記得『小時候』得過什麼『川崎症』，我也從來沒聽過KAWASAKI，醫師，請問我這要不要緊啊？外面是我大哥和大嫂。」醫師的說明，讓她有些「心驚驚」。

隨後醫師也幫曉蘋檢測了心臟功能，所幸一切正常，但心血管這傢伙，顯然就有些麻煩了，最後，醫師不敢貿然執行支架的置放，決定調整藥物治療，然後，隔天就放她出院了。

「媽，我『細漢（小時候）』心臟咁嘸蝦米毛病？我ㄟ記親像有一次感冒，差一點ㄚ引起肺炎，對嘸？」她想試著從母親那裡，找出跟自己病症相關的蛛絲記憶。

「哎唷，我哪ㄟ記得啊？妳『細漢』時身體不湯好，時常半暝就要帶妳去看陳小兒科。」年近八十的老母，只記得她小時候「歹搖飼（很難帶）」，所以後來才會帶去找聖母娘娘認乾媽。

「我印象中，老媽好像講過妳小時候心臟不好的事。」在旁的大哥突然插話了。

「『田先生，你看，這條主動脈血流到最後，不知流到哪了？還有血管內好多狀似棉絮的細微血管。』那天妳人還在躺在心導管室裡，醫師有出來指著妳跳動的血管跟我們說明喔，我是第一次看心血管沒錯，不過妳的看起來好像真的怪怪地耶！下次回診時，妳要不要請醫師再讓妳看看影像檔？」大哥又做了補充。

「開玩笑！妳那麼瘦，又那麼養生，怎可能有心臟病？」

「是不是該換家醫院或醫生再檢查看看？」

曉蘋從好幾包的藥袋中，拿出了那瓶可愛的小藥罐，回想起那天做完心導管出院前，護理師曾耳提面命地交代「舌下錠」的用法，領藥時藥劑師更不忘再三叮嚀，然後腦中即刻浮現電視劇中常演心臟病發時，旁人慌忙中都會塞給患者的「救命丸」，沒想到有一天她可能會用得上！

從今以後，自己就要跟心臟病劃上等號，連她本人都覺得是天方夜譚了，更別提學校其他同事難以置信！無論如何，一想到一路走來，自己都還能安然無恙活到近半百，還真是福大命大啊！

東北有三寶，學校有「三多」

每逢速食店一有促銷優惠時，已經畢業的又誠身影，就會出現在校園裡，然後他都會手捧著一疊印刷精美的優惠券，挨家挨戶般地到各個辦公室發送給每位老師。

又誠不是曉蘋教過的學生，可也是早期的「傑出校友」之一，因為他在校時期表現亮眼，許多老師對他都印象深刻。而且早在他畢業前，聽說就透過學校媒合到速食店的龍頭上班迄今，在該速食店也算是資深員工了，可惜礙於弱智的身分，一直受限只能持續做外場清潔的工作。

以前，他如果沒有排班，都會回到母校看看，即使不是發送店裡優惠券的日子，也常看他穿梭在校園，樂當學校的志工，前不久曉蘋還看見他幫某位老師推輪椅生，後來有一陣子就沒再看到他了。

「漢草」極佳的他，憑他的身材，且熟悉校園環境，加上他總是笑臉迎人來者不拒的態度，又誠的好人緣，自不在話下，於是「不用白不用」，很快地，他就被學校職工的阿姨叔叔們盯上，經常被差遣代勞。

有一次據說某處室的阿姨，又開始盤算指使他工作，然後自己趁機「翹腳捻鬍鬚」，沒想到當場卻被打槍了。

「阿姨，那不是妳的工作嗎？」

不知道是否有高人指點？還是阿姨三番兩次的死纏指派下，讓又誠不勝其擾學會「反擊」了？當下他乾脆給了職工阿姨閉門羹。那位阿姨大概怎也沒料到，自己會被一個弱智的孩子反將一軍，差點下不了台！漸漸地，又誠似乎開始拿翹了，不再三不五時遊走校園，免得被「活逮」當無薪台工，除非遇到自己店家的優惠促銷，他偶而才返校發過優惠傳單後，便快閃離去。

常聽人家說東北有三寶，人參、貂皮、烏拉草。在曉蘋的學校裡則有三多，輪椅多，體弱多病的學生多，還有，需要的志工也多。

其中需要志工多的部分，有些零星的志工，就像前面所提的又誠，畢業後偶而返回客串一下，或是像她的粉絲阿國仔，一年回來一次省親兼當志工，這些勉強都僅能算是「沾沾醬油」罷了。外來的社會人士志工，其實也是有的，但由於來她們學校當志工，既勞心又勞力，很多人只來了一次就被嚇跑了，所以每年，學校總是少不了對外招募志工。

大致說來，她們校內志工的主力軍，幾乎來自現役學生的家長，或是畢業校友的媽媽、甚至爸爸。另外，校園裡還會看到零星穿插辣外文、隨著雇主孩子陪讀的外來移工看護。還有還有，幾位已經退休的「散客」老師，時不時會重返校園做「友情贊助」。遇到學校舉辦大型的活動時，偶而還看得到青年義工的大哥哥或大姐姐的「插花」，好不熱鬧！

不過在曉蘋她學校裡，絕對看不到「導護」的志工媽媽，因為學生大都搭校車上下學，了不起偶而出現一兩個自行騎單車到校的學生，以及少數家長的自行接送。除了特定活動的臨時志工外，平常到校的志工，大多散落在班級協助，其中很多需協助餵飯，還有少部分介入班級協助分組教學，不過美其名說是協助「教學」，說穿了，其實就只是多個人力和眼睛，以便幫忙老師搞定孩子，例如避免移動教室過程或分組上課時，學生趁忙亂中瞬間的「蒸發」失蹤。

蝦米？當志工還得幫忙餵飯，有沒有搞錯？學校裡，尤其像曉蘋她們的學生都已是高中生了，怎可能吃飯還需要人家來餵？

早期她第一次班上遇到的偉偉，就必須事先將午餐的菜餚剪碎攪拌，然後偶而協助餵食了，不說可能很多人不知道，在那之後，她們校內越來越多的孩子伴隨著多重障礙，不是學生故意撒嬌要人餵食，很多還真的是無法自己進食。後來的幾年，例如曉蘋每次班上平均十來位學生中，就曾出現過至少三至四人需協助餵飯的「盛況」，這還是一個班級的情形，全校需要餵食孩子的人數集結起來，往往都不只個位數了！除了餵食的孩子需要有人協助，同時就她班級那十幾位孩子中，因為可能隨時就會有十多種不同的狀況發生，要是沒有多餘的人力支援，光靠她們老師獨當一面，很多時候絕對會是雞飛狗跳的。

無論如何，「吃飯皇帝大」，於是，每次的午餐時間一到，校內的助理教師們便會針對需要協助餵飯的學生，事先做好前置的「加工」處理，比如將飯菜剪碎、或是攪碎打泥，然後等待志工的出現後一起加入餵食。因此，對於那些助理老師或志工適時的援助，曉蘋都相當感激。

完成餵食任務之後，通常志工媽媽就會走人，留下助理教師處理善後，然後並包辦處理午休前大小便無法自理的學生，那些名為助理「教師」的同事，實際做的盡是如同看護或保母的工作，總是在搞定學生例行的身邊自理狀況後，她們才得以暫時退場休息用餐。

最後，剩下的就是曉蘋她們老師的事了。每次午餐與其說是跟學生一起「進食」，不如說是「扒飯」更加貼切，有的老師甚至乾脆站著吃飯，邊吃邊指示或協助學生善後，然後即使午休的鐘聲響了，對他們而言通常也都僅供參考用，因為不是每位學生都能安靜休息，很多學生，不知為何都會選在此刻亂入或亢奮，走動的或出怪聲的，運氣好時還有可能碰上學生尿濕或「剉賽」！經常午休時間她們老師也不得閒，非得要搞得像打仗一般不可！

再來說學校的另一多，大概就是校園所到之處，映入眼簾的各式輪椅吧？

在曉蘋剛踏入校園當老師時，多得是跑著讓她追到氣喘吁吁的學生，她完全沒有想到有這麼一天，她必須學習協助如何操控輪椅，幫忙不良於行的學生進出、如廁、甚至做復健。放眼望去，校內沒有輪椅生的班級幾乎都掛零了，換言之，每班均分至少一到兩張輪椅，還有些行動不便或穿著矯正鞋的，當然班級裡免不了依舊有橫衝直撞的「過動」份子，所以，當班上學生出現行動能力如此「反差」時，為了顧及行動不便孩子的安全，老師這廂配合放慢腳步時，那頭「一飛沖天」的孩子可能咻地、早就不知衝向何處去了！

因應不同狀況孩子的需求，校園內各式各樣的輪椅，也讓人大開眼界，從最陽春的手推輪椅，到自控操作的電動輪椅比比皆是。另外，曉蘋從她踏入特殊教育這個圈子以來，往往都得靠示範或協助的「動手」教學，很早就不能像一般普通老師般、只要靠著一張嘴「動口」站在講台上課即可，如今，她們還得配合復健師，隨時協助這些輪椅生做復健，例如從輪椅移位到站立架等，曾幾何時，她們的教學方式，早已從在黑板上的寫字，很多情況都直接改跳到全身Body來個肢體大運用了。

現在放眼望去，想要在校園內找到像又誠或宥勝那般「漢草」的學生，已經是越來越困難了！而且，那些坐輪椅行動的孩子，多半還都是「三寶」的身子，除了這群行動不便的孩子外，校園內其他學生的身體狀況，似乎也是每況愈下了！最常聽到哪個班上的孩子又癲癇發作了，要不就是伴隨有心臟方面等疾病。曾經分組上課的小儀，第一次被班導李老師帶到曉蘋眼前時，「曉蘋老師，我們班小儀心臟動過刀，麻煩上課時多關照一下，家長有交代，請避免太多刺激……。」李老師的「刺激」兩字說得輕鬆，她聽起來則如坐針氈，平常她喊叫學生的音量或許還可以控制調整，要是遇到其他學生突如其來的暴動，這算不算所謂的「刺激」？那個學期，曉蘋就怕免不了的「刺激」、分組上起課來心裡頭總是七上八下時，直到有一天小儀突然不再出現，後來才聽說因身體不適休學了。

另外，她還聽說過學校也開始有氣切、掛著鼻胃管上學的學生，以及帶著氧氣罐到校以防哮喘發作的孩子。而今學生在學校癲癇發作，早非校園新聞了，可每次實際遇到班上學生癲痛大發作時，曉蘋依舊會方寸大亂，第一時間她還是習慣ＳＯＳ校護前來協助，到底人命還是關天啊！因此，她頗能體會接手氣切或嚴重體弱學生的老師，其內心那種忐忑不安的心情。要不是教室裡都還能看到黑板和課桌椅，說真的，有時候不免會令她錯亂，究竟自己是置身在學校、醫院、還是養護之家？

有一次，曉蘋為了協助班上輪椅生移位如廁，可能因為環抱時使力的不當，差點傷及腰椎，後來有一段時間她也只得勤跑復健，同時穿著護腰上課。

「妳就不能請個公傷假休息一下嗎？」朋友曾建議說。

「要是我這樣就能請公傷假，那學校大概得唱空城計啦！」她只能苦笑。

因應學生多樣的狀況，她們老師，很多時候都還是咬牙忍著做就過去了，至於那些同樣站在第一線、卻做著幾近看護工作的助理教師，根本就是「沒穿過護腰，別說她們是助理老師」，一點都不誇張！相較之下，她的腰閃疼痛，只能說是小巫見大巫了！

面對學校的這「三多」，曉蘋她們身處在教育的第一線上，除了教學，在許多方面意外成了「全方位」又不專精的半調子，對她來說，其實心虛得很，但也只能自求多福了。

父親的一場車禍意外

「喂，爸，我現在坐九點三十分的火車，差不多十點左右到屏東車頭。」

自從母親開始新的生活後，忘了從什麼時候起，幾乎每逢週末，不是父親載著母親過來高雄晃晃，然後三人行再一起回老家，要不就是我自行搭火車回去，父親總是在接到我電話後，騎著機車到車站載我回家。

「好，我今麥（現在）在外靠（外面），我會先轉去厝（先回家），然後就過去載妳。」老爸八成又跑去找「小三」了，母親經過精神受創的那場病後，儘管父親對她的態度有了一百八十度轉變，父親天天面會「小三」的戲碼照演，既然母親都選擇不吭聲了，我還能說什麼？

看著腕中手錶，出車站都已過十五分了，依舊不見父親的蹤影，要是自己走路也差不多到家了，按理說性急的他，只會提前出現絕少有遲到的，再等一會吧！無奈手錶分針都已指向6的位置了，父親還是沒有現身，於是我試撥了他的手機，連撥好幾通也都未接來電。

「媽，爸咁有轉去厝嘸？」我又扣電回家。

「嘸咧！他透早就出去啊，阿嘸看著人！妳今麥人在叨位（人在哪）？」母親不以為然地說著。

「我人已經到車頭啦，我看我慢慢阿走回家好了，妳哪是有看到爸回去，就叫他嘸免擱來載我喔！」算了，乾脆用走的回家吧！結果才走沒幾步，我的手機便響了，顯示父親的手機號碼，我都還沒出聲，手機那頭卻傳來陌生女子的聲音。

「喂，請問是『阿五[9]』嗎？妳爸爸出車禍了，現人在醫院。」

「蛤？我爸在醫院？他人有沒有怎樣？」乍聽到女人的聲音，我還以為是「小三」打來的，原來是醫院的護理人員，看到父親手機內數通顯示「五」的未接來電，趕緊回扣通知。

「喂，りんご啊，我去厚車撞到（被車了撞到）ㄚ啦，今麥人在病院。」好在父親聽起來意識是清醒的。

不過，我還是趕緊三步併兩步，邊撥電通知母親和大哥，然後改往醫院的方向奔去。

當抵達醫院時，看到父親身上沾滿了機車油漬，然後從臉到手腳都貼著紗布慘不忍睹，另外旁邊一位年輕人小腿好像也掛彩了，還有一位年輕員警在旁做筆錄。

「爸，你有要緊嘸？」

「我歐兜邁（機車）騎著，無代無誌突然問就蹦～一聲，然後我就昏過去不知影人了，等醒過來時，我人就在這裡了！」父親一副無辜貌。

---

[9] 因為「りんご」的「ご」發音和台語的「五」相近，筆畫又簡單，一開始他父親索性便在手機的通訊簿裡輸入了「五」這個字，以代替「曉蘋」那筆畫囉唆的名字。

「請問妳父親是去做什麼『工程』嗎？我看他戴著一頂工程帽，剛剛問了跟他對撞的這位年輕人，說是妳父親從旁邊的岔路突然冒出來，直線騎著機車的他，來不及煞車就撞上了！然後我問妳父親，他好像什麼都想不起來，可能必須等他身體恢復過後，再請他到警局補做筆錄了。」當下因對父親問不出所以然來，於是該員警給了我一些資料，完成對方的筆錄後，只得先行離去。

父親哪有什麼「工程」要做？那頂乍看還真像是工程帽的白色帽子，純粹只是父親防員警半路攔下，戴「心酸（好玩）」的安全帽，老實說也完全沒有防護的作用，但我不敢跟員警照實說。

「你人還好吧？」我這才注意到，與父親對撞的那位年輕人，看起來好像傷勢也不小。

「我的腳有骨折。請問一下，妳爸爸是不是有重聽？妳爸從岔路突然竄出來時，我就有按了好幾聲喇叭，他好像都沒聽見，結果我就來不及煞車，撞上去了！然後你爸爸的機車開始漏油，當時車子還沒熄火，我勉強爬起身，趕緊把機車鑰匙拔掉，免得漏了油爆開更危險！」那位還在服役休假的年輕人，冷靜地述說案發經過。

「妳是他的家屬嗎？我們已先行處理完妳爸爸的外傷了，從剛剛救護車送過來後，妳爸爸倒沒有嘔吐的情形，現在意識也是清醒的，可以讓他再休息一下，順便觀察他是否有下列情形發生，如果有的話，最好再做進一步檢查。」因父親車禍後就近被送往小醫院，無法即時做精密的儀器檢查，醫護人員邊說明父親狀況，邊拿著衛教資料給我。

「我有卡好阿啦，我肚子夭嘎欲死（肚子好餓），咱們回來去吧！」向來不喜歡醫藥味的父親，急著想逃離醫院。

原本擔心父親是否有腦震盪或出血，但拗不過父親的堅持，加上從父親的外觀或舉止尚未發現任何異狀，後來在醫護人員的同意下，只好陪父親搭計程車返家了。

「老爸是不是該到大醫院做進一步檢查？」等父親用完餐後午睡，匆匆趕回老家的大哥，終於說出我心中的遲疑。

「大哥，其實我的想法跟你一樣，只是老爸堅持說沒事了，他好像很排斥去大醫院做檢查，醫護人員叮嚀，這一兩天若有狀況的話，就得去做進一步的檢查。」就在大家討論個沒結果時，父親睡醒了。

「爸，你有卡好嘸？頭殼咁嘸暈暈或是不爽快？」

「嗯，我睏袂去，頭殼燒誇（稍微）暈暈的，阿我ㄟ歐兜邁咧？那台歐兜邁修理看麥，湯厚（好讓）我以後擱在附近騎騎。」都什麼情形了，父親還在關心自己的那輛破機車！

我要父親先坐下休息，佯稱已委託機車行修理。

結果說時遲那時快，只見才剛要坐下沙發的父親，冷不防地整個身子傾斜倒地。

「啊～爸！」我和大哥見狀連忙扶父親一把，被扶起來的父親嘴卻歪了。

「爸，你看你ㄟ嘴攏歪去ㄚ啦，你還是趕緊來去大病院檢查卡妥當啦！」此時我和大哥都異口同聲說。

「欲檢查蝦米？我沒代誌啦。」父親依舊揮手搖頭拒絕。

「你不是說頭殼夭擱暈暈的？嘟價（剛剛）你人擱倒下去，嘴嘛歪了，我們都驚你萬一頭殼內有血水，去檢查看麥，無代誌尚好，檢查一下嘛卡安心啦。」大哥趕緊勸進。

「我驚萬一一去，就厚伊關在病院了……。」父親接著說。

「嘉興阿嘟好（剛好）回來，你就坐他ㄟ車，我看去高雄大病院檢查看麥，如果需要住院的話，嘉興和りんご嘛卡近ㄟ當照顧，我看去好啦！」母親也憂心忡忡地補上一句。

最後，父親才在半推半就之下，跟著我坐上大哥的車，前往高雄的醫院掛急診，一路上，原以為是一整天的疲累打盹，殊不知父親腦裡的血水已經開始慢慢擴大，讓他陷入半昏半睡中……。

來不及綻放的青春——特教生的殞落

「曉蘋老師，告訴妳一個不幸的消息，我們班小萱萱走了！」

有一天，隔壁班的周老師，在辦公室告訴她這令人震撼的訊息，聽說患有罕見疾病的小萱萱，因感冒引起吸入性肺炎，撐不過一夜就走了！

小萱萱雖不是曉蘋班上學生，但在分組上課時，因著「打字溝通」，她們常有機會「聊天」。

「老師謝謝妳，我很高興在我活著的時候，還有人願意陪我聊天，我以為像我這樣的人，根本就不知道什麼叫『快樂』！」小萱萱曾經多次在她的「扶手」之下，一吐長期以來鬱悶的心聲。

聽說小萱萱的單親媽媽，長期被憂鬱症困擾都自顧不暇了，時不時還會鬧自殺，小萱萱之所以看起來的憂鬱氣質，想必多少也來自媽媽的耳濡目染吧？

「小萱萱，其實妳笑起來很可愛耶！妳應該多微笑。」看著眉開眼笑的她，好幾次曉蘋打從心裡讚美。

「真的嗎？從來沒有人會說我『可愛』，我好像永遠都是被人遺棄一邊的怪胎，根本沒人會理我！老師，我好喜歡妳，謝謝！」小萱萱笑得更開心了。

小萱萱短暫的生命，就這樣無聲無息地劃上句點，不禁讓曉蘋想起了幾年前班上的小光。

「老師，小光好像怪怪的！」宥勝有些慌張地跑過來跟她報告。

記得那時候小光跟宥勝同班，不過，同樣年紀卻是不同的命，因為身體病弱，一個學期裡，小光到校上課的天數，往往視他身體狀況而定，三不五時就被迫請假就醫或在家休養，身體狀況較差時，甚至一個月乃至半個學期都看不到他。

由於長期躺坐在輪椅上，小光嚴重肌肉萎縮，整個身子也骨瘦如材，小光媽媽是所謂的越南外籍新娘，人相當客氣，對於學校從來沒有什麼要求，只希望兒子能夠出來透透氣，有機會和同年齡的同學在一起開開心就好。小光也很乖巧，班上同學都很喜歡他，尤其是宥勝，就像是呵護自己的親兄弟般，非常照顧他。那天剛好宥勝洗車場沒實習，小光在助理教師協助餵飯後，正要躺下時，他就發現小光全身好像有點抽搐。

一聽到小光又癲癇發作了，曉蘋隨即聯絡校護，同時讓小光平躺，很快地校護就趕了過來，看到小光的狀況已好些，「可能是癲癇小發作」，校護初步研判後如是說。

於是，曉蘋在旁也告訴小光沒事了，要他好好休息。

「沒關係，我只是喘了一點，休息一下應該就好了，謝謝老師。」小光在她的協助下，打字溝通回答。

像這樣，印象中小光總是善體人意，然後默默地微笑看著其他同學的一舉一動。

有一次上午媽媽送他到校，剛好遇到曉蘋上課，於是她順便問了小光是否有話想跟媽媽說？小光僵直的小指頭便在字卡上游移動了一下，然後她扶著他手指頭依移動指出的字，在媽媽面前開始唸出聲：

「老師，妳幫我跟媽媽說聲謝謝，每次我都讓她擔心，辛苦了！」

當曉蘋抬起頭時，小光媽媽早已流下兩行的熱淚。她連忙遞上面紙，媽媽接著也說出令人鼻酸的話。

「小光真的很乖巧體貼，幾乎不太哭鬧，可惜他不會說話，只是我們為人父母的，看了好心疼！都不知道能為他做些什麼？」

那是宥勝高三上學期的事，後來的幾週，甚至幾個月裡，小光也僅只是偶而露個臉，有時上午媽媽才把他送到校沒多久，下午午睡醒來就又過來說要帶他去醫院看病，然後就提前離開了。小光身體的確孱弱，經常因為一個小感冒，就足以耗盡他所有的體力，一堪不擊。

很快地，一個學期又過去了，只要遇上有勝沒實習返校的日子，宥勝他都會關心問起小光，然後失望地說：「小光今天又沒來了喔？」

「小光身體若好些，就會送他來學校。」記得媽媽當時是這麼說的。

那次她和小光在媽媽面前「打字溝通」之後，小光就一直沒再到校了，直到高三最後的一個學期，小光終究還是沒有出現，乃至最後的畢業典禮，也沒機會再看到小光的身影。

「田老師，告訴妳一個不幸的消息，小光走了！」就在宥勝他們畢業後的某一天，曉蘋的line上跳出這則令人錯愕的訊息，是媽媽傳給她的。

儘管訊息「已讀」，她卻遲遲不敢相信。

「請問方便讓我們老師前往送他嗎？」好不容易回神後，她才接著問。

「我們家人只會在殯儀館幫他做簡單的家祭，預定這個週末上午九點舉行，然後隨即火化。」

「好。」秒回了訊息後，她的眼淚終於不聽使喚地落下來。

後來她才聽說，長期以來，小光媽媽因為不捨小光的病弱，幾乎沒了自我傾盡心力照顧他，最後卻落得小光其他兄弟的不諒解，覺得媽媽偏心，眼中只有小光一人。因此，曉蘋寧可相信，小光不得已選擇在此刻離世，想必是貼心的他，想幫媽媽早日除去這樣莫須有的「罪名」吧？

原本在他們花樣的年紀，該是可以任性享受肆放的，可惜小光和小萱萱，都還來不及體驗青春，就這樣悄然地離開了世界。

父親開始轉動「車椅子」的生活

「本來以為你爸爸腦中的血水完全引流出來了，沒想到又偵測到過多的血水，恐怕得再動一次刀，接下來是關鍵期，如果你們決定了，待會我們將立刻幫你爸爸再度動刀。」

父親車禍當天下午，在我們陪同下送急診時，狀況急遽變糟，整個人幾乎無法正常說話了，雙腳也突然不聽使喚，緊急照了電腦斷層後，確定顱內出血，而且血水已開始壓迫到語言區，醫師當下開了第一張「病危通知書」，並告知必須立即開刀將血水引流出來，否則父親可能會逐漸惡化腦死、甚或隨時可能就會走了！眼見情況危急，即便不捨高齡的父親被迫得動刀開腦，我和大哥也只能點頭簽下手術同意書。

那天父親隨即被送往手術房，手術直到晚間十點多才結束，然後父親直接就被送往加護病房。隔天一早，當我們趕往加護病房探視時，眼前的父親身上多了好幾條管子，人也清醒了，本來醫師也樂見父親恢復的情形，沒想到傍晚我們再度前來加護病房時，父親都還在恢復期，主治醫師竟提出了需再度開刀的要求。

「醫師，怎會這樣？如果不立即動刀呢？我爸昨天才剛開刀，我們擔心，就算鐵打的身體也承受不了啊！」我忍不住首先開砲。

「因為下午又偵測到他腦裡有血水，且已經超過需手術的標準了。除非你們可以接受他又回到被送到急診室時那個樣子的話……。」醫師解釋說。

「不好意思，我們家屬能否先討論一下？」

「這醫師到底罩不罩得住啊？要不要換醫生？」

「唉，此時此刻都人命關天了，應該也不宜轉院換醫生吧？」

「問題是，昨天手術開到晚上，隔不到二十四小時又要開腦，老人家的身子怎麼堪得住啊！」

於是我們和幾位來探視的親戚，你一言我一語地，就是沒有個結論。

「還是開吧！既然都動刀了，如果又恢復原狀，昨天不就白白挨了一刀？主治醫師都說這是個關鍵期了，萬一有什麼狀況，是不是會更危險？」看著時間分秒地過了，大家依舊拿不定主意，平日就屬我跟父親感情最好，最後，在這關鍵時刻，不得已我代替父親做了第二次開刀的決定。

記得以前父親曾說過，「以後我哪有破病，千萬毋湯厚我過著植物人同款沒尊嚴的生活」，當第二次手術後，我來到加護病房探視時，看到父親身上又多了好多條管子，難過得差點沒哭出來！究竟幫父親做這樣的決定到底是否正確？

「爸，再忍耐一下下，馬上就好了喔！」

每次護理人員幫父親抽痰時，我都會協助壓住父親的手臂並試著安撫，當聽到抽痰機器的唧唧叫聲，儘管自己嘴裡叫父親要忍耐，連我都不忍正視父親被抽痰的樣子了，抽痰時的那種不舒服，相信不是隨便說「一下下」，就能忍耐過去的。

父親在加護病房躺了一週後，便被送往普通病房，平常就好動的父親，無法理解為何自己突然變成需包著尿片、且二十四小時得躺在床上的病人，數度極欲想掙脫下床，情緒相當不穩定。住院期間，復健師也過來看父親，漸漸地父親可以慢慢從病床坐起身，很多時候感覺像是要說話，卻盡是只能發出氣聲，更多時候父親嘴裡感覺含糊，然後因著極欲表達卻沒人聽懂，而氣急敗壞。

「有的人最後有可能還是無法說話，端看病人而定，所以對於妳父親將來能否百分之百恢復正常說話，最好別期望太高，我們也會安排語言治療師過來。」幾天後，主治醫師巡房時如實說。

因為過動的父親急著想下床走動，於是復健師教了幾招床上運動後，也讓父親開始嘗試坐輪椅。後來語言治療師也來了，教我和家人如何用沾滿檸檬汁的棉花棒，協助父親先從最基本的吞嚥動作，開始刺激做訓練。

「妳父親恢復得還不錯，也許快的話，再一兩天就可出院了！」

所幸父親身上總算拔除了引流管、導尿管，眼見鼻子上的鼻胃管還掛著，才剛剛訓練可以起身坐著、然後坐在輪椅上行動，嘴巴還時不時發出沙啞不清的聲音，怎麼此刻就要被醫院下

「逐客令」了？那段時間自己每天來回奔波醫院和學校，經常人仰馬翻，我還天真地以為，醫院至少能讓父親待到順利復健可以行走後才讓他出院的。

「怎麼辦？老爸這下若出院，恐怕沒有人力可以照顧他，何況他還需繼續做復健啊！」我和大哥一下子都慌了。

後來，連日的東奔西走打聽，在不得已的情況下，只得將還掛著鼻胃管的父親，暫時安排到護理機構。

「目前看來，妳父親顱內血水雖已順利引流出來了，但有可能還會出現平衡感的問題。最好隨時都有人在旁，避免再度跌倒，因極有可能還會因此出血動刀。」

記得父親出院時，對於他何時能否獨立站起來甚或走路，還有是否能順利開口說出話語，連醫師都無法掛保證了。看來父親的命是撿回來了，接下來的復健才正要開始，而且這條像是通往遙迢的未知之路，對於我和家人誰都沒有把握。

以前，父親最喜歡人家喊他「勇伯ㄚ」，向來身子硬朗的他，總是喜歡開著自己進口的愛車，要不和他的小三「凸」過一座又一座的高山，要不載著母親和我走過好幾個週末的黃昏市場，意氣風發的他，恐怕做夢也沒想到，一場車禍的意外，最後迫使他不得不跟自己多年的愛車「斷捨離」，然後，只能改搭行動被束縛著的輪椅。輪椅，日文說是「車椅子」，除了睡覺外，他開始必須學習過坐在「車椅子」的生活，而且任憑他怎麼地努力轉動，再也無法隨心所欲、「凸」到他想要去的地方了！

「我想要開我這架「免嚕ㄟ」（「賓十」台語諧音）去加油，是按怎他們（機構的人）攏說無法度加油？」

那場車禍多少摔壞了父親的頭殼，說是八十歲的老翁腦筋開始退化其實也不奇怪，有時候父親都會像這樣說著「老番顛」的話。

對於父親換來的行動不便，以及被迫困住在護理機構，我們內心雖然極度地不捨，然而，隨著父親開始過著轉動「車椅子」的生活，之前讓人提心吊膽父親開著車老是偏離車道的那顆大石，終於也跟著落下了。

老師，他可以留校察看嗎？

「請高三畢業班的老師和同學們，現在前往學校玄關集合，我們的畢業照，準備即將開拍囉！」

才剛廣播完，所有高三師生，這下全都在電梯陣中塞爆了，好不容易等大家都下樓了，為了讓大家通通集結同框，又是一陣騷動！要不誰頭歪了一邊，要不就誰屁股像是長了蟲般，短時間內想讓大家一次到位搞定，簡直是不可能的任務！

沒多久終於，有人按耐不住了！

班上自閉症的大雄，突然從正在喬照的行列邊竄出來，然後開始暴衝，直接奔向學校的頂樓至高點，不久後就傳來他陣陣嚎啕的哭聲！

負責拍畢業照的林組長，隨即沒命地追了上去，好說歹說之下，大雄就是死也不肯下來，這下全部的人在下面引領翹首，等著看好戲。

於是曉蘋只好也跟著上樓，祭出了溝通字卡。

「我不想畢業啦！」接著，大雄打出了「哭調」的第一句台詞。

「我說大雄啊，別難過了，你還沒要畢業啦，今天只是大家一起拍個大合照，就當做畢業的紀念咩！」平日和大雄搏感情的結果，總算得來不費工夫，在她的勸說後，「哭調」的歹戲才沒被大雄拖棚，乖乖地就讓她牽著他的大手下樓來了。

「大雄，笑一個啦！」

「快點，笑一個啦！」

然後林組長還不忘跟在後頭逗他。不料誇張的是，大雄竟用自己手指頭，將方才哭成一直線的雙眼給用力撐開，勉強虛應smile了一下。

折騰了半晌，好不容易看來大家都就定位了，只見攝影師阿伯，還不忘一手搖鈴吆喝，邊吸引大家的目光，一會還得趁機鑽入行列中微調擺位。

「好，大家都看這裡喔！你們說西瓜『甜不甜』啊？……」

「甜～！」

攝影師阿伯趕緊「咔嚓」又「咔嚓」，連續補光捉影一番，免得有學生一個不小心亂動又是個沒完沒了，眼見赤日炎炎之下，包括曉蘋等幾位女老師精心打扮的妝顏，都快要糊了！這個畢業照的錢，可真是歹賺啊！攝影師阿伯心裡一定這麼想。

拍完畢業照後，距離學生畢業的日子，其實也不遠了。

曉蘋在教室的黑板上，開始幫忙寫下距離畢業倒數的日子。

「我說老師啊，請問我們可不可以自動『留級』、或『留校察看』啊？」記得畢旅時，被自己精力旺盛的孩子吵得難以入眠的凱凱媽媽，曾開玩笑地說。事實上不只凱凱媽媽這麼說，歷屆以來，不少家長都曾經說過類似的話。

「我實在不敢指望阿秀的哥哥，將來能代替我照顧她，所以，哪天如果我走了，我很想把阿秀也一起帶走。」早期班上阿秀的媽媽，對於孩子的未來，完全不抱任何的希望。

早年她那些熟悉的畢業生中，像是鐵粉阿國仔，因著父母親很早離世，畢業後便隨著嫁到澎湖的姊姊，展開另一段新生活。還有，在超商清潔的傑出校友阿義、在速食店上班的又誠、以及在洗車場工作的宥勝等人，畢業歷經多年都還能正常持續工作，算是相當幸運的了。不少原本經由學校媒合而至職場工作的學生，畢業後，或因家庭或個人因素，到後來卻丟了工作竟成了「無業游民」。至於當年在校容易鬧情緒的小婷，聽說畢業後被不少機構「拒收」吃了閉門羹，最後不得已終日被迫「宅」在家。而以前進出醫院無數次的阿志，畢業後聽說也開始長期住院的生活。還有更多坐輪椅、無溝通能力且無法生活自理的孩子，畢業後只能待在家中，提前開始過著長照的生活。

近年來，聽說少子化的關係，開始有一些私立技職大學，願意招收從特殊學校畢業的學生，不過那畢竟是少數中的少數，從曉蘋她們學校離開的孩子，幸運的話，絕大部分通常還是只能轉銜到僧多粥少的機構，當然，哪裡都去不成而被迫留在家的孩子，也絕不在少數。因此，別說孩子本身如大雄都不想畢業了，很多家長，多半不願也不樂見自己的孩子，即將離開學校的事實。

「現在我還能照顧凱凱，將來我走了，我不想強迫凱凱的哥哥，必須負責照顧他，所以很早我就交付信託，然後將來用這筆錢，幫凱凱找到好的機構協助照護。」凱凱媽媽當然清楚，根本不可能有所謂的「留校察看」，因此，媽媽很早便著手幫凱凱的未來做規劃。

「凱凱看起來較黝黑健康ㄋㄟ，感覺好像長大不少呢！」

記得凱凱畢業後，曾經在一次身障運動會上，媽媽帶著凱凱過來看她，很慶幸地，當年凱凱順利通過「面試」前往專收自閉症的機構，後來大雄畢業後，也跟著其他大星星小星星（自閉症兒），在那塊寬闊的地方，開始每天過著如魚得水的日子。

相對於家長的內心糾結，說來實在有些矛盾，每次送走一屆畢業生，曉蘋就像是完成階段性的任務般，當畢業倒數歸零時，尤其看到孩子或多或少都有所蛻變和成長，那種像是倒吃甘蔗的苦盡甘來，不免還是會湧上心頭。

「哇，你們要畢業了耶，恭喜喔！真是太棒啦！」她真心為他們高興。

「妳為什麼可以笑得那麼開心？我都快哭出來了！」

「老師，我最喜歡上學了，如果畢業了，我就沒辦法到學校，我會一輩子窩在家裡了，我不要！」

「老師，不要再說啦，我快哭出來了……。」

一個個不會說話的孩子，透過打字溝通，像是要跟她「道」盡，一旦他們畢業後，那份得來不易的人際交流，隨即就會被切斷的失落感。

如果可以的話，她也好想使用魔法，變出個「萬年學校」，好讓這些弱勢的孩子「只進不出」，活到老學到老，一輩子永遠都待在學校的保護傘下，這樣，家長和孩子們就不用哭哭啼啼地難分難捨了。

昔日的「勇伯仔」回不來了

「阿我到底是有幾個兄弟姊妹啊？是按怎他們攏不過來看我？」有一次，父親天外飛來一筆突然問我。

「我古錐的阿爸呀，你有兩個小弟，一個大姊，但是你那兩位小弟早就『作古』啦，阿你ㄟ大姊，現在嘛『老番顛』嘸認得人了，聽說洗身軀（洗澡）時攏叨想要打人、還擱會『挖賽膏壁（挖糞塗牆）ㄋㄟ，所以咁有法度來看你？」

「我想起來啦，內桑天忑（姊姊癡呆）我擱ㄟ記咧，不過妳說我小弟攏死去啦？咁係金ㄟ？他們都自然死的嗎？」老爸看起來好像真的忘了一乾二淨。

「他們攏得癌破病死去的！」

「真咧厚？他們攏死去啊喔？」父親眼睛睜得大大地不敢相信。

「人說『家有一老，如有一寶』，所以，今麥你算是咱家族內的金銀財『寶』ㄋㄟ！」父親被逗得哈哈大笑。

父親在護理機構，好不容易慢慢恢復了正常的說話，也可以起身走路了，但由於還有失衡的後遺症，往昔「勇伯仔」健步如飛的雄風已不復見，一般來說，仍需借助輪椅行動。父親雙腳的復健看來漸有起色，可是動過刀的腦筋，似乎就越來越不輪轉了，思緒也開始慢慢跳針，記憶逐漸走向「倒退嚕」。

「每天下午攏常來看我的那個人，嘸到底是誰人啊？」有時父親還會搞不清楚狀況，忘了我每天過來陪他，甚至還反問大哥，著實讓人有些小小的悲哀。

「妳叨走卡慢ㄟ，我怕我ㄟ褲會掉下來……。」

記得父親出院前，醫師有交代，隨時需有人在他身旁以防跌倒，所以每次父親行動時，我都會牽著他走。有天，陪著父親飯後在機構散步時，他一手緊握我的手，另一手死命地拉著自己的褲底。

「今天洗身軀時，找攏嘸內褲，所以我就嘸穿內褲，我怕我ㄟ褲就要落下來了，走卡慢一點……」父親又說了一遍。

「爸，等一下我幫你看麥，咁好？」

自從父親開刀完，整個身形的確瘦了一圈，不過就差沒穿上「內褲（復健褲）」罷了，光靠那條鬆緊帶的外褲，難道就「撐」不住？老爸有瘦到這種程度嗎？

不管了，先協助父親脫下外褲看看再說。

當父親緩緩脫下外褲時，才赫然發現，幾時父親冷到竟連褲子都改為「洋蔥式」的穿法了？只見他外褲內還穿著另一件所謂的「衛生褲」！害我忍俊竊笑，莫非這是他所說快掉下來的「褲子」嗎？明明緊緊地貼附在他的雙腿呀！接著我協助父親繼續將「衛生褲」卸下後，發現父親後臀背居然平放著一片復健褲，怪不得父親要擔心這片平放的復健褲會掉下來！

「噗～」，我再也忍不住地笑到差點歪腰！或許是終於「解脫」了，父親被我這一笑，沒有任何的靦腆或惱羞，反倒像小孩子般，也哈哈大笑了起來！

「老爸，你真正是天才ㄋㄟ！哪有人安ㄅㄟ穿『內褲』？」感覺父親像是把復健褲當女生生理期的衛生棉用，而且，復健褲還誇張地跑到臀背上去了！

「阿，我就是嘸知影欲安怎穿這條『內褲』啊！」他邊說邊笑著。

對於父親「老番顛」搞出來的烏龍，也只能一笑置之，如果把它看得太嚴重，日子都不用過了。

「阿我到底有幾個囡仔啊？」明明中午大哥才來看過父親，傍晚我過來陪他時，他又搞不清楚了。

「我有好生（兒子）嗎？我哪ㄟ想不起來他生著蝦款？他咁結婚ㄚ？阿妳今麥擱有上班嗎？做蝦米湯潰（工作）？」

「阿我有好生（兒子）嗎？我哪ㄟ完全攏想不起來他生做蝦款（長什麼樣子）？他結婚未？」然後隔沒幾秒，父親又重複同樣的問題。

「小姐，聽說住在這裡都免費不用錢喔？」有天，同樣在機構的林奶奶問我。

「您聽誰說的？」

「阿就妳爸爸說的啊！」林奶奶笑著指向父親。

「嘿呀，這攏是政府ㄟ，我們住這攏不免錢。」父親馬上很得意地附和。

「這咧所在（地方）是我介早進來『開墾』的，當初『租金』卡俗，後來很多人都肖想欲租我隔壁……。」有時父親會異想天開，把自己化成「大地主」招攬房客，原來他指的是入住機構房間床位的事。

「阿我蝦米時候『退伍』？」有時父親會錯亂，以為自己還在軍中服役。

「他們攏叫我『田老闆』，對我嘛特別尊重，其實我攏知，他們事先都有做過調查，不敢對我黑白亂來。」偶而他還會往自己臉上貼金，跌入當年家具店做老闆的威風記憶。

有時父親的行為模式又相當合乎邏輯，大部分的時候，他似乎是活在只有他自己清楚的跳慟思緒中。無論如何，昔日人稱「勇伯仔」的父親，再也回不來了！

人生無法索求的聚散

「妳如果想起來，可以慢慢起身下床了喔！」

那天急診曉蘋一被送進心導管室，然後離開心導管室後到現在，躺了幾近一整天，被迫穿著尿片的她，說什麼也尿不出來，好不容易盼到醫護人員的這一句話。於是，她慢慢起身，邊抓著病床輔助架，邊沿著床緣爬起來，等坐定後，突然一陣不舒服感，接著全身開始冒冷汗，當她一步亦驅地終於移向廁所時，又是一陣反胃，慌慌張張忘了應先尿後吐、還是該先吐後尿，只差沒按下那顆紅色緊急鈴，等回過神來，她從鏡中，乍見自己那張慘白的臉……。

「妳那條遠端靠近主幹的血管，已經塞到百分之九十九了！上次雖然做了氣球擴張術，妳的血管又塞回來了，妳的血管真的非常特殊，九彎十八拐的，裝支架風險太大了，所以，這次我們會改用塗藥的氣球擴張，等下在做的時候會有些不舒服，請忍耐一下！」記得曉蘋還躺在手術台上時，主治醫師這麼地說明。

「妳平常的胸悶，是這樣的感覺嗎？『心肌梗塞』，聽說就是現在妳感覺的狀況。」當下，她的確有那種快要氣絕的感覺。

想當初第一次做心導管檢查時，醫師群的驚嘆連連下，誰也不敢輕舉妄動她那「畸型」的心血管，後來為了改善胸悶的情況，當她第二度再進心導管室時，醫師也只能幫忙做了氣球擴張術，然後不到半年，曉蘋永遠記得那年冬天，慶幸自己還能用「走」的進急診室，隨即再度被迫送進心導管室，幸運地撿回了一條命！

「老師，別激動，不然妳會心臟病發作喔！」

「老師，妳是不是喝了優酪乳就會心臟病發作？」出院後，每次上課時，曉蘋依舊還是會情不自禁越講越大聲，班上的阿榮，就會貼心地提醒她，因著他的貼心，她總是把學校營養午餐的飲品留給他，結果天真的阿榮，竟以為她是怕心臟病發作才不敢喝優酪乳，讓她不覺莞爾。要是班上每位孩子都像阿榮這般貼心，那就好了！她心想。

「老師，我乾脆死了算了，我是沒人期待的孩子。」

「老師，不要管我！」阿輝跟阿榮同班，卻是令曉蘋倍感「頭痛」的孩子，每次她試著跟他「打字溝通」，表達出來的內容，也都是相當負面。

「田老師，妳趕快閃一邊！」

阿輝不僅全身上下充滿了負面的能量，遇到不爽時往往他就肆意發飆，還曾經因此徒手打破玻璃割傷了自己，教室內不少桌椅，也常因他強烈的爆發力，被撞得搖破不堪。自從曉蘋從醫院返校，只要阿輝一有狀況，助理老師或其他老師們，常常都會像是電影超人般，趕在第一時間跑出來拔刀相助，然後用她們的肉身擋在前頭，幫她解圍。

是說，這幾位年紀不過比她年輕一點的助理教師，畢竟不是電影裡的超人，哪來刀槍不入鐵打的身體？

然後沒多久，學校一位正值壯年的男同事走了，那天她才在校園內聽到他爽朗的笑聲，沒想到聽說某個週日，他卻毫無預警地在家裡倒下，縱使救護車的急救電擊，依舊挽不回猝逝的英年。無獨有偶地，那陣子新聞中也相繼報導，政壇上甚或演藝圈的好幾位名人，因心肌梗塞或心血管相關疾病，也都走得令人措手不及。拉到她身邊更近一點的，曉蘋大嫂的親胞弟，好幾年前其實就裝了數根支架，不久前說中風就中風，急救後成了植物人，然後勉強拖了一陣子，最後也死於壯年。

因此，哪天要是她自己突然應聲倒地不起，其實也是沒什麼好驚訝的了！

不想成為別人的負擔，更不希望自己在追趕跑跳碰的職場上萬一掛了，曉蘋覺得該是除去現役老師職務的時候了。

「りんご啊，歸去我搬去跟妳住好啦，妳麥擱一咧人住，我嘛ㄟ當（可以）照顧妳。」已經依賴拐杖走路的母親，有天竟鬆口跟她說。

因此，她想打鐵趁熱，趁母親可能隨時反悔之前，早日把母親接到高雄。

「Apple，哪天找機會來美國玩吧！等妳喔！」

有天曉蘋又在老家打點整理時，不經意發現房間的書櫃裡，一疊被橡皮筋綑圈著的泛黃航空信件，她一一打開細讀，不禁想起了好友宜庭，當年帶著自己的星星兒寶貝，舉家移民美國，因為小仔仔有點過動，讓她很難帶著他搭機返台，所以，從那之後，她們不知多少年沒碰面了，只能藉由line的互通有無、甚或視訊聊天。近幾年，曉蘋也開始follow她的臉書動態，順便了解其近況。

如今，小仔仔不再是當年那個好動的小小孩了，他現在可是青年型男藝術家呢！早在他還小的時候，宜庭無意中發現仔仔繪畫的天份後，還讓他拜師學藝，已經開過幾次的個人畫展，聽說在美國東岸的華人世界，小有名氣。

「妳的動脈硬化程度，只能祈求別再惡化，很難期待能夠恢復變好了。若依妳目前的狀況來看，短程的旅行或許還可以，至於長途的飛行，那就，儘量避免吧！」當心血管被發現都塞到百分之九十九時，主治醫師不好直接了當叫她死了這條心，卻也語帶保留。

「等我退休後吧！到那時候，我一定會找個時間飛去看妳和小仔仔的。」

每次面對宜庭的盛情邀約，曉蘋都如此回答，她原以為等到退休後，所有的時間都是自己的了，她就可以任意自由揮霍，到處遊山玩水。熟知，人算不如天算，主治醫師沒直接判她「死刑」，不過也幾乎跟「無期徒刑」沒兩樣了，對於哪天能飛過去美國看宜庭，她覺得恐怕是遙遙無期了，唯有期待宜庭哪天的返台，好讓彼此再度重逢。

「等我退休後，攔帶您們出國趴趴走。」

曉蘋一想到當年對父母親誇下的承諾，如今人事全非，感覺格外地諷刺，因為她怕是再也沒機會兌現了！眼前的自己，想飛也飛不出去，加上必須轉動「車椅子」行動的老番顛父親，以及拄著拐杖不良於行的母親，彼時三人行快樂的身影，只能默默藏在她腦海裡的某個角落了。

作家龍應台在她《天長地久——給美君的信》一書中提到，「人生的聚有定額，人生的散有期程，你無法索求，更無法延期。」活著的時候，你和誰的相聚離散，其實也是很難精準掌控的，更別提人的臨命終日總會有的時辰，不是你想要多久就能多久的！

曉蘋明白，在自己的人生，的確不是想活多久就能預期待到多久，任憑主治醫師幫她按下了「警示燈」，到底也無法說準她「歸去」的時日，當下，她認為唯有學習去愛自己，且與生命中的這顆「未爆彈」好好和平共處。

既然人生的「聚」都是有定額的，和好友的相聚，也只能隨緣了！然後，她也開始在乎並珍惜與父母親相處的額度。

就在母親決定搬來高雄的前一天，曉蘋陪著母親，又來到睽違已久的精神科候診室。母親拄著拐杖，另一手依舊不忘提著她口中「自家栽種」的伴手禮芒果。

在等候母親被叫號的同時，忽然，曉蘋瞥見隔壁二診候診的病人中，有位似曾相識的身影。

「天哪！那不是亞仁大哥嗎？」她差點叫了出來！

「十四號，楊亞仁先生請進！」

此刻，多年「神隱」不見的亞仁，頭上略見髮禿白芒，起身正要移動前往隔壁二診診間，當她還在猶豫是不是該過去跟他打聲招呼時，一位也是髮蒼蒼的婦人，隨即起身緊挨在旁，然後，行動有些吃力一拐一拐地牽著他的手，看不出到底誰扶持誰，一起緩緩走入了診間。

曉蘋永遠不會忘記的那張俊秀臉龐，縱使歲月毫不留情地已在他臉上劃下了好多道痕跡。

望著他們雙雙的背影，她突然釋懷地笑了。

「你一定要幸——福——快——樂喔！」

後記

忘了誰曾說過的這句話，「人生最大的風險，就是你不去冒險」，記得那是日本昭和末平成始的年代，大學畢業後，憑著骨子裡的哈日魂、以及初生之犢的勇氣，毅然決然地隻身前往日本，開啟自己與特教的第一類接觸，投入人生的第一場冒險。

還好，當年趁著年輕，勇於挑戰了那場名為自我的冒險，爾後，才有不同的人生轉錬與收割。走著走著，殊不知，人算不如天算，完全不是計畫中的健康因素，突然打亂了自我人生的鋪陳，由不得自己必須提早開始，準備迎向早到的第二人生。

澳洲劇作家柯瑞・泰勒（Cory Taylor），在她生前第一本小說《在我告別之前（Dying）》裡提到，她之所以後來選擇從事專業的寫作，為的是要向當年外婆想成為文學界成員的記憶致敬。

長久以來，自己想寫書的念頭，一直沒有斷過，即使當自己還站在第一線的特教現場衝鋒上陣時，腦子裡總是時不時滾動著有朝一日，一定要寫個什麼來著的念頭。終於，這個念頭就在從學校「除役」之際，化為起而行的實際行動，於是我啟動了筆桿子，開始著手寫這本書。

當這本書完成的同時，老實說，也想為自己長久以來的那些特教記憶，做一個正式的告別。此時此刻，就在日本平成年號切換令和的全新紀年的分界，對於揮別過去、重新出發的自己，感覺上也是別具意義的。

很高興也非常感謝秀威資訊出版公司的夏華編輯，第一時間受理我的投稿，然後幸運地通過審稿評估，尤其必須感激的是，願意接下責任編輯工作的杜國維先生，在他極其客氣且不厭其煩地協力包裝之下、以及所有參與這本新書的幕後工作人員的辛苦付出，得以讓素人的我，順利圓了出書的夢。同時，也想藉此機會，感謝亦師亦友的前高師大退休教授靜江老師、以及好友淑貞老師，對於自己的拙作，提供諸多的建議及寶貴意見。尤其靜江老師猶在百忙之餘，仍抽空幫我寫下推薦序，以及過去的同事國書校長、Lulu奕身以及官等好友，也都是在公務繁忙的生活下，毫不猶豫答應寫下推薦序為這本書加持，感激不盡。

最後，僅以這本書，獻給我親愛的老爸老媽，感謝當年赴日時他們金錢的贊助，以及我這一路走來全力的精神支持。同時，也想藉此向當年的恩師松矢勝宏教授致上最高的謝意，並為依舊在特教第一線辛苦的夥伴們致敬。

人生何其短暫，整頓好思緒，該準備踏上下一個旅程了！

眼見老爸老媽頭也不回地漸步踏向失智衰老之路，還好，這本書能夠及時順利問世，趕在兩老都還認得出我這位女兒前。

啟思路16　PF0268

有愛就無礙，只為特別的你：
りんご老師的特教人生

作　　者　阿Hing
責任編輯　杜國維
圖文排版　楊家齊
封面設計　劉肇昇

出版策劃　釀出版
製作發行　秀威資訊科技股份有限公司
114 台北市內湖區瑞光路76巷65號1樓
電話：+886-2-2796-3638　傳真：+886-2-2796-1377
服務信箱：service@showwe.com.tw
http://www.showwe.com.tw
郵政劃撥　19563868　戶名：秀威資訊科技股份有限公司
展售門市　國家書店【松江門市】
104 台北市中山區松江路209號1樓
電話：+886-2-2518-0207　傳真：+886-2-2518-0778
網路訂購　秀威網路書店：https://store.showwe.tw
國家網路書店：https://www.govbooks.com.tw
法律顧問　毛國樑　律師
總 經 銷　聯合發行股份有限公司
231新北市新店區寶橋路235巷6弄6號4F
電話：+886-2-2917-8022　傳真：+886-2-2915-6275

出版日期　2020年6月　BOD一版
定　　價　400元

Printed in Taiwan

國家圖書館出版品預行編目

有愛就無礙,只為特別的你:りんご老師的特教人生 /
阿Hing著. -- 一版. -- 臺北市 : 釀出版, 2020.06
面 ; 公分. -- (啟思路16)
BOD版
ISBN 978-986-445-403-7(平裝)

1. 特殊教育 2. 通俗作品

529.5 109006988

讀者回函卡

感謝您購買本書，為提升服務品質，請填妥以下資料，將讀者回函卡直接寄回或傳真本公司，收到您的寶貴意見後，我們會收藏記錄及檢討，謝謝！

如您需要了解本公司最新出版書目、購書優惠或企劃活動，歡迎您上網查詢或下載相關資料：http:// www.showwe.com.tw

您購買的書名：＿＿＿＿＿＿＿＿＿＿＿＿＿＿＿＿＿＿＿＿

出生日期：＿＿＿＿年＿＿＿＿月＿＿＿＿日

學歷：□高中(含)以下　□大專　□研究所(含)以上

職業：□製造業　□金融業　□資訊業　□軍警　□傳播業　□自由業

□服務業　□公務員　□教職　□學生　□家管　□其它＿＿＿

購書地點：□網路書店　□實體書店　□書展　□郵購　□贈閱　□其他

您從何得知本書的消息？

□網路書店　□實體書店　□網路搜尋　□電子報　□書訊　□雜誌

□傳播媒體　□親友推薦　□網站推薦　□部落格　□其他＿＿＿＿

您對本書的評價：（請填代號　1.非常滿意　2.滿意　3.尚可　4.再改進）

封面設計＿＿　版面編排＿＿　內容＿＿　文／譯筆＿＿　價格＿＿

讀完書後您覺得：

□很有收穫　□有收穫　□收穫不多　□沒收穫

對我們的建議：＿＿＿＿＿＿＿＿＿＿＿＿＿＿＿＿＿＿＿＿

請貼
郵票

11466
台北市内湖區瑞光路 76 巷 65 號 1 樓

秀威資訊科技股份有限公司　收

BOD 數位出版事業部

....

（請沿線對折寄回，謝謝！）

姓　　名：＿＿＿＿＿＿＿＿＿＿　年齡：＿＿＿＿　性別：□女　□男

郵遞區號：□□□□□

地　　址：＿＿＿＿＿＿＿＿＿＿＿＿＿＿＿＿＿＿＿＿

聯絡電話：(日) ＿＿＿＿＿＿＿＿＿＿ (夜) ＿＿＿＿＿＿＿＿＿＿

E-mail：＿＿＿＿＿＿＿＿＿＿＿＿＿＿＿＿＿＿＿＿